MUTAÇÕES DA LITERATURA NO SÉCULO XXI

LEYLA PERRONE-MOISÉS

Mutações da literatura no século XXI

2ª reimpressão

Copyright © 2016 by Leyla Perrone-Moisés

Grafia atualizada segundo o Acordo Ortográfico da Língua Portuguesa de 1990, que entrou em vigor no Brasil em 2009.

Capa
Claudia Espínola de Carvalho

Foto de capa
Margarethe (detalhe), 1981, de Anselm Kiefer, 290 x 400 cm. San Francisco, Coleção Doris e Donald Fisher no Museu de Arte Moderna de San Francisco. Reprodução de Ian Reeves. © Anselm Kiefer.

Preparação
Cacilda Guerra

Índice onomástico
Luciano Marchiori

Revisão
Angela das Neves
Isabel Jorge Cury

Dados Internacionais de Catalogação na Publicação (CIP)
(Câmara Brasileira do Livro, SP, Brasil)

Perrone-Moisés, Leyla
  Mutações da literatura no século XXI / Leyla Perrone-Moisés.
— 1ª ed. — São Paulo : Companhia das Letras, 2016.

ISBN 978-85-359-2773-3

  1. Crítica literária 2. Literatura – Estudo e ensino 3. Literatura
– História e crítica 4. Narrativa I. Título.

16-04896   CDD-809

Índice para catálogo sistemático:
1. Literatura : História e crítica   809

[2021]
Todos os direitos desta edição reservados à
EDITORA SCHWARCZ S.A.
Rua Bandeira Paulista, 702, cj. 32
04532-002 — São Paulo — SP
Telefone: (11) 3707-3500
www.companhiadasletras.com.br
www.blogdacompanhia.com.br
facebook.com/companhiadasletras
instagram.com/companhiadasletras
twitter.com/cialetras

Sumário

Apresentação 7

PARTE I — MUTAÇÕES LITERÁRIAS E CULTURAIS
1. O "fim da literatura" 17
2. A literatura na cultura contemporânea 27
3. Existe uma literatura pós-moderna? 38
4. A literatura como herança 50
5. A crítica literária 60
6. O ensino da literatura 70

PARTE II — A NARRATIVA CONTEMPORÂNEA
7. A nova teoria do romance 85
8. Metaficção e intertextualidade 113
9. Os escritores como personagens de ficção 125
10. Espectros da modernidade literária 149
11. A volta do romanção 170
12. A autoficção e os limites do eu 204

13. A ficção distópica................................ 220
14. A literatura exigente............................ 238

Conclusão intempestiva 253

Notas... 267
Agradecimentos 283
Índice onomástico................................. 285

Apresentação

Estes ensaios dão prosseguimento ao último capítulo de meu livro *Altas literaturas*,[1] intitulado "A modernidade em ruínas". Embora observando os sinais de declínio e desprestígio da literatura, no fim do século XX, minhas considerações não eram ali desesperançadas. Depois da afirmação de que "a literatura ainda tem futuro", a última palavra de meu livro era "prosseguir". De fato, eu estava interessada no que aconteceria em seguida. Agora, já bem entrados no século XXI, podemos ver algo desse futuro que se tornou presente. Enquanto a situação do ensino da literatura continuou se degradando, a prática da literatura não só tem resistido ao contexto cultural adverso mas tem dado provas de grande vitalidade, em termos de quantidade, de variedade e de qualidade. E é isso que pretendo mostrar neste livro.

Para tanto, convém rever o conceito de literatura. Embora a palavra "literatura" seja corrente e esteja presente nos currículos universitários, nos catálogos das editoras, na temática de encontros, festas, feiras e prêmios, nos meios de comunicação impressos e eletrônicos, ela se presta a muitos mal-entendidos. Fala-se de literatura como se todos soubessem do que se trata. Mas, na verdade, não existe um conceito de literatura, apenas acepções que variam de uma época a outra. Na nossa, a palavra recobre uma grande variedade de práticas escritas. As acepções mudam porque os contextos se transformam. Por estar incluída num momento cultural de mutação acelerada, a literatura esteve sujeita, na virada do século, a afirmações apocalípticas: a literatura está em perigo, não há mais leitores de literatura, a literatura já morreu. Enquanto isso, o número de obras literárias, em livros impressos ou e-books, continua a crescer de modo espetacular em todo o mundo.

Por isso, antes de tratar as mutações da literatura na contemporaneidade, é conveniente voltar a uma velha pergunta: O que é a literatura? Entre as respostas mais frequentes encontraremos: "Arte de representar a realidade por meio de palavras". Essa é a acepção tradicional, desde que Aristóteles, em sua *Poética*, definiu a arte verbal como mimese, imitação. Mas ao longo dos séculos a resposta foi mudando. "Produção de discursos caracterizados por sua coerência interna e ausência de finalidade externa" — é a acepção que tem sua origem na estética de Kant e na teoria dos românticos alemães. "Expressão verbal de sentimentos" — é a acepção do romantismo vulgarizado. "Processo de comunicação que põe a ênfase na própria mensagem" — é a acepção do formalismo russo (Jakobson) e das vanguardas do século xx. Todas essas acepções, mescladas em doses variadas e até mesmo contraditórias, chegaram até o século xx e permanecem subentendidas até hoje, causando confusões quando se trata de crítica literária e de ensino da literatura.

Não é possível, portanto, definir-se a literatura de modo essencial e intemporal. A noção que temos ainda hoje de literatura data, em suas linhas gerais, do fim do século xviii. Antes disso, a palavra "literatura" designava o conjunto de produções escritas em qualquer gênero. Desde então, ela passou a designar um tipo de discurso, uma instituição e uma disciplina escolar, e chegou, no século XIX, ao auge de seu reconhecimento social. Os poetas foram então considerados demiurgos e profetas, e as nações (recém-criadas) os assumiram como porta-vozes.

Entretanto, no âmago dessa concepção romântica da literatura, jazia o veneno que a arruinaria. O prestígio da literatura levou-a a uma ambição autotélica: separar-se radicalmente da sociedade burguesa (utilitária), bastar-se a si mesma como "arte pela arte" cultivando um discurso cifrado e hermético ao alcance de poucos leitores. Esse ideal encontrou sua perfeita formulação em Mallarmé: "Sim, que a literatura existe e, por assim dizer, sozinha, à exceção de tudo" (*La Musique et les lettres*, 1894). Essa tendência se estendeu até as primeiras décadas do século XX, com as vanguardas. Recolhida em sua "torre de marfim", a literatura perdeu seu poder comunicativo e seu prestígio social.

Enquanto isso, a crítica literária experimentaria análogo percurso, do poder ao desprestígio. Com a difusão dos jornais, no século XIX, surgiu a figura do crítico literário. Antes disso, havia apenas especialistas de reconhecimento social restrito: comentadores, retóricos, legisladores e eventualmente censores. Nos jornais, a crítica literária tornou-se poderosa e temida, respeitada e denegrida. Os ataques dos escritores aos críticos — "escritores frustrados", "impotentes", "despeitados" etc. — davam, indiretamente, a medida do poder da crítica. No decorrer do século XX, outras atividades artísticas e culturais passaram a concorrer com a literatura no interesse do público, e a crítica literária perdeu espaço e influência nos meios de comunicação.

Ao mesmo tempo, na área do ensino, delineou-se outra mudança. Sempre atrasado com relação à produção, o ensino da literatura, no fim do século XIX, ignorava os escritores vivos. Era ainda o ensino da retórica clássica e da análise filológica dos textos canônicos da Antiguidade e dos séculos precedentes. Mas como outra disciplina, a história, estabeleceu-se e ganhou força nesse período, o ensino da literatura abandonou pouco a pouco a retórica e a filologia, e se transformou em ensino da história literária, concebida em termos positivistas: os autores (biografias), as obras (produtos dos autores e de seu tempo), as escolas e movimentos (sistematização e homogeneização de produções diversas em grupos característicos). Assim foi ensinada a literatura, nas aulas e nos manuais literários, até meados do século XX, quando a estilística (alemã e espanhola) e o *new criticism* (norte-americano) passaram da esfera teórica à da prática pedagógica.

Em meados do século XX, o surgimento e a expansão das ciências humanas (sociologia, psicanálise) influenciaram a crítica e o ensino da literatura, privilegiando o sentido em prejuízo da forma. Até que, no fim dos anos 1960, outra disciplina emergente, a linguística, assumiu o posto de "ciência-piloto" das próprias ciências sociais, desembocando no estruturalismo, o qual, por sua vez, orientava-se para a semiologia ou ciência geral dos signos. A descoberta, pelo Ocidente, do formalismo russo do início do século XX, que havia sido calado em seu auge pela revolução soviética, evidentemente mais interessada num realismo doutrinário do que em especulações autotélicas, alimentou o estruturalismo francês. Esgotado o estruturalismo, pela percepção de que a busca de uma essência literária universal, a "literariedade", não dava conta das práticas literárias mais complexas (justamente aquelas que os escritores da época cultivavam, sob o nome de "escritura"), o pêndulo sempre oscilante, na crítica e no ensino literário, deslocou-se da forma para o conteúdo, ou do "como" para "o quê".

A globalização e a circulação mais rápida dos grupos humanos e das informações abriram os olhos dos pensadores para o abuso universalista das culturas ocidentais hegemônicas, que tinham usado, até então, as palavras "homem", "cultura" e "arte" de modo logocêntrico. Os estudos literários perderam então sua frágil especificidade, baseada em valores considerados etnocêntricos, e as obras passaram a ser avaliadas e estudadas em função de seus temas. Os movimentos sociais e geopolíticos, difundidos e apoiados nos meios de comunicação de massa, levaram à valorização de obras dedicadas a causas específicas de grupos anteriormente menosprezados: mulheres, negros, colonizados, homossexuais etc. A palavra "cultura" tomou então sentidos cada vez mais restritos, dando origem aos estudos culturais. E as obras literárias começaram a ser estudadas em função de causas "politicamente corretas". Este é ainda o nosso momento. E a prática literária, enquanto isso? Como sempre, na história literária, a crítica e o ensino da literatura estão atrasados com relação ao que, na mesma época, se chama de literatura. As práticas que hoje se abrigam sob a rubrica "literatura" ainda correspondem às definições da palavra nos dicionários? Vejamos. O *Dicionário Houaiss da língua portuguesa* diz que "literatura" é o "uso estético da linguagem escrita", "o conjunto de obras literárias de reconhecido valor estético". O problema é que não se sabe mais o que é ou não é "estético", adjetivo correlato a "arte" e a "beleza", palavras que, ao longo do século XX, foram problematizadas pelos filósofos e desacreditadas pelos artistas modernos. O dicionário francês *Le Robert* também se apoia nessa palavra, dizendo que são literárias "as obras escritas, na medida em que elas trazem a marca de preocupações estéticas". E dá um exemplo, sintomaticamente com os verbos no passado: "A verdadeira literatura era aquela magia pela qual uma palavra, um verso, uma estrofe nos transportavam para um instante eterno de beleza (Andrei Makine)". O dicionário inglês *Oxford* também anda meio perdido, definindo como literárias "obras escritas que são consideradas obras de arte, especialmente romances, peças de teatro e poemas, em contraste com livros técnicos, jornais e revistas ilustradas". Obras "que são consideradas obras de arte"? Mas quem sabe, hoje, o que é arte ou não? Há quem defenda que é arte aquilo que o receptor considere arte.

Como não há uma essência imutável da literatura, não pode haver uma definição geral que lhe sirva. É literário aquilo que, em determinada época, é considerado literário. Considerado por quem?, perguntamo-nos hoje. Pelos críticos ou leitores especializados? Pelo público leitor? Pelos editores? Pelos vendedores de livros? A multiplicação de meios de difusão, a velocidade das mudanças tecnológicas e a força maior do mercado provocaram um aumento vertiginoso do número de agentes implicados na produção literária, dificultando a constituição de uma comunidade de escritores e críticos como a que existiu no Ocidente, com pequenas diferenças locais, até o fim do século XX. A falta de uma comunidade literária homogênea impede a existência de critérios de valor e o reconhecimento consensual de um cânone.

Diante dessa dificuldade de base, o que vemos hoje em funcionamento, na crítica e no ensino da literatura, ainda são resquícios dos valores antigos. Se percorrermos o que ainda resta de crítica literária na imprensa e na internet, ou se penetrarmos na argumentação dos júris de prêmios literários, veremos que os críticos ainda fundamentam seu julgamento, explícita ou implicitamente, em valores consagrados num cânone. E esse cânone é o da modernidade do século XX. Já que a novidade absoluta não pode ser percebida, por falta de parâmetros, a originalidade, que ainda é um valor no juízo crítico, é determinada com relação a esse cânone.

Da mesma forma, a crítica ainda identifica as obras em função de grandes ou pequenos gêneros literários: prosa, poesia, ficção, biografia, ensaio, crônica. Assim são classificadas as obras nas fichas de dados obrigatórios dos livros editados. Essa catalogação oficial se torna cada vez mais difícil de ser empregada, na medida em que, se há algo indiscutivelmente novo na produção literária atual, é a mistura de gêneros, ou sua indefinição. Privilegiarei aqui a prosa de ficção porque ela tem se mostrado capaz de absorver todos os gêneros tradicionais, e porque ela é numericamente predominante na produção atual. A progressão geométrica de obras literárias na atualidade está ligada a um aumento proporcional de traduções, e a prosa de ficção se presta à tradução de maneira mais fácil e mais satisfatória do que a poesia, propiciando ao romance maior difusão em termos internacionais.

A visão da literatura contemporânea adotada neste livro é forçosamente parcial, nos dois sentidos do termo, pessoal e incompleta. Considerando que o conceito de literatura ainda vigente é uma criação da cultura ocidental, concentro-me aqui na literatura das modernas línguas ocidentais. Levando em conta que a antiga aliança do conceito de literatura com o conceito de nação perdeu sua pertinência em nosso mundo globalizado, os autores aqui analisados foram escolhidos por sua representatividade internacional, atestada pela tradução de suas obras em numerosos idiomas e pelo consenso de críticos atuantes em vários países.

O princípio aqui assumido, com respeito às obras comentadas ou citadas, é cronológico: obras publicadas a partir de 1990. O método adotado, na escolha de autores e obras, é o da amostragem. Em cada um dos capítulos deste livro, outros escritores poderiam ser citados, mas nesse caso o livro se transformaria num simples catálogo ou repertório. A proliferação atual de livros impressos e de textos on-line, em todos os idiomas, torna impossível o estabelecimento de um panorama geral da produção literária contemporânea. Assim, quando se buscam as mutações que têm ocorrido recentemente e as que continuam a ocorrer na ainda chamada "literatura", devemos nos colocar numa posição de disponibilidade e de modéstia. Meu objetivo é somente o de assinalar algumas tendências contemporâneas na produção, na crítica e no ensino da literatura. Espero que esses vislumbres estimulem os leitores a continuar buscando as iluminações que só as próprias obras literárias podem oferecer.

PARTE I

MUTAÇÕES LITERÁRIAS E CULTURAIS

1. O "fim da literatura"

O fim do século XX, coincidindo com o fim de um milênio, viu o anúncio de muitos "fins": fim do Homem, fim da história, fim dos grandes relatos, fim das utopias, fim da cultura ocidental, fim dos intelectuais, fim da arte...[1] Felizmente, nenhum desses "fins", até agora, se concretizou. Mas é evidente que essas mortes anunciadas eram índices de mutações. A literatura não escapou às mutações da virada, e muitos anunciaram seu fim, cujos principais sintomas seriam o desaparecimento da espécie "grande escritor" (detectada e lamentada em todos os países ocidentais) e o encolhimento do público leitor de "literatura séria".

Mesmo sendo muito prestigiada desde o século XIX, a literatura nunca pôde ser definida com a precisão de um conceito, sendo mais uma noção consensual. O grande leitor e pensador da literatura que foi Jacques Derrida confessava: "Até hoje, nada permanece para mim tão novo e incompreensível, ao mesmo tempo tão próximo e tão estranho, quanto a coisa chamada de literatura". Contestando a afirmação de Curtius, em *A literatura europeia e a Idade Média latina*, de que Homero foi o fundador da literatura europeia e Goethe, seu último autor universal, ele observa que na Grécia Antiga ainda não havia "nenhum projeto, de instituição social, de direito, de conceito, nem mesmo uma palavra correspondente ao que chamamos, stricto sensu, de literatura". E reafirma: "Não há uma essência nem uma substância da literatura: a literatura não é, ela não existe, não se mantém permanentemente na identidade de uma natureza, nem mesmo de um ser histórico idêntico a ele mesmo".[2] A literatura, para Derrida,

> é uma instituição que consiste em transgredir e transformar, portanto em produzir, sua lei constitucional; ou melhor, em produzir formas discursivas, "obras" e "eventos" nos quais a própria possibilidade de uma constituição fundamental é pelo menos "ficcionalmente" contestada, traída, desconstruída, apresentada em sua própria precariedade.[3]

No verbete enciclopédico "A definição do termo 'literatura'", de 1962, o sociólogo Robert Escarpit registrava a dificuldade dessa definição na modernidade, pelo fato de seu conteúdo não ser homogêneo:

> Desde o começo, constatamos que ele possui um aspecto epistemológico e um aspecto estético que não coincidem forçosamente. Ele inclui, por um lado, o conjunto da produção intelectual escrita, por outro lado, a arte de escrever. Por outras palavras: a hierarquia de referência se fundamenta ora sobre os valores do espírito, ora sobre os valores da arte. Os contemporâneos não têm, aliás, muita consciência desse dualismo, e os mal-entendidos que se produzem perturbarão, desde então, o estudo da criação literária e obscurecerão sua compreensão. É daí que nasce a desastrosa distinção entre fundo e forma, que é a praga dos estudos literários.

Escarpit observa que a própria indefinição do termo "literatura" leva esta última à "degenerescência", e seu estudo, à dispersão. E conclui:

> O problema está longe de ser resolvido. É de fato visível que as ciências da literatura atuais repousam cada uma sobre um postulado próprio, que exprime um dos conteúdos contraditórios da palavra literatura. Sem dúvida, é possível lançar pontes entre elas, abrir portas, mas podemos temer que a palavra literatura não sobreviva à operação. Foi uma série de ambiguidades que fez sua fortuna. É possível que um esforço de esclarecimento a perca para sempre.[4]

Portanto, ao falar de literatura, a primeira precaução consiste em precisar em que sentido a palavra é empregada. A literatura de que aqui falamos é a que foi definida em meados do século XVIII, quando a palavra deixou de significar o conjunto da cultura letrada para designar uma atividade particular, uma prática de linguagem separada (e superior) das outras práticas verbais, uma arte e um meio de conhecimento específicos.

Atualmente, as ambiguidades ainda são maiores, porque o aspecto estético tem perdido terreno em decorrência da banalização do conceito de "literatura". Isso fica evidente quando se releem as definições formuladas por alguns teóricos do século passado. Tomemos como ponto de partida um ensaio central sobre a questão, central porque marcou profundamente a teoria literária do século XX, e central porque foi escrito numa data central desse século, em 1948. Trata-se do ensaio *Que é a literatura?*, de Jean-Paul Sartre. Lembremos algumas formulações desse texto:

> Falar é agir; toda coisa nomeada já não é exatamente a mesma, ela perdeu sua inocência.

Escrever é fazer apelo ao leitor para que ele faça passar à existência objetiva o desvendamento empreendido por meio da linguagem.

O livro não é, como um utensílio, um meio com vistas a um fim qualquer: ele se propõe como fim a liberdade do leitor.

O erro do realismo foi crer que o real se revelava à contemplação e, por conseguinte, podíamos fazer dele uma pintura imparcial. Como poderia isso ser possível, já que a própria percepção é parcial, já que, por si só, a nomeação já é modificação do objeto?

A decisão de escrever supõe que [o escritor] tome distância com relação a suas afeições; em suma, que ele tenha transformado suas emoções em emoções livres, como faço com as minhas ao lê-lo, isto é, que ele esteja em atitude de generosidade. Assim, a leitura é um pacto de generosidade entre o autor e o leitor.

Através de alguns objetos que ele produz ou reproduz, é a uma retomada total do mundo que visa o ato criador. Cada quadro, cada livro é uma recuperação da totalidade do ser.

A arte da prosa é solidária do único regime em que a prosa conserva um sentido: a democracia. Quando uma é ameaçada, a outra também o é.[5]

Essas citações esparsas demonstram algumas convicções sobre a literatura que eram consensuais em meados do século xx: escrever é transformar o real; a literatura é "desvendamento" do real; o texto literário é livre, isto é, não é um instrumento visando a qualquer fim; a leitura como criação partilhada; a "despersonalização" do escritor e do leitor, com relação às suas emoções pessoais; a literatura como ambição de revelar "a totalidade do ser"; a literatura como exercício da liberdade, inseparável da democracia. O "engajamento literário" proposto por Sartre nesse ensaio não tinha relação com a "literatura de mensagem", com a literatura política panfletária. Era um engajamento com as potencialidades do ato de escrever.[6]

Ora, Sartre concluía seu famoso ensaio com a seguinte observação-advertência:

> [A arte de escrever] é o que os homens fazem dela, eles a escolhem escolhendo-se a si mesmos. Se ela estivesse fadada a se tornar pura propaganda ou puro divertimento, a sociedade recairia na vida sem memória dos himenópteros e dos gastrópodes. É claro que isso não é muito importante: o mundo pode passar muito bem sem a literatura. Mas pode passar ainda melhor sem o homem.

Essa conclusão já aponta para um possível declínio da literatura, tal como ela era definida no ensaio sartriano. Uma década mais tarde, em 1959, Maurice Blanchot assim respondia à pergunta "Para onde vai a literatura?": "A literatura vai em direção a ela mesma, em direção à sua essência, que é o desaparecimento". O diagnóstico de Blanchot se estendia à arte em geral:

> A arte não é mais capaz de portar a necessidade de absoluto. [...] A arte só está próxima do absoluto no passado, e é apenas no museu que ela ainda tem valor e poder. Ou então, desgraça mais grave, ela decai em nós até tornar-se simples prazer estético, ou auxiliar da cultura.
>
> Isso é sabido. É um futuro já presente. No mundo da técnica, podemos continuar louvando os escritores e enriquecendo os pintores, podemos honrar os livros e enriquecer as bibliotecas; podemos reservar um lugar à arte porque ela é útil ou porque é inútil,

constrangê-la, reduzi-la ou deixá-la livre. Seu destino, nesse caso favorável, é talvez o mais desfavorável. Aparentemente, a arte não é nada se não é soberana. Daí o mal-estar do artista, por ser ainda alguma coisa num mundo onde ele se vê, entretanto, injustificado.

O livro de Blanchot tinha como títulos de capítulos "Uma arte sem futuro", "O desaparecimento da literatura" e "Morte do último escritor". Entretanto, numa das últimas notas do volume, deixava a questão em aberto:

> As noções de livro, de obra e de arte correspondem mal a todas as possibilidades futuras que nelas se dissimulam. A pintura nos faz frequentemente pressentir, hoje em dia, que aquilo que ela busca criar, suas "produções" não podem mais ser obras, mas desejariam corresponder a alguma coisa para a qual ainda não temos nome. O mesmo acontece com a literatura. Aquilo em direção a que vamos não é talvez, de nenhuma maneira, o que o futuro real nos dará. Mas aquilo em direção a que vamos é pobre e rico de um futuro que não devemos imobilizar na tradição de nossas velhas estruturas.[7]

Mais perto de nós, em 1972, Octavio Paz deixou uma notável análise da modernidade artística, que ele já considerava terminada. Mas ele não era apocalíptico: "Não digo que vivemos o fim da arte: vivemos o fim da *ideia de arte moderna*".[8] Para o ensaísta mexicano, o que caracterizava a modernidade eram a crença no progresso, a ironia, a inserção da crítica na criação, a valorização da mudança e do novo.

Alguns anos depois, Roland Barthes falaria abertamente da "morte da literatura". Em seu último curso no Collège de France (1978-80), há várias observações nesse sentido:

Algo ronda nossa História: a Morte da literatura.

O que aflora atualmente à consciência — ou semiconsciência — coletiva é certo arcaísmo da literatura e, portanto, de certa marginalização.

Esse desejo de literatura pode ser ainda mais agudo, mais vivo, mais presente porque posso sentir a literatura em vias de fenecer, de se abolir: nesse caso, eu a amo com um amor penetrante, perturbador, como se ama e se cerca com os braços aquilo que vai morrer [...]. Esse sentimento de que a *literatura*, como Força Ativa, Mito vivo, está, não em crise (fórmula fácil demais), mas talvez *em vias de morrer* = alguns sinais, entre outros, de desuso (ou de falta de fôlego).[9]

Poderíamos citar outros autores que anunciaram o declínio, e talvez o fim, da literatura. Ficaremos, porém, apenas com esses importantes teóricos do século XX, porque o que nos interessa não é historiar esse suposto declínio, mas apenas indicar alguns textos básicos sobre o tema. Note-se que, ao reler esses teóricos, seus próprios textos já soam, hoje, como antigos. Eles falam da literatura com um respeito, uma seriedade e uma preocupação que parecem arcaicos em nossa época de expansão editorial, textos eletrônicos e escritores midiáticos. Entretanto, vários teóricos mais recentes têm apontado a decadência da literatura como arte e como instituição. Uma das causas mais aventadas é o impacto das mutações tecnológicas, em especial a informatização, que, se por um lado beneficia a produção e o comércio dos livros, por outro privilegia a leitura rápida em detrimento da leitura lenta e reflexiva, a quantidade em detrimento da qualidade.

Num artigo publicado na revista *Humboldt*, Günter Kunert aponta "a atual precariedade da literatura alemã" e escreve:

23

A convivência rápida com a literatura, sua recepção apressada, desde que exista uma recepção, prejudicou a capacidade de se envolver a fundo com a matéria escrita. Mal a gente abre a primeira página de um livro, já vão brotando nas tipografias os novos lançamentos, pedindo para serem comprados. A produção de livros foi engolida pelo sorvedouro da produção em massa generalizada, o que naturalmente não ficou sem as consequências correspondentes. Não é só o leitor que tem pressa; também a editora, que precisa apresentar permanentemente novos lançamentos, criando com isso uma atmosfera que incita o escritor à pressa. Um escritor sobre o qual não se fala durante dois ou três anos deve ter morrido, ou então mudou de profissão. [...] Outro fator que coloca a literatura em perigo resulta da ruptura entre as gerações, que é mais incisiva que em quaisquer outras épocas. Como escrever para pessoas que já falam hoje uma outra língua, sentem de maneira diferente, agem e reagem de outro jeito, para além da moral tradicional, que se tornou assustadoramente frágil?[10]

Na verdade, o fim da literatura foi anunciado há mais de um século. Talvez o primeiro a anunciá-lo tenha sido Rimbaud. Em 1879, ele respondeu ao amigo Delahaye: "Não me interesso mais por *isso*". *Isso* era a poesia, a literatura. Ao longo do século XX, vários teóricos pressentiram o fim da literatura. Nas últimas décadas, acentuou-se o sentimento de que algo terminou. Os títulos de vários ensaios, publicados já no século XXI, falam por si: *The Ends of Literature* [Os fins da literatura] (B. Levinson, 2001); *Le Dernier Écrivain* [O último escritor] e *Désenchantement de la littérature* [Desencanto da literatura] (R. Millet, 2005 e 2007); *L'Adieu à la littérature* [O adeus à literatura] (W. Marx, 2005); *El último lector* [O último leitor] (R. Piglia, 2006); *Le Silence des livres* [O silêncio dos livros] (G. Steiner, 2006); *La Littérature, pour quoi faire?* [Literatura para quê?] (A. Compagnon, 2007); *La Littérature en péril* [A literatura em perigo] (T. Todorov, 2007).

24

Quando se fala do fim da literatura, trata-se do fim de um tipo de literatura: aquela da alta modernidade. Aquilo a que assistimos hoje, na esfera literária, confirma as predições de Paz sobre o término de uma fase da modernidade. Os leitores talvez tenham mudado mais do que os escritores. Leitores conservadores, como George Steiner, comentando uma tela de Chardin, *O filósofo lendo*, lamenta a perda da "arte da leitura" em nossa época, e conclui:

> As alternativas não são animadoras: de um lado, temos a vacância do intelecto, ruidosa e vulgar; do outro, o recuo da literatura para dentro das vitrines dos museus. Temos as abomináveis simplificações esquemáticas dos clássicos, com versões pré-digeridas e banalizadas, por um lado ou, por outro, as ilegíveis edições eivadas de notas de vários comentadores. A arte da leitura precisa reencontrar seu caminho, ainda que a duras penas. Se falhar, se uma leitura bem-feita passar a ser apenas um artifício do passado, um enorme vazio passará a ocupar nossas vidas e teremos perdido para sempre a serenidade e a luz que emanam da tela de Chardin.[11]

A literatura se tornou coisa do passado. Será? Nunca se publicou tanta ficção e tanta poesia quanto agora. Nunca houve tantas feiras de livros, tantos prêmios, tantos eventos literários. Nunca os escritores foram tão mediatizados, tão internacionalmente conhecidos e festejados. Fica claro, então, que quando se fala do fim da literatura, não estamos falando da mesma coisa. A literatura a que nos referimos é a que se manifesta em determinados textos, escritos numa linguagem particular, textos que interrogam e desvendam o homem e o mundo de maneira aprofundada, complexa, surpreendente. Na profusão de obras atualmente publicadas, quantas correspondem ainda a essa definição?

O teórico francês William Marx retraça a história da instituição literária, num livro que não é nem apocalíptico, nem eufórico:

L'Adieu à la littérature: histoire d'une dévalorisation. XVIIIe-XXe siècle [O adeus à literatura: história de uma desvalorização, do século XVIII ao XX].[12] Segundo ele, tudo aconteceu em três fases. Na virada do século XVIII para o século XIX, a literatura foi tão valorizada que se tornou quase uma religião. Em meados do século XIX, desgostosos com a sociedade burguesa, os escritores se isolaram no culto da forma, cultivando a arte pela arte. A partir do fim do século XIX, os escritores se tornaram herméticos, destruindo eles mesmos a comunicação com os leitores. As três fases teriam sido, portanto: expansão, autonomização e desvalorização. Como não poderia deixar de ser, a descrição de William Marx é simplificadora, mas é bem fundamentada e argumentada. É a teoria de Blanchot, menos metafísica e mais sociológica.

A situação em que se encontra hoje a literatura, diz ele, não é igual àquela do momento da ruptura do romantismo com o classicismo. Não se trata de uma simples oposição ao que havia antes. A literatura da modernidade tardia precisa, para viver, da referência àquela que a precedeu, a da alta modernidade. Assim, boa parte da literatura do fim do século XX foi uma "literatura do adeus". A sensação geral dos teóricos da literatura, naquele momento, era de que ela estava repetitiva, estagnada. Felizmente agora, no século XXI, vemos que isso não era verdade. A "literatura do adeus" produziu obras notáveis, das quais me ocuparei na segunda parte deste livro. E a literatura atual, em suas variadas vertentes, mostra que o cadáver está bem vivo. Seria o caso de repetir, a respeito da literatura, a declaração de Mark Twain: "As notícias de minha morte foram muito exageradas".

2. A literatura na cultura contemporânea

Se em nenhuma época chegou-se a uma definição rigorosa de "literatura", essa definição tornou-se ainda mais difícil na nossa, em virtude das profundas transformações culturais ocorridas nas últimas décadas. Para examinar a situação da literatura na cultura contemporânea, parece-me útil voltar ao conceito de "fato literário", definido por Iouri Tynianov ainda no início do século XX (1923). Considerando que a cultura se manifesta em várias séries, concomitantes mas não necessariamente coincidentes, e que a literatura é uma dessas séries, ele escrevia:

> O que é a literatura? O que é um gênero? Todo manual de literatura que se respeita começa obrigatoriamente por essas definições. A teoria literária se obstina a concorrer com as matemáticas na constituição de definições estáticas extremamente estáveis e irrevocáveis, esquecendo-se de que as matemáticas repousam sobre definições, enquanto na teoria literária, inversamente, longe de constituir um ponto de partida, as definições são apenas um resultado,

modificado incessantemente pelo fato literário. E essas definições são cada vez mais difíceis de se dar.

Para Tynianov, toda definição de literatura que busque seus traços essenciais se choca com "o fato literário vivo". A evolução da literatura não é regular, mas ocorre por saltos, por deslocamento e não por desenvolvimento. Um gênero considerado não literário numa época passa a ser considerado literário em outra. Exemplo: a correspondência. Antes considerada como documento, no século XX a carta passa a ser considerada literatura. Tynianov observava o mesmo fenômeno de mutação, em sua época, com relação ao jornal e à revista. A arte encontra seus "novos fenômenos" na vida social. Em função de mudanças de costumes ou de técnicas, pode ocorrer uma "literarização" da vida social. A conclusão desse formalista que leva em conta a história é impecável:

> Cada vez que falamos de *literatura*, devemos levar em conta a heterogeneidade do fato literário. O fato literário não é homogêneo e, desse ponto de vista, a literatura é uma série em constante evolução. Cada termo empregado em teoria literária deve ser o resultado concreto de fatos concretos. Não devemos, a partir de cumes supra e extraliterários da estética metafísica, encontrar à força fenômenos "adaptados" a cada termo. Os termos devem ser concretos, as definições evoluem, assim como evolui o próprio fato literário.

Quase um século depois das brilhantes formulações de Tynianov sobre a evolução literária, algumas delas se tornaram menos adequadas ao nosso tempo. Por exemplo: ele colocava o reconhecimento de um fato literário sob a dependência do conceito de novo. Segundo ele, as etapas da evolução literária encadeiam-se de maneira dialética:

1) Diante de um princípio de construção automatizado, um princípio de construção oposto se delineia, de modo dialético;

2) Ocorre, em seguida, a aplicação desse novo princípio, o qual busca a via mais fácil;

3) Ele tende a estender-se no maior número de fenômenos;

4) Ele se automatiza e suscita o aparecimento de princípios de construção opostos.[1]

Esse processo dialético funcionou, em linhas gerais, até a alta modernidade. Mas estará ainda funcionando em nossa modernidade tardia ou pós-modernidade? Atualmente, não há mais "princípios de construção" automatizáveis ou contrariáveis. Como demonstrou Octavio Paz, em nosso tempo o "novo" se tornou repetitivo e "a negação deixou de ser criadora".[2] O que ainda é útil na teoria de Tynianov é considerar que a literatura é uma das "séries" da cultura e que, assim como ela, está sujeita a mudanças históricas. Por isso, ao pesquisarmos as mutações literárias, devemos colocá-las em relação com as mutações culturais.

No século XX, com a democratização da leitura e do ensino, aliada à poderosa ascensão da cultura de massa, vários pensadores se inquietaram com a desvalorização daquilo que anteriormente se chamava de cultura. Os mais conservadores viram essa desvalorização como um sintoma de decadência. O tema da decadência do Ocidente, que surgiu no fim do século XIX e atravessou todo o século seguinte, inaugurou-se como uma crítica cultural saudosa do passado e temerosa da modernidade, confirmou-se como crítica histórica e política em reação às guerras do século XX, para chegar até os nossos dias como crítica econômica. Qualquer que seja o enfoque, o tema da decadência sempre esteve ligado a questões culturais e estéticas, e estas se tornaram cada vez mais complexas, tanto do ponto de vista da produção como do ângulo da recepção.

Até o século XIX, a cultura era privilégio de uma elite social e o "povo", ocupado com a simples subsistência material, não tinha acesso a ela. Sob a hegemonia da burguesia e com a instalação das sociedades democráticas no Ocidente, a cultura tornou-se um bem comum, potencialmente ao alcance de multidões. Imaginou-se então que, com a educação oferecida a todos os cidadãos, a cultura seria não apenas preservada, mas expandida. Na prática, isso não aconteceu como se esperava, porque um novo conceito de cultura evidenciou a contradição entre tradição e modernidade, velho e novo, preservação e destruição.

Após a Segunda Guerra Mundial, o surgimento de uma cultura produzida de modo industrial e consumida indiscriminadamente assustou aqueles que tinham sido formados na alta cultura anterior. Pensadores marxistas, como Adorno e Horkheimer, atacaram a "indústria cultural" como "mistificação das massas", culpando indiscriminadamente o cinema, o rádio, as revistas e a televisão de serem meros negócios, de oferecerem ao público uma diversão destinada a fazê-lo esquecer suas reais condições de trabalho no sistema capitalista, de uniformizar o gosto mantendo uma multidão de consumidores acríticos. No século XXI, vemos que essas críticas, apesar de bem fundadas, foram ultrapassadas pelas transformações da cultura como um todo. Adorno e Horkheimer, ao recusarem o cinema, a arquitetura moderna e a música popular norte-americana, parecem hoje tão apocalípticos quanto os críticos conservadores de direita.

Suas condenações eram exageradas e foram desmentidas pelo uso que a sociedade fez das novas tecnologias. Quando eles tachavam toda a produção cinematográfica de "lixo", ignoravam a possibilidade, mais tarde reconhecida, de um filme ser uma legítima obra de arte. Quando diziam que o rádio criava consumidores passivos, pois "não se desenvolveu nenhum dispositivo de réplica", eles não previam a web, a internet e a televisão interativa, que, embora ainda submetidas a uma padronização, abrem brechas para a expressão do individual e do divergente. Quando recusavam o jazz, sob a alegação de que nessa forma de música a síncope reproduzia "as pancadas desferidas pelo poder",[3] mostravam-se surdos às novas formas musicais etc.

Dez anos mais tarde, as reflexões de Hannah Arendt sobre a crise da cultura são mais equilibradas e mais afinadas com a nova época que se inaugurava. A pensadora se preocupava com a situação da arte numa sociedade dominada pela cultura de massas. Arendt explica que, embora cultura e arte estejam inter-relacionadas, são coisas diversas. A palavra "cultura", desde sua origem romana, implica criação e preservação da natureza e das obras humanas. As obras de arte são, para ela, a expressão mais alta da cultura, "aqueles objetos que toda a civilização deixa atrás de si como quintessência e o testemunho duradouro do espírito que a animou". A cultura implica "uma atitude de carinhoso cuidado", e

uma sociedade de consumo não pode absolutamente saber como cuidar de um mundo e das coisas que pertencem de modo exclusivo ao espaço das aparências mundanas, visto que sua atitude central ante todos os objetos, a atitude de consumo, condena à ruína tudo o que toca.

Arendt lembra que, no século XVIII, Clemens von Brentano criou a palavra "filisteísmo", designando "uma mentalidade que julgava todas as coisas em termos de utilidade imediata e de valores materiais, e que, por conseguinte, não tinha consideração alguma por objetos e ocupações inúteis tais como os implícitos na cultura e na arte". Mas pior do que isso, segundo ela, foi a apropriação progressiva da cultura pelos filisteus, nos séculos seguintes, como um meio de promoção social, de status.

Entretanto, esses "filisteus educados" ainda atribuíam um valor, embora deturpado, à arte, enquanto a sociedade de massas do século xx simplesmente a consome: "A sociedade de massas [...] não precisa de cultura, mas de diversão, e os produtos oferecidos pela indústria de diversões são com efeito consumidos pela sociedade exatamente como quaisquer outros bens de consumo". Os produtos dessa indústria de diversões são perecíveis, portanto precisam ser sempre renovados:

> A indústria de entretenimentos se defronta com apetites pantagruélicos, e visto seus produtos desaparecerem com o consumo, ela precisa oferecer constantemente novas mercadorias. Nessa situação premente, os que produzem para os meios de comunicação de massa esgaravatam toda a gama da cultura passada e presente na ânsia de encontrar material aproveitável. Esse material, além do mais, não pode ser oferecido tal qual é; deve ser alterado para se tornar entretenimento, deve ser preparado para consumo fácil.

Essas considerações precursoras de Hannah Arendt têm-se mostrado absolutamente justas, com o passar das décadas e os avanços das tecnologias da comunicação. A arte, na televisão e na internet, tornou-se entretenimento ainda mais abundante, fácil e rápido do que em seu tempo. E a literatura, como forma de arte, tem sofrido os efeitos dessa situação. O sonho dos escritores modernistas era que a massa comesse o "biscoito fino" por eles fabricado. Infelizmente, a massa tem preferido os *cookies* industrializados. E a produção tende a adaptar-se ao consumo.

Para que a literatura chegue ao grande público, promovem-se eventos literários (salões do livro, festas de premiação), nos quais autores e obras são apresentados como espetáculo. Os objetivos desses eventos são, sem dúvida, legítimos e justificados. Entretanto, o público numeroso que frequenta esses eventos parece incluir menos leitores de livros do que meros espectadores e caçadores de autógrafos.

Os escritores de hoje têm uma visibilidade pessoal maior do que em épocas anteriores porque são incluídos na categoria de "celebridades", e os mais "midiáticos" têm mais chance de vender livros, independentemente do valor de suas obras. Ao mesmo tempo, nos debates teóricos, assistimos à defesa da "literatura de entretenimento" (nas palavras de Arendt, "preparada para consumo fácil"), contra as exigências daqueles que ainda têm uma concepção mais alta da literatura. Estes são chamados de conservadores e elitistas. Ora, a conservação é uma atitude inerente aos conceitos de cultura, de arte e de educação. Trata-se de conservação não como imobilismo e fechamento ao novo, mas como conhecimento da tradição sem a qual não se pode avançar. Em termos culturais, conservar não é regredir, mas é uma atitude política, porque concerne à sociedade como um todo. É o que pondera Hannah Arendt:

> Cultura e política, nesse caso, pertencem à mesma categoria porque não são o conhecimento e a verdade que estão em jogo, mas sim o julgamento e a decisão, a judiciosa troca de opiniões sobre a esfera da vida pública e do mundo comum e a decisão quanto ao modo de ação a adotar nele, além do modo como deverá parecer doravante e que espécie de coisas nele hão de surgir.[4]

Quanto ao chamado "elitismo", trata-se, sim, de uma seleção visando a preservar o melhor do que já foi feito até hoje, e de uma resistência ao tsunami da indústria cultural. Pensadores mais recentes do que Arendt têm respondido a essas acusações. Umberto Eco, por exemplo. O ensaísta italiano assinala a existência de vários níveis de recepção da obra literária, reconhece que o leitor culto constitui uma elite, mas observa que a particularidade dessa elite é seu caráter inclusivo, e não exclusivo. Segundo ele, é o próprio texto, e não o autor, que privilegia o leitor culto,

33

permitindo-lhe uma "ironia intertextual" à qual o leitor ingênuo não tem acesso. A ironia intertextual, segundo Eco, é um seletor classista que "reúne os *happy few* — salvo que quanto maior for o número desses poucos, mais felizes hão de sentir-se".[5]

Susan Sontag também defende a literatura de padrão mais exigente e responde às denúncias de "elitismo":

> Na América do Norte e na Europa vivemos hoje, creio que é justo dizê-lo, um período de reação. Nas artes ele assume a forma de uma ação intimidadora contra as grandes obras modernas, tidas como difíceis demais, exigentes demais com o público, inacessíveis (ou "não amigáveis"). E na política, ela assume a forma de uma rejeição de qualquer tentativa de avaliar a vida pública pelo que é desdenhado como meros ideais [...].
>
> Hoje, a maior ofensa de todas, tanto na arte como na cultura em geral, para não falar da vida política, é dar a impressão de defender algo melhor, um padrão mais exigente, que é atacado, tanto pela esquerda como pela direita, como ingênuo ou como "elitista" (uma nova bandeira dos filisteus).[6]

Jonathan Franzen, conterrâneo mais novo de Sontag, também recusa a pecha de elitista: "A palavra 'elitista' é um bastão com que golpeiam aqueles para quem adquirir tecnologia não constitui um modo de vida".[7]

Os pensadores acima citados acham que algo deve ser preservado da rica tradição literária ocidental, como resistência à indústria cultural e a uma concepção da literatura como mero bem de consumo, produzida em função de um público pouco exigente. A indústria cultural domina, atualmente, meios de difusão muito mais numerosos e poderosos do que no século passado, e é transnacional, tendendo à homogeneização dos produtos e do público. Num de seus últimos textos, Susan Sontag dizia:

A lição da hegemonia dos meios de comunicação de massa — televisão, MTV, internet — é que só existe uma cultura, aquela que se encontra para além das fronteiras, em toda parte, que é — ou será um dia — apenas mais do mesmo, com todos no planeta se nutrindo da mesma forma com os padronizados entretenimentos e fantasias de Eros e violência manufaturados nos Estados Unidos, no Japão, onde for; com todos sendo instruídos pelo mesmo fluxo, de final aberto, de bits de opinião e informação sem filtros. [...] A cultura transnacional para a qual todos que pertencem à sociedade consumista capitalista — também conhecida como economia global — estão sendo recrutados é uma cultura que, a rigor, torna a literatura irrelevante — um mero serviço público que nos oferece aquilo que já sabemos — e pode encaixar-se nas estruturas de final aberto para a aquisição de informação e para a observação voyeurística à distância.[8]

Esses pensadores do século XXI, que são também escritores de ficção, acreditam numa prática que tem mantido algumas de suas qualidades tradicionais e que é comumente chamada de "alta literatura", mas que eu chamaria simplesmente de literatura. Essa prática, que felizmente ainda é a de vários escritores contemporâneos, se caracteriza por alguns valores básicos: o exercício da linguagem de modo livre e consciente; a criação de um mundo paralelo como desvendamento e crítica da realidade; a expressão de pensamentos e sentimentos que não são apenas individuais, mas reconhecíveis por outros homens como correspondentes mais exatos aos seus; a capacidade de formular perguntas relevantes, sem a pretensão de possuir respostas definitivas.

A importância da literatura na cultura contemporânea não pode ser defendida fora de uma prática. São os escritores e não os teóricos que definem, em suas obras, as mutações da literatura. Os valores acima sintetizados foram definidos pela modernidade, mas alguns dos valores modernos são atualmente menosprezados pelos escritores. A busca do "novo", por exemplo. O *"make it new"* das vanguardas não é mais um mandamento. A originalidade ainda é um valor, porque o gosto pela informação nova é atemporal. Mas a maioria dos romancistas atuais não busca mais, como Joyce ou Guimarães Rosa, uma transformação inovadora da língua ou da técnica narrativa. De modo geral, o romancista contemporâneo continua usando técnicas narrativas tradicionais, apenas sutilmente renovadas com respeito aos diálogos e às descrições. A "beleza" também é um valor estético há muito desvalorizado. As belas fórmulas verbais são mesmo evitadas como kitsch, e isso ocorre até mesmo na poesia contemporânea. Os valores buscados numa narrativa ou num poema, atualmente, são a veracidade, a força expressiva e comunicativa.

Alguns teóricos, como Claudio Magris, veem essa tendência como uma regressão "em relação às grandes experimentações narrativas do passado recente". Diz ele:

> A produção romanesca média parece florescer viçosa, ao menos no plano quantitativo, na absoluta ignorância do mundo e de sua transformação, no tranquilo desconhecimento da realidade; a maior parte dos romances assemelha-se a aparelhos antiquados e obsoletos. Nesse sentido, o romance médio cada vez mais se assemelha — também na pátina nobre dos sentimentos perenemente humanos ostentados e garantidos como se nada ocorresse — àqueles gêneros literários envelhecidos e antiquados que o grande romance moderno, ao irromper violentamente em cena, havia varrido.[9]

Esse juízo severo só é verdadeiro para "a produção romanesca média". Os melhores romancistas contemporâneos não desconhecem a realidade nem ostentam "sentimentos perenemente humanos". Como os romancistas médios, eles aproveitam todas as conquistas do passado, sem obedecer a mandamento algum. Pode ser realista como Zola, subjetivo como Proust ou Virginia Woolf, fantástico como Poe, sabendo sempre que o realismo, o subjetivismo e o fantasioso absolutos não existem em obras de linguagem, pelo fato de esta ser sempre uma representação convencional. Da mesma forma, a poesia contemporânea pode ser metrificada, rimada ou livre. Não é mais proibido, como no tempo das vanguardas, escrever um soneto, contanto que sua significação seja atual. Entretanto, essa liberdade do escritor contemporâneo não iguala uma obra literária a uma obra de puro consumo ou entretenimento. Uma obra literária é um texto que faz pensar e sentir de modo mais profundo e duradouro e que, por isso, tem de ser lido mais vagarosamente, e mesmo relido.

Não é, pois, em nome de uma "alta cultura" idealizada num passado melhor e mais puro que se pode defender a "alta literatura", mas em nome de uma *diferença* que continua existindo na multiplicidade de práticas artísticas de hoje, uma diferença de qualidade que se pode experimentar e demonstrar. Segundo Kant, o juízo estético é um juízo particular que almeja à universalidade utilizando argumentos. O julgamento da obra literária não pode, portanto, ser apenas uma questão de gosto, e seu valor não pode ser medido em termos de consumo, tomando como critério sua vendagem ou sua publicidade. Isso é particularmente importante no mundo atual, em que o valor de um indivíduo é medido pelo número de seus seguidores na internet, e o valor das coisas é identificado ao seu preço no comércio. Na cultura atual, dominada por um mercado que trata as obras de arte como produtos vendáveis, a literatura pode inserir-se como mercadoria, ou pode resistir, como bem imaterial. Em nossa sociedade consumista e utilitária, a poesia pode continuar sendo um "inutensílio" (Leminski), e a ficção pode continuar sendo um convite à crítica ou à evasão dessa sociedade. A literatura é, assim, um dos poucos exercícios de liberdade que ainda nos restam.

3. Existe uma literatura pós-moderna?

Vários teóricos apontaram a inexatidão histórica do qualificativo "moderno", oposto a "antigo", que cada época aplica a si mesma, e a imprecisão da palavra "modernidade", para designar a literatura do século XX.

Partindo das reflexões de Walter Benjamin, Hans Robert Jauss e Octavio Paz, Haroldo de Campos dedicou um ensaio esclarecedor a esse assunto. Diz ele:

> A expressão "modernidade" é ambígua. Ela tanto pode ser tomada de um ponto de vista diacrônico, historiográfico-evolutivo, como de uma perspectiva sincrônica: aquela que corresponde a uma poética situada, necessariamente engajada no fazer de uma determinada época, e que constitui o seu presente em função de uma certa "escolha" ou construção do passado.[1]

Se a expressão "modernidade" é ambígua, o que se pode dizer da expressão "pós-modernidade"? "Pós-modernidade" tem sido, desde as últimas décadas do século XX, a designação imprecisa adotada para nomear um período histórico, um complexo ideológico, uma situação da sociedade e um estilo artístico. A designação ela mesma é ambígua, conotando tanto uma continuação da modernidade quanto o seu fim e a sua superação. Convém, inicialmente, distinguir o termo "pós-modernidade" do termo "pós-modernismo" (embora a ambos se aplique o adjetivo "pós-moderno"):

> É útil fazer uma distinção entre pós-modernidade e pós-modernismo — sendo a primeira um tempo (ou uma condição) no qual nos encontramos, e o segundo as várias escolas e movimentos produzidos por ele [...] é muito mais fácil concordar com o primeiro termo do que com o segundo. [...] Os pós-modernismos virão e terminarão, mas a pós-modernidade — a condição pós-moderna — ainda permanecerá. É uma transição maior na história da humanidade, um tempo de reconstrução de todos os fundamentos da civilização, e o mundo vai estar ocupado com isso nos tempos vindouros.[2]

Com o século XXI já em sua segunda década, não há mais dúvida quanto às mudanças decorrentes da pós-industrialização, da mundialização política e econômica, dos avanços tecnológicos da informática e seus impactos na informação, das transformações científicas decorrentes da biogenética, e das consequências de todas essas mudanças sobre as mentalidades e os costumes. Com extraordinária perspicácia, Octavio Paz já descrevia, quarenta anos atrás, o que seria nossa época. Ele dizia que, de um ângulo político, já não estávamos numa época de "revoluções", mas de "revoltas" e "rebeliões":

> O marxismo previa o desaparecimento do proletariado, como classe, depois do desaparecimento da burguesia. A dissolução das classes significava a universalização do homem. Os movimentos contemporâneos tendem ao contrário: são afirmações das

particularidades de cada grupo e também das idiossincrasias sexuais […]. Todas essas rebeliões se apresentam como uma ruptura do tempo linear. São a irrupção do presente ofendido e, assim, explícita ou implicitamente, postulam uma desvalorização do futuro.[3]

No fim do século XX, os teóricos defensores da pós-modernidade apresentavam-na como resultante do não cumprimento das promessas iluministas da modernidade e da exaustão de suas pretensões progressistas, frustradas pelas duas guerras mundiais, a ameaça de aniquilação atômica, os campos de concentração, os gulags, a falência das revoluções socialistas e a progressão dos desastres ecológicos. Entretanto, essa justificada decepção com respeito à modernidade não resultou em melhores propostas para a humanidade. Isso também foi notado por Octavio Paz nas "rebeliões" do fim do século XX, que eram "negações de um estado de coisas [mas] não apresentam programas para a organização da sociedade futura". A globalização econômica não resolveu os problemas nacionais em termos gerais e igualitários, e o multiculturalismo se transformou em enfrentamento de particularismos. Aquilo que a ideologia economicista havia recalcado voltou violentamente em reivindicações de ordem cultural e religiosa, ocasionando novas guerras e êxodos maciços de populações.

Paz definia a sociedade de seu tempo como "pós-industrial" e profetizava o que veríamos com mais clareza no século XXI:

> As sociedades mais avançadas, especialmente os Estados Unidos, já passaram da etapa industrial à pós-industrial. Esta última se caracteriza pela importância do que se poderia chamar de conhecimentos produtivos. Um novo modo de produção, no qual a ciência e a técnica ocupam o lugar central que teve a indústria. Na sociedade pós-industrial, as lutas sociais não são o resultado da oposição entre trabalho e capital, mas são conflitos de ordem cultural, religiosa

e psíquica [...]. No caso das rebeliões das minorias étnicas e culturais, as reivindicações de ordem econômica não são as únicas nem, muitas vezes, as centrais.[4]

Tudo isso é agora sabido e consabido. Aceitemos, pois, chamar de "pós-moderno" nosso desastroso período histórico. O que nos interessa, aqui, são questões aparentemente menores, se comparadas aos grandes problemas que atingem e afligem a humanidade. A questão da literatura é predominantemente estética, e é no terreno da estética que o rótulo "pós-moderno" esbarra em maiores imprecisões. O rótulo nasceu, nos anos 1970, no âmbito da arquitetura, designando um novo estilo que, de fato, substituía e fazia caducar o estilo modernista, funcional e despojado.

No terreno das artes, o que se tem visto não é o nascimento de novos estilos, mas a exacerbação das propostas modernistas. As "instalações" ditas pós-modernas não diferem, em seus propósitos, das experiências de Marcel Duchamp, no sentido de dessacralizar o objeto artístico. As performances corporais não são mais ousadas e desafiadoras do que os "happenings" inaugurados, ainda sem nome, pelos dadaístas e expressionistas. E a introdução dos recursos audiovisuais concerne apenas ao desenvolvimento de meios e técnicas artísticas. Quanto à literatura, as peculiaridades apontadas pelos teóricos como "pós-modernas" são pouco convincentes. Ao termo de três décadas de tentativas de definir a literatura pós-moderna, acumularam-se as imprecisões e as simplificações. Linda Hutcheon, que está entre os principais teóricos da literatura pós-moderna, chegou à conclusão de que se tratava mais de uma "problemática" do que de uma "poética".[5]

Podemos rever, uma a uma, as características atribuídas à literatura pós-moderna por vários teóricos, e presentes de forma simplificada na internet, de maneira que mais confunde do que esclarece um neófito.

A *intertextualidade* sempre existiu nas obras literárias, como citações, referências ou alusões a outras obras mais antigas ou contemporâneas. *A divina comédia* (1321) dialoga com as epopeias da Antiguidade greco-latina e com a *Suma teológica*, de São Tomás de Aquino. Os grandes autores da Antiguidade não são apenas mencionados por Dante; são transformados em personagens: Virgílio é seu guia, Homero, Ovídio e Horácio são encontrados no limbo. As alusões mitológicas colhidas naquelas obras são numerosas: Medusa, as Fúrias etc. O intertexto greco-romano continuou sendo uma constante durante todo o classicismo.

A *paródia*, forma burlesca de intertexto apontada como uma característica pós-moderna, é mencionada desde a *Poética*, de Aristóteles. Na história da literatura ocidental, Rabelais foi seu praticante mais conhecido. *Gargântua* e *Pantagruel* (1532--52) têm como textos de base os clássicos da Antiguidade, os romances populares, os textos eclesiásticos etc. No século XVII, *Dom Quixote* (1605) é uma paródia das novelas de cavalaria. Na mesma época, Shakespeare praticava uma intertextualidade exuberante, dialogando com obras da Antiguidade e de outras nações europeias.

A *metalinguagem* ou comentário metalinguístico tem estado presente nas obras literárias pelo menos desde o século XVIII. As intervenções do narrador comentando seu próprio texto são frequentes na obra de Sterne (*Tristram Shandy*, 1759). Sterne é também o autor de *Um fragmento à maneira de Rabelais*, seu autor favorito. O uso do autocomentário em Sterne inspirou Diderot (*Jacques, o fatalista, e seu amo*, 1778), e continuou inspirando grandes escritores do século XIX, como Machado de Assis. Lautréamont (*Os cantos de Maldoror*, 1868) usou e abusou das intervenções do narrador comentando o próprio texto.

A *fragmentação*: a expressão literária em forma de fragmentos foi introduzida pelos românticos alemães. Veja-se esta afirmação dos *Fragmentos críticos*, de Schlegel (1797): "Numerosas obras dos Antigos se tornaram fragmentos. Numerosas obras dos Modernos são fragmentos desde o nascimento". E a obra de Novalis o confirma (*Fragmentos*, 1798). A escrita fragmentária foi largamente praticada pelos modernos. Apenas como exemplo: o *Livro do desassossego*, de Fernando Pessoa.

O *ludismo*: há múltiplos exemplos de ludismo na literatura do passado. Desde a Antiguidade, os poetas brincaram com as palavras, No século XIX, Lewis Carroll praticou todo tipo de jogos verbais. As vanguardas históricas do início do século XX também praticaram brincadeiras verbais (exemplo: o *"cadavre exquis"* dos surrealistas). E nos anos 1960, os escritores do grupo francês OuLiPo (Raymond Queneau, Georges Perec e outros) se dedicaram exclusivamente a esses jogos linguísticos.

A *ironia*, forma moderna da sátira, foi uma das principais modalidades expressivas praticadas pelos escritores ingleses desde o século XVIII (Swift: *Modesta proposta*, 1729), e largamente usada pelos românticos e pelos modernos, como correlativa do *ceticismo*, consequência da perda da fé num Deus providencial. O *individualismo* também caracterizou o romantismo e a modernidade. A *abertura do sentido*: as grandes obras da modernidade sempre deixaram o sentido suspenso, cabendo ao leitor interpretá-las. A *presença de objetos populares*: Baudelaire colocou as metrópoles e as multidões em suas obras, e Rimbaud sentiu o apelo poético do entorno popular: "Eu gostava de pinturas idiotas, portais, cenários, cartazes, ilustrações populares [...]" ("Alquimia do verbo", 1873). Em *A cidade e as serras* (1901), Eça de Queirós já mostrava a personagem Jacinto de Tormes às voltas com elevadores, telefones etc. E a pop art dos anos 1960 introduziu nas obras os objetos industriais, que passaram a figurar também nas obras literárias. A *abolição das fronteiras entre alta cultura e cultura de massa*, de que a pop art foi uma manifestação pioneira, também data da alta modernidade. A influência do cinema na literatura se fez sentir desde meados do século passado. E assim por diante.

Por isso, todos os conhecedores das grandes obras literárias do passado duvidam dessas características "pós-modernas". Como observou Umberto Eco:

> Infelizmente, "pós-moderno" é um termo *bon à tout faire*. Tenho a impressão de que é aplicado hoje a qualquer coisa que o usuário queira. Além disso, parece haver uma tentativa de torná-lo cada vez mais retroativo: primeiro, era aparentemente aplicado a certos escritores ou artistas ativos nos últimos vinte anos, depois, atingiu gradualmente o início do século xx, em seguida, recuou ainda mais. E esse procedimento reverso continua; em breve, a categoria pós-moderna incluirá Homero. [...] Ironia, jogos metalinguísticos, enunciação múltipla. [...] Se pós-moderno é isso, é claro que Sterne e Rabelais foram pós-modernos.[6]

Talvez o termo mais conveniente para designar a pós-modernidade histórica seja o de "modernidade tardia", como propôs Habermas. Na literatura ocidental, a pós-modernidade é um desenvolvimento da modernidade (que inclui os modernismos), como esta foi um desenvolvimento das propostas românticas. Na virada do século xviii para o xix, o romantismo foi uma verdadeira ruptura com o classicismo. As vanguardas modernistas do início do século xx, por seu aspecto revolucionário, escandaloso, liquidaram tudo o que ainda restava de classicismo na literatura do século xix. Mas há diferenças maiores entre as obras do século xix e as das vanguardas modernistas do século xx do que entre estas e as obras chamadas de pós-modernas.

Cada período apresenta suas peculiaridades, no uso de recursos literários existentes desde sempre na literatura ocidental, e o nosso tem as suas. As inegáveis mudanças tecnológicas e culturais ocorridas na virada do século afetaram a literatura. Entretanto, o que vemos é menos uma liquidação da modernidade do que sua assimilação numa postura irônica, e uma exacerbação de procedimentos existentes, há muito tempo, nas obras literárias. A peculiaridade da chamada literatura pós-moderna é nutrir-se da modernidade, numa atitude consumista que é própria de nosso tempo. Como observou Susan Sontag: "'O moderno' é uma ideia, uma ideia muito radical, que continua a se desenvolver. Estamos agora numa segunda fase da ideologia do moderno (que recebeu o nome pretensioso de 'pós-moderno')".[7]

Na falta de melhor designação, chamemos a literatura das primeiras décadas do século XXI de literatura contemporânea. Devemos convir que chamar a literatura da virada do século de "contemporânea" é tão inconveniente quanto chamá-la de pós-moderna, porque o tempo se encarregará de mudar o sentido desse adjetivo. Mas como ainda estamos nesse início de século, podemos chamá-la de contemporânea e apontar algumas de suas características.

A poesia não sofreu maiores transformações desde a adoção do verso livre, da poesia-piada e da poesia concreta, a não ser mudanças de suporte como o cartaz, o folheto, e posteriormente a tela eletrônica, que deu aos textos cores e movimento. A prosa tem sido o gênero preferencial dos escritores contemporâneos. Ao longo do século passado, a ficção tentou libertar-se das convenções narrativas anteriores, com o "fluxo da consciência" (Virginia Woolf), a criação de uma nova linguagem baseada em trocadilhos e palavras-valise (Joyce), o estilo telegráfico (Oswald de Andrade) e a representação neutra do real (o nouveau roman francês). Todas essas experiências foram assimiladas pelos escritores contemporâneos, que ora lhes dão uma continuidade, ora as ignoram, praticando tranquilamente qualquer tipo de estilo do passado, sem a preocupação modernista com o novo. E essa despreocupação é típica dos escritores contemporâneos, que colhem, tanto no passado como no presente, seus temas e modos de expressão.

Quanto aos procedimentos: na falta de propostas realmente inovadoras, a intertextualidade tornou-se generalizada, a referência e a citação, mais frequentes, acentuando-se até o anacronismo, usado com humor; a metalinguagem passou a ser mais utilizada, como recurso irônico; a mescla de referências à alta cultura e à cultura de massa tornou-se habitual.

Quanto à temática: como testemunha do individualismo contemporâneo, o eu e suas experiências, mesmo minúsculas, têm sido privilegiados; o ceticismo aumentou, chegando até o niilismo; a impossibilidade de um grande relato histórico, no qual situar as vivências contemporâneas, acarretou o desaparecimento da literatura de mensagem política explícita, limitando a obra de ficção à denúncia de um real insatisfatório ou mesmo catastrófico; a significação política das obras tornou-se assim ainda mais aberta, ou suspensa; acentuou-se o uso de imagens interagindo com o texto.

As novas tecnologias, por enquanto, não modificaram muito a textualidade literária. Os programas informacionais de redação mantêm o modelo do livro impresso: paginação, uso de tipos e sinais gráficos. Eles apenas aumentaram a velocidade do registro verbal e de suas correções, apagando seus rastros. No uso cotidiano, informativo e prático, a computação habituou os leitores aos textos curtos. Curiosamente, o que se observa atualmente na literatura impressa é, pelo contrário, uma tendência à publicação de livros cada vez mais volumosos, qualquer que seja o gênero. A internet tem permitido a autopublicação de novos escritores, mas não modificou substancialmente seus procedimentos estilísticos. E a ambição da maioria desses novos autores é ver suas obras publicadas como livros pelas grandes editoras.

Na literatura impressa, que ainda está longe de ser abandonada, instalou-se uma enorme diversidade, cada subgênero ocupando um nicho do mercado: a literatura "séria" (aquela que ainda recebe prêmios); a literatura "difícil" (destinada a um público restrito); a literatura de entretenimento (os best-sellers sentimentais e/ou eróticos, a ficção fantástica com alta população de vampiros e de magos, a narrativa policial estereotipada); a literatura de autoajuda, que pode se apresentar em forma de ficção; a ficção histórica e biográfica etc. É óbvio que esta listagem é esquemática, na medida em que os diferentes subgêneros podem misturar-se, e misturam-se.

À multiplicidade de gêneros e subgêneros corresponde uma grande variedade de leitura. Umberto Eco distingue pelo menos dois tipos de leitores: o "leitor semântico" e o "leitor crítico ou estético":

> Venho teorizando repetidamente o fato de que um texto (e mais que todos um texto com finalidade estética e, no caso do presente discurso, um texto narrativo) tende a construir um duplo Leitor Modelo. Ele dirige-se sobretudo a um leitor modelo de primeiro nível, que chamarei de semântico, o qual deseja saber (e justamente) como a história vai acabar [...]. Mas o texto dirige-se também a um leitor modelo de segundo nível, que chamaremos de semiótico ou estético, o qual se pergunta que tipo de leitor aquele conto pede que ele seja, e quer descobrir como procede o autor modelo que o instrui passo a passo. Em palavras pobres, o leitor de primeiro nível quer saber o que acontece, aquele de segundo nível como aquilo que acontece foi narrado. Para saber como a história acaba, geralmente basta uma única vez. Para transformar-se em leitor de segundo nível é preciso ler muitas vezes, e certas histórias deve-se lê-las ao infinito.[8]

É preciso convir que, nos dias que correm, os "leitores semânticos" tendem a ser infinitamente mais numerosos do que os "leitores estéticos". E que, consequentemente, as obras fáceis de ler, isto é, aquelas em que só os acontecimentos importam, dominam o mercado editorial. Podemos estender as considerações de Eco aos leitores da mídia impressa e da mídia eletrônica. Cada vez mais, os "leitores semânticos" predominam sobre os "leitores críticos", e é em função dos primeiros que os textos são aí redigidos.

Em que medida a literatura pode ainda dar conta do mundo contemporâneo e alcançar os "leitores críticos"? Interrogado sobre as mudanças que afetaram o pensamento, nos últimos trinta anos, o historiador Pierre Nora respondeu:

> Fim da Guerra Fria, desagregação do bloco soviético, queda do Muro, surgimento da Ásia... viu-se um número considerável de rupturas. Quais são os temas fundamentais que emergiram durante esses trinta anos? Isolamos cinco grandes: a intensificação do individualismo, a volta das religiões, a consciência ecológica, o avanço poderoso da pesquisa científica, a irrupção das redes informacionais.
>
> Quando você me pergunta "quais são os pensamentos novos", responderei que é a própria novidade que deve ser pensada, numa tentativa de compreensão. E é possível que isso seja menos a tarefa dos filósofos, no sentido tradicional (amadores e criadores de conceitos), do que a daqueles que se dedicarão à inteligibilidade da realidade e de sua interpretação perante a demanda social.[9]

"A inteligibilidade da realidade e de sua interpretação" é a tarefa que Roland Barthes sempre atribuiu à literatura. Segundo ele, a interrogação da literatura não é "Qual é o sentido do mundo?", mas somente: "Eis o mundo: existe sentido nele?".[10] E é isso que os bons escritores continuam fazendo. Palavras em alta, na teoria literária contemporânea, são "reflexão" e "crítica". Nossa época é o momento de pensar sobre o passado recente e de criticar os caminhos do presente. Só depois dessa fase poderão surgir "pensamentos novos". E deixaremos de vê-la como "pós", para vê-la como "pré" alguma coisa que ainda ignoramos.

4. A literatura como herança

Nossa herança nos foi entregue sem testamento.

René Char

A literatura da alta modernidade terminou, isto é, completou seu ciclo. As grandes obras produzidas nos séculos XIX e XX constituem uma riquíssima herança da cultura ocidental. Os herdeiros são não somente a massa de leitores que recebem passivamente esse legado, mas principalmente os escritores atuais, que assumem o encargo de fazê-lo prosperar. Como acontece com todos os herdeiros, muitos deles dilapidam a herança, trocam-na em miúdos, produzindo uma infinidade de pequenas obras de mero entretenimento, ou nem isso. Outros a gastam moderadamente, seguindo os ensinamentos de seus pais e avós. Mas alguns sentem mais intensamente o peso da herança e procuram ser dignos daqueles que a legaram. Certos escritores atuais têm feito o luto dos antepassados em obras metaliterárias, que os citam e celebram seus feitos, como veremos na segunda parte deste livro.

Vários ensaístas se encarregaram, por sua vez, de velar por essa herança. Harold Bloom, em seu monumental ensaio *O cânone ocidental*, ergueu-se como um paladino da tradição: "O conhecimento não pode prosseguir sem memória, e o Cânone é a verdadeira arte da memória, a autêntica fundação do pensamento cultural".[1] Bloom tende a afirmações absolutas, como confirmam os adjetivos da última citação: "verdadeira", "autêntica". Seu livro foi escrito para combater o que ele chama de "escola do ressentimento" ou "a ralé acadêmica" que, segundo ele, se apoderara do ensino da literatura nas universidades norte-americanas: feministas, marxistas, lacanianos, neo-historicistas, desconstrucionistas e semióticos. Bloom reivindica a "imortalidade" dos grandes autores do cânone ocidental, conquistada por uma luta entre textos, cujos vencedores só aparecem depois de algumas gerações. Ora, querer impor um cânone a ferro e fogo, como faz Bloom, não é a melhor maneira de manter ou atrair novos leitores para a literatura ocidental.

Outros ensaístas, pelo contrário, falam da herança literária com amor. A ensaísta francesa Danièle Sallenave, por exemplo, publicou um belo livro intitulado *Le Don des morts*. Como diz o título, ela considera as grandes obras do passado como um dom: "Sem os livros, não herdamos nada. Com os livros, não é um mundo, é *o mundo* que nos é oferecido: dom que fazem os mortos aos que vêm depois deles".

Sallenave argumenta que "sem os livros, toda vida é uma vida ordinária". A leitura literária nos faz viver em vários outros tempos, e cria assim um tempo imóvel fora do tempo, que nos libera da consciência melancólica da finitude, da morte. Em vez de encerrar as obras canônicas numa fortaleza vedada à ralé, a ensaísta pretende, generosamente, que elas sejam oferecidas a todos, como um bem a que se tem direito:

A prática dos livros não é pois, em nossa vida, a parte do sonho, um luxo gratuito, um lazer superior ou uma marca de distinção. E os intelectuais se enganam gravemente quando se dedicam a denunciar seu elitismo, em vez de fazer com que se abra ao maior número de pessoas o reino emancipador do pensamento nos livros.[2]

Entre os filósofos, aquele que mais se ocupou do tema da herança foi Jacques Derrida. Para ele, a herança não é algo que possamos recusar, ela faz parte de nós: "Somos apenas o que herdamos. Nosso ser é herança, a língua que falamos é herança". Derrida desenvolve o tema da herança em muitos outros pontos de sua vasta obra. Segundo ele, o herdeiro deve responder a uma intimação dupla e contraditória: reafirmar o que veio antes e se comportar livremente com respeito ao passado. Ser fiel à herança não é deixá-la intacta; é transformá-la, relançá-la, mantê-la viva. "A herança", diz ele, "não é apenas um bem que recebo, é também uma intimação à fidelidade, uma injunção de responsabilidade."[3] Para o filósofo, a herança europeia não é um "patrimônio"; é um potencial inesgotável que deve ser constantemente desconstruído, isto é, reinterpretado, e relançado ao futuro.

Essas propostas de Derrida podem ser aplicadas à herança literária que ele tanto prezou. Em seu diálogo com Elisabeth Roudinesco, ele diz:

> Nos textos "desconstrutores" aparentemente encarniçados que escrevi a respeito dos autores de que você fala, há sempre um momento em que declaro, muito sinceramente, a admiração, a dívida, o reconhecimento — e a necessidade de ser fiel à herança a fim de reinterpretá-la e reafirmá-la sem fim. [...] Só um ser finito herda, e sua finitude o *obriga*. Ela o obriga a receber o que é maior, mais velho, mais poderoso e mais durável do que ele. Mas a mesma finitude o obriga a preferir, a sacrificar, a excluir, a abandonar.[4]

Em seu último curso no Collège de France, Roland Barthes definia o romance que desejava escrever como "filial":

> FILIAÇÃO. A obra deve ser *filial*: entendamos que ela deve assumir (e desde então, como já disse, *transformar*) certa *filiação*. Nietzsche: não há belas coisas sem *linhagem* → linhagem ≠ herança; não se trata de repetir, de copiar, de imitar, de conservar; trata-se de recorrer a uma espécie de herança de valores nobres, como um aristocrata sem dinheiro, sem herança, pode permanecer aristocrata; uma escrita precisa de *hereditariedade*.[5]

As grandes obras do cânone ocidental não são um "patrimônio", no sentido museológico do termo. O patrimônio monumental é imóvel. A literatura, pelo contrário, é incessantemente disseminada e inseminadora, infinitamente reinterpretada. Por isso, não há razão para se fazer o luto da literatura. A melhor reinterpretação da literatura é aquela fornecida pelas novas obras que a prosseguem. E, frequentemente, as melhores observações sobre a herança literária são feitas pelos próprios escritores. Pascal Quignard, por exemplo, fala da "família literária" a que sua obra pertence:

> Há modos de dizer que fazem tremer. Outros, que ferem.
>
> Há modos de dizer que, na lembrança, ferem para além da morte daqueles que os proferiram.
>
> Essas vozes e essas entonações formam aquilo que se pode chamar de "família". Há modos de dizer que embargam o sopro de uma voz morta ou surda. Mas são vozes e ecos que não procedem diretamente desses mortos. Provindos de um sopro que não é diretamente antepassado. Ou que apertam a garganta com uma voz secreta, de uma oralidade mais dissimulada do que a ressonância vocal, mais baixa do que o murmúrio, que dá vontade de chorar.

São os livros.

O conjunto dos livros — esse conjunto exclui todos os volumes nos quais a oralidade ou a sociedade não foram sacrificados — forma o que se pode chamar de literatura, que é uma família não familial, não diretamente genealógica, uma sociedade associal.[6]

Uma bela homenagem à literatura ocidental é o livro de outro francês, Pierre Michon, intitulado *Corps du roi* [Corpo do rei]. Esse pequeno grande livro é uma celebração da literatura, através de alguns Grandes Nomes (expressão que ele escreve com maiúsculas). A ideia é simples e brilhante. Michon aplica, aos grandes escritores do passado, o conceito medieval segundo o qual o rei tem dois corpos, um corpo natural e um corpo místico:

> O rei, como se sabe, tem dois corpos: um corpo eterno, dinástico, que o texto entroniza e sagra, e que chamamos arbitrariamente de Shakespeare, Joyce, Beckett, Dante, mas que é o mesmo corpo imortal vestido com trapos provisórios; e ele tem outro corpo mortal, funcional, relativo, o trapo que vai para a podridão, que se chama apenas Dante e usa um gorrinho em cima do nariz adunco, somente Joyce e então tem anéis e olho míope, espantado, somente Shakespeare e é um homem de posses com uma golinha elisabetana.

Corps du roi é uma obra de gênero indefinido, misto de ensaio e ficção. As fotos que acompanham o texto são a prova de que algo mudou na modernidade: a existência da fotografia, que nos permite ver o rosto "real" dos escritores. Michon examina essas fotografias como alguém que folheia um álbum de família: "O fotógrafo clica. Os dois corpos do rei aparecem". A partir de fotografias, cartas ou dados biográficos, Michon explora as coincidências e divergências entre os "dois corpos" de escritores: Beckett, Faulkner, Flaubert e outros, igualmente reais e geralmente comuns.

Beckett, numa fotografia de Lutfi Özkök, datada de 1961, é um verdadeiro milagre: a coincidência entre os dois corpos do rei, o homem e a obra. Beckett sabe que é rei.

Sabe também que essa operação mágica é mais fácil para ele do que para Dante ou Joyce, porque, diferentemente destes, ele é belo: belo como um rei, o olhar gelado, a ilusão do fogo sob o gelo, os lábios rigorosos e perfeitos, o *nolli me tangere* que ele ostenta de nascença; e, cúmulo do luxo, belo com estigmas, a magreza celestial, as rugas cavadas com o caco de Jó, as grandes orelhas de carne, o look rei Lear.

Faulkner, diferentemente, é um "erro da Criação". Numa foto de James R. Cofield, datada de 1931, ele aparece com um grosso casaco de tweed, os braços cruzados, um cigarro aceso na mão direita:

Conhecemos essa aparição frontal, maciça e franca do artista como jovem imprestável, jovem *imperator*, jovem *farmer* [...] uma cara ao mesmo tempo consternada e triunfante, poderosa e frouxa, intratável mas infinitamente corruptível — enorme e fútil como o são, escreveu ele, os elefantes e as baleias. [...] Ele sabe, ou melhor, pensa que, para anular essa distância, para arrebentar esse muro inexpugnável atrás do qual cochilam ou arremetem o elefante Shakespeare, o elefante Melville, o elefante Joyce, não tem outro recurso a não ser se tornar ele mesmo elefante.

Na fotografia, Faulkner parece seguro de si:

Afinal, esse olhar que vê o elefante em 1931 é calmo. Seu mestre apareceu nele, ele ri dos reis e dos que não são reis, como diz outro prisioneiro do Sublime que guiou com mão de ferro o Sublime,

Fernando Pessoa. Ele está calmo, escreveu *O som e a fúria*, ele é o grande reitor, o elefante.[7]

Flaubert, que só ostentou um belo corpo em sua juventude, é retratado por ele como um "corpo de madeira" (trocadilho entre *roi* e *bois*, que se perde em português), uma espécie de palhaço gordo e bigodudo que, numa carta a Louise Colet, contou seu momento de glória secreta, na madrugada em que terminou de escrever a primeira parte de *Madame Bovary*. Segundo Michon, o único modo de salvar a vida desse homem maníaco, que passava seu tempo burilando frases, seria imaginar que ele mentiu, que nunca foi um monge ou um trabalhador forçado. Que ele era, na verdade, um ocioso, que ficava olhando o Sena ou a sobrinha comendo geleia, as vacas e as mulheres, e que só de tempo em tempo, para fazer uma gracinha e ocupar os críticos parisienses, escrevia algumas frases perfeitas que lhe vinham de modo fácil e natural.

Como em seu romance *Vidas minúsculas*, o texto converge para a pessoa do escritor Michon. Mas não há nenhuma egolatria ou vaidade nessa convergência. Assim como o narrador de *Vidas minúsculas*, lutando com a página em branco ou com a sombra intimidadora dos Grandes Autores, acaba drogado e louco de hospício, o escritor de *Corps du roi* acaba escorraçado de um restaurante parisiense, caído bêbado na calçada, olhando as longínquas estrelas.

Michon se pergunta para que servem ainda os escritores:

> Servir, aceitamos. Mas onde está a guerra, onde está Deus, onde o serralho de noventa e nove esposas, onde os reinos e os apanágios? Onde está a humanidade sofredora e regenerada, onde as revoluções e as caridades apaixonadas, onde está Jean Valjean? Ora, só resta a prosa, o texto que dói e faz gozar dessa dor, o texto que mata.[8]

Talvez Michon seja um dos últimos escritores a buscar a expressão literária como um valor inestimável, e a achar ainda, como Flaubert ou Proust, que ela merece todos os sacrifícios. Mas ele sabe, como escritor atual, que essa velha religião quase não tem mais fiéis. "A seriedade com que consideramos a literatura nos dá um aperto no coração", escreve ele em *Corps du roi*, citando Pasolini acerca de Gombrowicz.[9] Sua escrita é a prática obstinada de uma forma vista como antiquada. Michon é herdeiro de uma dinastia decaída que ele continua a honrar, cuidando da língua como de uma coisa preciosa, buscando demonstrar o quanto a escrita literária pode suprir a distância entre o desejo de grandeza e a pequenez do mundo, entre a aspiração à eternidade e a condição de mortal. Um elefante, em suma.

Ou um dinossauro? Digitei "herança literária" no Google, caí numa *tag* com esse nome. E caí também na real, pelo menos na realidade brasileira. Nesse site há numerosas entrevistas com amantes de livros, quase todos muito jovens (menos de vinte anos), que mostram e comentam alguns itens de suas pequenas bibliotecas (que aparecem ao lado ou no fundo da tela). O objetivo da *tag* não é, como eu esperava, falar dos livros que eles herdaram, mas daqueles que eles deixariam de herança. Passei algumas horas vendo os depoimentos desses jovens, todos muito bonitinhos e simpáticos. A primeira pergunta a que eles respondem é: "Qual é o livro mais caro, e o mais barato, que você comprou?", e os primeiros comentários são sobre o tamanho dos livros (grossos ou finos) e sobre as capas. Nota-se um fetichismo do livro. A maneira como eles mostram e manuseiam os volumes que possuem revela um apego ao objeto, que se orgulham de "ter", em oposição inconsciente ao mundo digital em que eles estão, no qual nada é palpável.

As obras que eles comentam decorrem de uma escolha totalmente aleatória: numerosos best-sellers americanos traduzidos (a maioria desses leitores usa camisetas com dizeres em inglês), livros de divulgação (técnicos, científicos ou de história geral resumida) e alguns velhos volumes desgarrados, que caíram em suas mãos por herança ou por acaso. Entre esses, dois de Júlio Verne e um de Orwell, que confessam ainda não terem lido. "Literário", para eles, é qualquer coisa impressa em livro. Logo no primeiro depoimento, um livro de que a comentadora não gostou é de Machado de Assis, nem textualmente, nem em quadrinhos (que ela mostra). E o seu preferido é um livrinho intitulado *Um holandês em Recife* (sabe-se lá por quê). De repente, ela pega um livro de capa vermelha: *O capital*. "Não li", diz ela, "mas pretendo ler mais tarde." O que fica claro, nessa "herança literária", é que esses jovens não herdaram quase nada de seus pais: poucos livros e nenhuma orientação de leitura. Nos comentários, uma participante diz: "Lá em casa, sou a única que lê". Quanto aos professores, não há nenhuma alusão a qualquer livro lido na escola.

Dessa *tag* passei a outras, cujos títulos me pareceram mais divertidos: "chatice literária" e "sono literário". À pergunta sobre qual é o livro mais chato que o internauta já leu, as respostas são: *Viagens à minha terra*, de Garrett, e a Bíblia. Os comentários, aí, são mais engraçados: "Um livro paradão, meio sem graça, assim…". *A metamorfose*, de Kafka, é discutido, nos comentários, ao lado de *Poliana*, de Eleanor H. Porter. O segundo ganha mais adeptos do que o primeiro, considerado "tristinho", "depressivo" (dizem que o autor morreu num hospício). A conclusão a que se chega sobre essas *tags* (algumas com milhares de acessos efetuados) é que: 1) ainda há jovens que gostam de livros; 2) os jovens leem sem nenhuma orientação de leitura; 3) os jovens frequentam livrarias, mas se confessam completamente perdidos ("Há *muitos* livros!", diz um deles); 4) a literatura, para eles, começa com a série *Harry Potter* e a saga *Crepúsculo*, que todos leram. A ideia otimista segundo a qual desses livros eles passariam a livros melhores ainda não se comprova. Quando continuam lendo, os jovens passam para as versões impressas de séries televisivas: *Game of Thrones* e *Heroes*. George R. R. Martin, autor da primeira, é o mais citado por todos os jovens que participam nesses sites.

Não é culpa deles nem da internet, onde há vários blogs literários de qualidade que, na falta de bons professores de literatura, poderiam orientar esses leitores incipientes. Mas provavelmente eles achariam esses blogs muito "cabeça". Nunca é demais repetir: a leitura de boas obras literárias começa nas famílias em que há leitores, e isso é cada vez mais raro. E continua na escola, onde os professores têm por função mostrar que a leitura é um prazer, e não uma obrigação. Isso, também, é cada vez mais raro. Afogados na cultura de massa, os jovens leitores são privados de uma riquíssima herança que ignoram. Salvo poucas exceções, eles são deserdados e terão pouco a deixar para seus filhos.

5. A crítica literária

Os críticos literários nunca foram muito estimados pelos escritores. Desde que a crítica literária se firmou como instituição, os escritores reclamaram de seus praticantes. Mas sempre desejaram a atenção desses profissionais para seus livros, quer por mera vaidade, quer pelo desejo legítimo de serem lidos e divulgados. Historicamente, foi o advento dos jornais, no século XIX, que permitiu a institucionalização da crítica literária como gênero respeitado e temido. Desde então, os críticos têm realizado uma mediação suplementar entre o autor e o leitor comum. Pelo fato de seu espaço atual ser a mídia impressa ou eletrônica, o alcance e a velocidade de suas intervenções potencializam a comunicação do livro, que é lenta e privada.

A partir da segunda metade do século XX a crítica literária perdeu espaço. Com o progresso dos meios audiovisuais e a ascensão da cultura de massa, dotada de um público consumidor muito maior do que o dos leitores de literatura, a crítica literária foi inserida numa crítica cultural mais ampla. Os antigos suplementos literários dos jornais foram transformados em suplementos culturais, compostos de artigos sobre livros em geral, sobre artes e espetáculos.[1] Nos jornais cotidianos, as resenhas substituíram os ensaios. O espaço concedido na mídia à crítica literária encolheu, ao mesmo tempo que crescia o número de livros publicados. Esse descompasso se explica pela concorrência da literatura com outras artes e outros meios, pela transformação das editoras em grandes empresas e pela confusão da crítica com a publicidade.

Apesar do desprestígio, a crítica literária ainda existe. No mundo todo, os jornais ou revistas de grande circulação reservam algum espaço, por menor que seja, à crítica literária. A crítica literária contemporânea pode ser classificada em três grandes categorias: a crítica universitária, que se manifesta na forma de artigos longos, destinada a leitores especializados; a crítica jornalística praticada nos meios de comunicação imediata, impressa ou eletrônica, que se manifesta em textos curtos e informativos; a crítica exclusivamente eletrônica dos blogs, que exprime opiniões sobre as obras publicadas.

A crítica universitária se exime, cada vez mais, dos juízos de valor. Quando não é temática, privilegia análises minuciosas dos procedimentos empregados pelos escritores (preferivelmente os do passado), inserindo-os em seu contexto histórico. Ela é lida sobretudo por outros universitários, em revistas acadêmicas ou atas de colóquios. A crítica jornalística anuncia a publicação das obras, resume-as e julga seu valor, em textos quase sempre curtos, destinados à leitura rápida. A crítica dos blogs assemelha-se à jornalística por seu dinamismo e seu caráter judicativo, mas por ser individual e anárquica carece, frequentemente, de fundamentos sólidos. O que é característico da crítica contemporânea, em qualquer de suas manifestações, é a perda da função de autoridade que o gênero teve no passado. A qualidade e a credibilidade de qualquer tipo de juízo crítico são flutuantes e provisórias, como toda e qualquer manifestação de ideias em nossa "modernidade líquida" (Zigmunt Bauman).

Apesar de todas as transformações, uma coisa se manteve: o mau humor de vários escritores para com os críticos. Enquanto, até o século XX, as queixas dos escritores se referiam à inferioridade dos críticos, incapazes de entender os criadores, algumas das queixas atuais, pelo contrário, se referem ao "elitismo" de uma crítica exigente, fechada aos novos gêneros mais populares, destinados ao entretenimento, à autoajuda ou à simples expressão individual. A maior irritação é provocada pelos críticos com formação universitária, "acastelados em suas torres de marfim", "autoritários" e "desatualizados".

Como todos os produtos do engenho humano, as obras literárias podem ser classificadas em vários níveis de qualidade. Assim como os vinhos, por exemplo. Um enólogo sabe distinguir um vinho de alta qualidade e excelente safra de um vinho de mesa. Isso não significa que o vinho de mesa não tem o direito de existir. A grande maioria dos consumidores se contenta com ele. O enólogo é apenas alguém com o paladar formado por longa experiência e conhecimento de inúmeros tipos de vinho. É um especialista.

Um bom crítico literário é, como o enólogo, um especialista. A crítica é elitista? Sim, se considerarmos que ela é exercida por um grupo de pessoas especializadas, pequeno diante da multidão de leitores de todo tipo de obra. A própria literatura considerada "alta" é elitista no que concerne à qualidade. Entretanto, o acesso a ela é muito mais democrático do que a degustação dos melhores vinhos. Em primeiro lugar, as obras reconhecidas como maiores não custam mais caro do que as outras. Numa banca de jornal, *Madame Bovary* ou *Dom Casmurro* são vendidos ao mesmo preço de qualquer outro livro. Isso porque a literatura é um bem imaterial que se concretiza em qualquer suporte, caro ou barato. Todas as pessoas alfabetizadas podem chegar a ela.

Do mesmo modo, a formação de um bom crítico de literatura é facultada a qualquer um, independentemente de diplomas, porque o crítico é antes de tudo um grande leitor. Se a pessoa teve a sorte de ler desde cedo bons livros, ela se tornará cada vez mais exigente e mais apta a avaliar os novos livros que lhe caírem nas mãos. É uma formação do gosto, como a do enólogo, e toda formação de gosto se faz por análise e comparação.

Mesmo que se contestem os critérios e valores do juízo literário, resta a possibilidade de consensos baseados na experiência de fruição do secular acervo designado como literatura. O leitor que teve acesso a um romance de Dostoiévski, por exemplo, perceberá, na prática, que este não é equivalente a um romance de Stephen King. O romance de Dostoiévski exige uma leitura (uma degustação) mais atenta, oferece maiores surpresas na apresentação de personagens e ações, provoca reflexões mais profundas sobre as grandes questões com as quais qualquer ser humano é confrontado em sua vida. Terminada sua leitura, esse romance permanecerá na lembrança do leitor, que sentirá um desejo de relê-lo, para compreender melhor os sentimentos e pensamentos que a primeira leitura suscitou. Daí a famosa definição de "clássico" por Italo Calvino: "Um clássico é um livro que nunca terminou de dizer aquilo que tinha para dizer".[2]

Por outro lado, a distinção entre alta literatura e literatura de entretenimento é ociosa. Toda leitura de ficção ou de poesia é, entre outras coisas, entretenimento. E, em matéria de entretenimento, até as palavras cruzadas se classificam como "fácil", "médio" e "difícil". Ora, quem já chegou ao nível difícil, que exige maior vocabulário, maior cultura geral, maior treino, não vai querer perder seu tempo com palavras cruzadas fáceis. Assim como um jogador de bridge não vai gostar de jogar rouba-monte, ou um jogador de xadrez vai achar tedioso jogar damas. Mas é natural que existam entretenimentos de vários níveis.

Ora, o grande paradoxo é que esses novos escritores que se consideram mais democráticos, em vez de se contentarem com as grandes tiragens de suas obras, o lucro auferido por elas e o espaço que têm na mídia, querem também ser elogiados como "alta literatura", admitidos nos programas dos cursos de letras, pertencer à Academia e ganhar prêmios concedidos por júris elitistas, de preferência o Nobel. E entrar para aquele cânone que, segundo eles, é criação de juízes autoritários, pretensiosos etc. Não seria mais lógico que os inimigos desse "elitismo" literário ignorassem totalmente os críticos que o representam, as universidades e as academias? E que, simplesmente, continuassem a publicar suas obras nos grandes espaços de liberdade que lhes concedem o desenvolvimento da eletrônica e o número crescente de editoras?

Acontece que na sociedade do espetáculo a literatura passou a ser objeto de grandes eventos e os escritores se transformaram em celebridades mais conhecidas do que lidas. Todos querem ter seus quinze minutos de fama, num festival literário ou no palco de um grande prêmio, transmitidos pela televisão e pela internet. E chegar lá ainda depende, em parte, da crítica. Apesar do relativismo dos critérios estéticos e da desconfiança dos juízos de valor, o reconhecimento de uma obra como importante depende do aval de especialistas. A palavra "crítica" vem do grego *krinein*, que significa julgamento. Julgamentos dependem de critérios de avaliação, e estes decorrem de conhecimento e experiência na matéria. Exatamente como na enologia, na gastronomia, ou em qualquer especialidade.

Daí a importância da crítica literária. A qualidade da produção literária não depende da crítica. Esta apenas examina o que lhe é oferecido pelos criadores. Entretanto, a qualidade dos leitores pode e deve ser elevada pela crítica, evitando, na medida do possível, que a grande força do mercado os leve a consumir qualquer produto. Mas antes da crítica, o que forma o gosto pelo produto superior é o ensino da literatura nas escolas. Infelizmente, esse ensino tende a desaparecer. Com o aval das autoridades educacionais, em vez de encaminhar progressivamente os jovens leitores aos produtos superiores, a maioria dos professores lhes oferece, sob a rubrica de "comunicação e expressão", refrigerantes e salgadinhos. E a mídia se encarrega de diluir a qualidade em inúmeros tons de cinza.

A leitura crítica se pauta pelo mais alto padrão de qualidade da obra porque, se ela aceitar todos os padrões, ela é comentário, e não crítica. O mais alto padrão não é, como pensam alguns, determinado por um modelo ideal de excelência, estabelecido por um grupo de leitores arrogantes e ciosos de manter seu poder de julgar, mas é estabelecido pelas próprias obras literárias já existentes, cujas qualidades os leitores especializados podem comparar.

Felizmente, os escritores que levam a sério seu ofício também são leitores especializados e autocríticos. Por isso, eles são atentos à crítica alheia, elogiosa ou não, independentemente de objetivos promocionais. O grande juiz da obra literária é o tempo. Se uma obra continua a suscitar novas leituras, não é porque ela contém valores essenciais, mas porque ela corresponde a indagações humanas de longa duração, concernentes à vida e à morte, ao amor e ao ódio, à paz e à guerra, e porque essas indagações estão nela formuladas numa linguagem cuja eficácia significante é reconhecida por leitores de sucessivas épocas. É esse reconhecimento que faz um "clássico" e o insere num cânone.

O tempo é também juiz dos críticos literários. O grande ensaísta português Eduardo Lourenço disse, uma vez, que não são os críticos que julgam as obras, mas são as obras que julgam os críticos. Os grandes críticos são aqueles que conseguem dizer algo novo a respeito das obras antigas, e são capazes de reconhecer uma nova obra de valor (portanto virtualmente duradoura) no mesmo momento em que ela é publicada. Eles são tão raros quanto os grandes escritores.

A crítica literária pode e deve ser uma atividade generosa. Ela é uma extensão da obra de criação e um meio de compartilhar com outros leitores a fruição dessa obra. A obra literária depende de leitores para existir, e a crítica ajuda a formar esses leitores, os quais, eventualmente, se tornarão escritores. Um bom crítico é um leitor capacitado e apaixonado. Capacitado, porque leu muito e refletiu sobre a literatura, sua função e seus valores. Apaixonado, porque ama a literatura, e só quem ama um assunto pode comunicar a outros o seu amor. A produção literária independe da crítica, que, no mais das vezes, apenas a acompanha, analisa e avalia.

Entretanto, há críticos que conseguem ir além desses objetivos, escrevendo suas leituras de modo a desenvolver as potencialidades da obra de criação, acentuando e prolongando sua fruição. Assim, as grandes obras do cânone ocidental tiveram, no século XX, leituras críticas tão criativas e esclarecedoras que se incorporaram, de certa maneira, à própria obra criticada, tornando-se, para o leitor culto, inseparáveis dela. Apenas como exemplos, é o caso da leitura de Dante por Borges, de Cervantes por Carlos Fuentes, de Flaubert por Sartre, de Dostoiévski por Bakhtin, de Baudelaire por Walter Benjamin, de Proust por Deleuze.

Michel Butor, um desses críticos-escritores capazes de transformar a crítica em criação, definiu muito bem essa modalidade de escrita, no ensaio "Crítica e invenção". Nesse texto publicado em 1968, ele mostra que toda boa obra literária é crítica da realidade e da literatura anterior (*Dom Quixote* é o maior exemplo), e toda boa crítica literária depende menos da erudição do que da capacidade de invenção do crítico. O bom escritor considera sempre sua obra como inacabada:

> A obra inacabada é para nós a necessidade de uma invenção, e vemos bem a seu propósito que o crítico mais exato, o mais respeitoso, é aquele cuja invenção consegue prolongar a do autor, e fazer

com que este entre a tal ponto nele mesmo que ele saberá fazer de sua imaginação uma parte da sua própria. [...] Fazer crítica é sempre considerar que o texto de que se fala não é suficiente por si só, que é preciso acrescentar-lhe algumas páginas ou alguns milhares, portanto, que ele é apenas o fragmento de uma obra mais clara, mais rica, mais interessante, formada dele mesmo e daquilo que dele se dirá.[3]

Na mesma linha de raciocínio, Roland Barthes afirma que a obra literária é uma pergunta ao mundo, e não uma resposta. Nesse sentido, a crítica é uma das respostas possíveis, mas nunca definitiva:

A obra, pelo menos aquela que chega geralmente ao olhar crítico, e esta talvez seja uma definição possível da "boa" literatura, a obra nunca é totalmente insignificante (misteriosa ou "inspirada"), nem totalmente clara; ela é, por assim dizer, sentido suspenso: ela se oferece de fato ao leitor como um sistema significante declarado, mas se esquiva como objeto significado. Essa espécie de decepção, de desligamento do sentido explica, por um lado, que a obra literária tenha tanta força para fazer perguntas ao mundo (abalando os sentidos seguros que as crenças, as ideologias e o senso comum parecem possuir), sem jamais responder a elas (não há grande obra que seja "dogmática"), e, por outro lado, que ela se ofereça a uma decifração infinita.[4]

Como a obra literária, o texto crítico não é fechado; mas é menos aberto do que a obra, porque é dependente dela. Ele não contém uma *verdade*, mas deve ter *validade*, isto é, seu sistema interpretativo deve mostrar-se totalmente adequado não a uma pretensa verdade da obra, mas a seu sistema de significação.

Mais do que em outros períodos históricos, nosso tempo de

mudança de paradigmas e sentidos conflitantes tende a produzir obras literárias muito diversas: as de significado simples, unívoco, facilmente legíveis, e obras que se oferecem como reflexão e questionamento. Estas últimas solicitam mais do que nunca o diálogo com a crítica, que ajudará os leitores a refletir sobre as questões levantadas e a atentar para a maneira como elas são formuladas. Ser crítico literário, no século XXI, é escolher entre a simples informação e a formação permanente de bons leitores. O problema atual é que, embora haja muitos veículos através dos quais o crítico pode se aproximar dos leitores, os espaços disponíveis só permitem a informação, e não um verdadeiro diálogo.

A internet possibilitou o aparecimento de milhares de novos leitores críticos, de competência variada, em sites ou blogs. O problema da crítica na internet é o mesmo da produção literária virtual: sua criação espontânea e seu acesso desprovido de qualquer filtro de qualidade. Enquanto a obra literária impressa tem como garantia mínima o International Standard Book Number (ISBN), que prova ter ela sido aceita por algum editor, e a crítica literária impressa tem o aval de uma revista ou jornal, as obras e os comentários apenas virtuais não têm chancela alguma de qualidade, podendo variar do ótimo ao péssimo. Cair num tipo ou no outro depende da sorte do internauta.

Os blogs literários na internet raramente chegam a ser crítica literária, já que os comentaristas não especializados tendem a se limitar ao "gosto/não gosto". Se a experiência de leitura é pouca, a tendência do leitor é gostar daquilo que já conhece, e quanto menos conhecer, menos terá disposição de enfrentar o trabalho que representa a leitura de um texto mais complexo. A crítica exige bagagem cultural e argumentos, e estes necessitam de um mínimo de fundamentação teórica, que só se adquire na prática de muita leitura *de* e *sobre* literatura. Como todas as especialidades, a crítica literária requer formação e profissionalismo. No Brasil, muitos dos jornalistas literários atuais passaram por uma pós-graduação em letras, tornando caduca a oposição entre crítica jornalística e crítica universitária. Entre esses dois tipos de crítica, há apenas uma diferença de destinação, e por isso de linguagem. Enquanto os universitários escrevem para os colegas, os jornalistas escrevem para o público letrado em geral.

6. O ensino da literatura

A literatura não se faz para ensinar:
é a reflexão sobre a literatura que nos ensina.

Jacinto do Prado Coelho

O declínio do prestígio cultural e social da literatura, no fim do século XX, afetou seriamente seu estudo. Numa sociedade dominada pela tecnologia e pela economia de mercado, a disciplina literária sofreu um rebaixamento. Os economistas veem a literatura como um produto com pouco (embora não desprezível) valor mercadológico; os gerenciadores do ensino, como perfumaria sem utilidade na vida profissional futura dos ensinados.

Tendo sido identificadas, abusivamente, as "demandas sociais" com as "demandas de mercado", a profissão de professor de literatura é, hoje, pouco atraente. Um especialista em literatura não pode receber a ambicionada qualificação de "profissional do futuro"; pelo contrário, ele corre o risco de ser um profissional sem futuro. Um ensino secundário que simplifica e racionaliza os currículos, com base na preparação dos alunos para a vida prática, tende a considerar a literatura como disciplina supérflua. E uma universidade interessada principalmente em ciência e tecnologia, voltada para o mercado e aspirando a parcerias com empresas, tenderá naturalmente a ver com desinteresse as humanidades e, a longo termo, a abolir os cursos de literatura como improdutivos, isto é, não lucrativos.

Em meados do século XX, os estudos literários no curso básico adequaram-se ao espírito pragmático da sociedade moderna; transformaram-se em estudos de "comunicação e expressão", visando à melhor performance futura dos alunos quando estes ingressassem na "vida real" do mercado de trabalho. Considerou-se que o uso dos textos literários para melhorar o desempenho comunicacional e expressivo na vida diária não era útil, e que outros tipos de texto, como os da mídia, são mais adequados a esse objetivo prático.

A dúvida se instalou dentro da própria disciplina e de seus docentes. O abalo sofrido pelo conceito de "literatura", a falta de consenso quanto aos critérios de avaliação da obra literária e de sua função têm tido um impacto devastador no ensino literário. O desaparecimento ou o enfraquecimento da disciplina ameaça, a longo termo, a própria prática da literatura, já que ninguém se torna "escritor" sem ter lido as obras anteriores consideradas como literárias (mesmo que seja para recusá-las e propor outra coisa em seu lugar).

Como toda instituição, a literatura é historicamente datada, e fadada a transformar-se ou a cair em desuso, a curto ou a longo prazo. Não há por que nem como evitar um eventual desaparecimento da instituição literária, a menos que lhe atribuamos um valor essencial e eterno. A questão que hoje se coloca é saber se essa instituição ainda tem algum valor na vida dos homens, se ela deve ser mantida no currículo do ensino básico e universitário, e de que maneira.

Por seu caráter enciclopédico, a literatura pode ser (e tem sido) estudada de vários ângulos e modos. No século XIX, quando ela se tornou uma disciplina autônoma (sob a forma de história literária), seu estudo servia como cimento das nacionalidades. Foi no século XIX que as nações se constituíram e consolidaram, e as diversas guerras que se estenderam pelo século XX tornavam conveniente o reforço dos nacionalismos. Daí a separação curricular em literaturas nacionais, acopladas ao ensino das diferentes línguas, privilegiando-se, em cada país, a produção pátria. Agora, num mundo globalizado pela informação, o estudo particular de cada uma delas tornou-se, além de artificial, anacrônico. Na prática, as literaturas nacionais do Ocidente nunca existiram isoladas umas das outras.

Na década de 1980, as dúvidas quanto ao valor da literatura e à melhor maneira de ensiná-la atingiram os departamentos literários das universidades. A crise eclodiu primeiro nos Estados Unidos. Alguns teóricos, argumentando que o texto literário não tem nenhuma especificidade e é apenas um discurso ideológico entre outros, haviam proposto a abolição dos departamentos literários. Os administradores das universidades norte-americanas viram as vantagens práticas dessa proposta. As verbas destinadas aos departamentos literários foram minguando, ou repassadas às novas disciplinas particularistas. O feminismo, o movimento gay e o multiculturalismo correspondem a grupos com força política, e também a importantes nichos do mercado.

No fim dos anos 1980, alguns respeitados scholars aposentados, como o inglês Frank Kermode[1] e o norte-americano Robert Alter,[2] já haviam reagido à desvalorização do ensino da literatura, apontando os valores ativos nas grandes obras literárias e as vantagens culturais e existenciais de sua leitura. Mas essas considerações foram desqualificadas, pelos particularistas, como "antigas".

Sob a influência teórica do pós-estruturalismo francês, os

teóricos americanos adotaram certos aspectos da crítica ao logocentrismo por Derrida e a contestação dos discursos de poder por Foucault, e aplicaram-nos às questões ideológicas candentes de seu país: o patriarcalismo, o racismo antinegro, o puritanismo homofóbico, o multiculturalismo, a expressão pós-colonial em língua inglesa. Formaram-se, assim, vários grupos, cada qual aspirando à precedência e disputando os destroços da velha literatura para usá-los como "ações afirmativas". O resultado foi a "balcanização" dos estudos literários, a submissão dos mesmos aos mal definidos "estudos culturais", supostamente interdisciplinares, mas na verdade superficialmente informados pelas ciências humanas, até a condenação e o abandono puro e simples do "literário".

Em 1995, a discussão central do congresso da maior associação literária americana, a Modern Language Association, visava a apurar se o estudo da literatura tinha acabado de vez ("*finished for good*"). Estudar a literatura como arte, com base em critérios estéticos universalizantes, tornara-se politicamente incorreto. A própria palavra "estética" passou a ser considerada como um palavrão idealista, logocêntrico e patriarcal. Um livro organizado em 1994 por George Levine com o título *Aesthetics & Ideology*[3] parece mais uma prestação de contas e um pedido coletivo de desculpas do que, como pretendido, uma defesa da estética. Vê-se aí, claramente, que os professores de "literatura literária" sentiam-se intimidados e mesmo acuados.

Como era de esperar, houve reações a esse estado de coisas. Infelizmente, as primeiras foram reações conservadoras, tanto do ponto de vista político como do ponto de vista pedagógico. Um grupo de professores fez dissidência da Modern Language Association e criou a pomposamente denominada Association of Literary Scholars and Critics. Alguns de seus membros, teóricos como E. D. Hirsch, John Ellis e Roger Shattuck, mal disfarçavam suas posições retrógradas, moralistas e preconceituosas. Harold Bloom, respeitado professor da Universidade Yale, saiu a campo por conta própria, defendendo idiossincrática e raivosamente *O cânone ocidental* (1994). Esse tipo de defesa em nada contribuiu para o resgate do ensino literário; pelo contrário, só reforçou os argumentos dos culturalistas atacados.

Na virada do século, começaram a surgir defesas da literatura por parte de poetas e professores que pretendiam ultrapassar as "guerras culturais" das últimas décadas. Por uma coincidência nada casual, em 1995 foram publicados, no âmbito anglo-saxão, dois livros com o mesmo título, *A Defense of Poetry*, respectivamente de Mark Edmundson (Cambridge) e Paul H. Fry (Stanford). Vários scholars argumentaram que o ensino especificamente literário devia ser reativado. Um exemplo disso é o ensaio *Literature*, do inglês Peter Widdowson. O objetivo desse livro não é responder à pergunta "O que é a literatura?", mas refletir sobre "o que a literatura pode significar e fazer por nós nesta virada de milênio". Uma visada não essencialista, mas pragmática: "os *efeitos* sociais e culturais do *literário*", e não "as características intrínsecas, estéticas ou linguísticas, da *literariedade*". O ponto de partida é o seguinte:

> A literatura permanece sendo um componente tão crucial da atividade e da experiência humanas que deve ser resgatada por ela mesma, ser reacreditada, em vez de ser subsumida de maneira envergonhada, como tem sido o caso recentemente, sob os conceitos gerais de "escrita", "retórica", "discurso" e "produção cultural".[4]

Widdowson argumenta que o literário é um "espaço de liberdade" no conjunto dos discursos, que a literatura do passado continua a nos dar uma forma de "conhecimento especial", e a literatura contemporânea nos fornece "notícias [*news*] de nós mesmos", as quais seriam imperceptíveis fora da formulação literária. O ensaísta retoma a fórmula de Henry James: "A vida não tem sentido direto para o sujeito e só é capaz de um esplêndido desperdício. Daí a oportunidade da sublime economia da arte". E outra, de Thomas Hardy: "A arte é *desproporcionalização* das realidades, para mostrar mais claramente os traços que importam nessas realidades". James e Hardy são autores pouco estimados pela crítica ideológica particularista, e citá-los já é uma operação de resgate. Os argumentos de Widdowson são finalmente semelhantes aos de Kermode e Alter: a literatura dá conhecimento, aguça a visão do real, exerce uma função crítica e utópica (no sentido de explorar os possíveis) e, *last but not least*, dá prazer. E tudo isso de um modo específico que não é estudável apenas pelo ângulo da ideologia.

O ensino da literatura tem estado no centro dos debates educacionais das últimas décadas. Em todos os países ocidentais a disciplina "literatura" sofreu uma perda de importância, até desaparecer, pura e simplesmente, dos currículos escolares. A França, que desde o classicismo considerava a literatura como manifestação essencial de sua identidade e uma garantia de seu prestígio internacional, acompanhou a tendência mundial alijando-a progressivamente dos currículos oficiais, o que provocou protestos e debates públicos na virada do século XX para o XXI. Dentre os numerosos comentaristas da situação da disciplina literária em seu país, destacou-se o professor e crítico Antoine Compagnon, que publicou a mais alentada análise da questão num ensaio intitulado "Après la littérature" [Depois da literatura].[5] Sua análise começa por uma constatação:

> Na alvorada do século XXI, a literatura, no sentido que ela teve durante dois séculos, não se identifica mais, na França e alhures, no centro de gravidade da cultura. [...] A literatura se torna uma zona marginal, um apêndice periférico da cultura; ela desaparece do discurso social.

Compagnon analisa, em seguida, os sintomas dessa desvalorização na sociedade e nos currículos oficiais franceses promulgados entre 1987 e 2000, nos quais a própria palavra "literatura" foi desaparecendo, em função de objetivos práticos como a inserção do aluno na sociedade contemporânea e no mercado de trabalho. Compagnon conclui seu texto com uma série de perguntas:

> Hoje, que *interesse* tem ainda a leitura literária? É noutro lugar que se aprende como funciona o mundo: diante de uma tela. Outras formas de cultura, ao mesmo tempo mundiais e locais, vêm à luz. Qual será o lugar da literatura e do livro na cultura digital do século XXI, afastada do modelo filológico e nacional do século XIX? Para que *serve* o estudo literário? Em nome de que fazer sua apologia? Eis uma série de questões às quais devemos responder antes de baixar os braços.

No Brasil, a discussão sobre o ensino da literatura no secundário tem-se prolongado há mais de uma década. Os "parâmetros curriculares" oficiais têm sido criticados e refeitos sem que se chegue a uma conclusão.[6] Incluída na área de "Linguagens, códigos e suas tecnologias", a literatura é vista como uma técnica de linguagem verbal, e a linguagem verbal é apenas uma entre outras linguagens. A própria língua é desvalorizada, já que a norma padrão é apenas "a variante linguística de determinado grupo social" e "ela representa o valor político e econômico de certos grupos sociais que autorizam sua legitimidade". Despreza-se o fato de que a Constituição do país e todas as suas leis, assim como os contratos oficiais que os estudantes terão de assinar em sua vida futura, são redigidas na norma padrão da língua, que eles não aprenderão.

Como na França, a palavra "literatura" quase desapareceu nos textos oficiais. A excessiva ênfase no "contexto social" e na "identidade nacional", que aparece em todos os documentos do Ministério da Educação (MEC), limita os estudos literários ao local, quando a boa literatura, embora contenha sempre as marcas do social e do nacional, não conhece fronteiras geográficas. A literatura é, justamente, uma poderosa mediadora entre diferentes culturas, função que hoje em dia, num mundo globalizado pela informação e pelos deslocamentos humanos, é mais do que nunca oportuna.

O que ainda está — e sempre estará — em questão nos estudos literários é a oscilação entre os polos extremos do "conteudismo" e do "formalismo". Desde o século XIX, os estudos literários têm alternado fases conteudistas e fases formalistas. Tanto o excesso de conteudismo como o excesso de formalismo deixam escapar um lado da obra, perdendo de vista sua unidade. Por ser criação de significados a partir de dados da realidade, a obra literária, diferentemente dos textos verbais apenas comunicativos, diz *algo em determinada forma*, mais complexa, mais rica, mais ambígua.

É curioso notar que as acusações simétricas de "conteudismo" e de "formalismo" podem existir numa mesma época ou num mesmo teórico, em diferentes momentos. Tzvetan Todorov, que contribuiu para a difusão do formalismo russo no Ocidente, publicou um livro que se chama *A literatura em perigo*.[7] Como tantos outros teóricos franceses atualmente preocupados com o ensino literário, Todorov investe, nesse livro, contra… o formalismo. Ele exige, agora, que se busque, na literatura, "o mundo em que vivemos" e "um sentido para nossa existência". Essa surpreendente reviravolta tem sua razão de ser. As grandes conquistas da teoria literária francesa dos anos 1960 e 1970 chegaram ao ensino secundário por meio dos professores formados naquelas décadas, e os alunos, segundo Todorov, são sobrecarregados de conceitos teóricos que os afastam dos ensinamentos e prazeres da leitura. Esse é um problema especificamente francês, porque a tendência atual, norte e sul-americana, é exatamente inversa: privilegiar a temática na escolha e na valorização das obras.

Nem tanto ao mar, nem tanto à terra. Para trabalhar com os significados, o estudo da literatura pode buscar apoio nas ciências humanas, sem, no entanto, usar a obra como simples documento a serviço de um saber particular. Segundo Barthes, "a literatura faz girar os saberes, [mas] não fixa, não fetichiza nenhum deles" (*Aula*).[8] Para lidar com as formas que produzem esses significados, o estudo da literatura exige uma base teórica e uma terminologia específica, que também não deve ser fetichizada. Os jovens do ensino secundário gostam de saber como as coisas são feitas e como funcionam, e um texto literário é um *artefato* que pode ser examinado como tal. Para tanto, o professor dispõe de uma formação teórica universitária que ele pode utilizar, sem pretender transformar os secundaristas em especialistas. Já o ensino universitário deve prover os futuros professores dessa formação teórica e técnica, sem perder de vista seu caráter auxiliar para a compreensão das obras.

Uma das alegações contra o ensino tradicional da literatura se refere a um pretenso elitismo desse ensino. Sendo o texto literário um texto tão complexo e sofisticado, por que manter a literatura nos currículos do ensino médio? Podemos dar as seguintes respostas: porque, exatamente por ser complexa, a leitura do texto literário exige uma aprendizagem que deve ser iniciada na juventude. Além disso, considerar elitista o ensino de matérias complexas é subestimar a capacidade dos alunos. A complexidade é uma questão de nível. O ensino deve ser oferecido em níveis progressivos, tanto no estudo da linguagem como no estudo de outras matérias. Por que evitar a dificuldade no estudo da linguagem e não no estudo da matemática, por exemplo? Num debate sobre o ensino da literatura, um professor francês argumentou: "Alguém poderia afirmar, sem rir, que uma equação de segundo grau é mais elitista do que uma simples adição, só porque os espíritos capazes de resolvê-la são menos numerosos?".[9]

A mesma acusação de elitismo foi feita, por outras razões, contra os programas constituídos de escritores "canônicos". A introdução, nos programas escolares, de textos comunicativos extraídos da mídia, mais fáceis e mais ao gosto dos jovens, em prejuízo dos textos clássicos, é uma irresponsabilidade. Além de privar os alunos do conhecimento de sua herança cultural, deixa-os despreparados para enfrentar o Exame Nacional do Ensino Médio (Enem) e os vestibulares, que, contrariando as diretrizes do MEC, mantêm os autores clássicos da língua em seus exames. As melhores escolas particulares e os cursinhos sabem disso.

A pergunta subjacente a todas as propostas de diminuição ou de eliminação do ensino literário é, de fato: Para que serve a literatura? Em sua aula inaugural do Collège de France, Antoine Compagnon propôs algumas respostas à pergunta: "Literatura para quê?". Um de seus argumentos é o seguinte:

> A literatura deve, portanto, ser lida e estudada porque oferece um meio — alguns dirão até mesmo o único — de preservar e transmitir a experiência dos outros, aqueles que estão distantes de nós no espaço e no tempo, ou que diferem de nós por suas condições de vida. Ela nos torna sensíveis ao fato de que os outros são muito diversos e que seus valores se distanciam dos nossos.[10]

Sempre vale a pena lembrar as três funções ou "forças" da literatura, definidas pelo mestre de Compagnon, Roland Barthes:[11] 1) *Mathesis*: a literatura é um lugar de saberes (no plural); ela não sabe coisas (como as ciências), mas ela sabe *das* coisas; 2) *Mimesis*: a literatura busca representar o real, mas o real é irrepresentável na linguagem verbal, e é essa busca que a constitui, não como representação, mas como "fulgor do real"; 3) *Semiosis*: a literatura não usa os signos, ela joga com os signos deslocando-os de seus usos habituais e práticos, tornando-os visíveis. Estão aí, condensadas e implícitas, as razões para se estudar literatura e os modos possíveis de fazê-lo. Estuda-se literatura porque ela contém conhecimentos, e estes podem ser confrontados com os que nos dão a filosofia e as ciências. Estuda-se literatura porque ela nos dá uma visão mais aguda do real, que pode ser confrontada com a visão sociológica, histórica, psicanalítica. Estuda-se literatura porque ela desautomatiza e valoriza os usos da linguagem verbal, o que pode ser aferido com o auxílio da linguística, da semiótica, da retórica, da estilística. Mas seu estudo não deve ser reduzido e circunscrito a nenhuma das formas de conhecimento enumeradas.

No conjunto de graves problemas que assolam o mundo atual, que importância tem, afinal, a literatura? Responder a demandas de valor não quantificáveis, individuais e coletivas. Corresponder a uma concepção do ser humano que não restrinja os ricos à categoria de consumidores e os pobres à categoria de "sem-tudo". Dizer respeito à preservação de um patrimônio cultural de cada nação e da humanidade, cuja memória está registrada nas palavras mais significativas, que são as da literatura.

Sintetizando o que foi dito pelos melhores teóricos, responderíamos à pergunta "Por que estudar literatura?" com os seguintes argumentos: porque ensinar literatura é ensinar a ler e, nas sociedades letradas, sem leitura não há cultura; porque a capacidade de leitura não é inata, mas adquirida; porque os textos literários podem incluir todos os outros tipos de texto que o aluno deve conhecer, para ser um cidadão apto a viver em sociedade; porque os textos literários são aqueles em que a linguagem atinge seu mais alto grau de precisão e sua maior potência de significação; porque a significação, no texto literário, não se reduz ao significado (como acontece nos textos científicos, jornalísticos, técnicos), mas opera a interação de vários níveis semânticos e resulta numa possibilidade teoricamente infinita de interpretações; porque a literatura é um instrumento de conhecimento do outro e de autoconhecimento; porque a literatura de ficção, ao mesmo tempo que ilumina a realidade, mostra que outras realidades são possíveis, libertando o leitor de seu contexto estreito e desenvolvendo nele a capacidade de imaginar, que é uma necessidade humana e pode inspirar transformações históricas; porque a poesia capta níveis de percepção e de fruição da realidade que outros tipos de texto não alcançam.

Se acreditamos nas virtudes específicas da literatura acima arroladas, devemos ensiná-las a partir das obras que as possuem. A pretensa democratização do ensino, como nivelação baseada na "realidade dos alunos", redunda em injustiça social. Oferecer ao aluno apenas aquilo que já consta em seu repertório é subestimar sua capacidade de ampliar seus conhecimentos e privá-lo de um bem a que ele tem direito. Ensinar é elevar progressivamente o nível dos alunos, alargar seus repertórios e aprimorar sua proficiência linguística. Cabe então, ao professor de literatura, escolher as obras que constarão em seus programas não em função de uma atualidade que pode ser apenas um modismo, mas em função das qualidades literárias da obra, passada ou recente. O tema não deve ser predominante na escolha, porque o que caracteriza a obra literária é o *como* e não *o quê*, sendo que a significação não está, nela, separada da forma.

Cada professor escolherá a porta pela qual ele introduzirá o aluno na obra literária, e seu ensino será eficiente se ele conseguir mostrar que a grande obra tem inúmeras portas. Levar o aluno a melhor entender o que a obra diz é tanto abrir seus significados quanto mostrar como eles são criados, na linguagem do autor. O maior elogio que um professor de literatura pode receber de um aluno ou de um leitor é que este lhe diga: "Você me fez ver, neste livro, coisas que eu não havia visto numa primeira leitura". O que equivale a dizer: "Você ampliou meus horizontes e conferiu mais qualidade à minha vida".

Afinal, a pergunta recorrente "Para que serve a literatura?" evidencia o utilitarismo de nossa época. Lembro-me de uma visita à Fundação Maeght, em Saint-Paul-de-Vence, nos anos 1970, em companhia de um colega da Universidade de Nice e de um militante político da Argélia, amigo dele. Estávamos numa das salas que exibiam alguns dos mais belos quadros de Chagall, e o amigo argelino expunha ao meu colega, numa fala exaltada, os problemas políticos e sindicais de seu país. De repente, ele parou de falar, olhou os quadros com espanto e perguntou: "Para que serve isso?". Meu colega respondeu: "Para ser feliz". Imitando essa resposta sintética e cabal, podemos concluir: a literatura serve para rir, para chorar, para viajar, para assombrar, para pensar, para compreender e, sobretudo, para nos encantar com o fato de que a linguagem verbal seja capaz de tudo isso e mais um pouco.[12]

PARTE II

A NARRATIVA CONTEMPORÂNEA

7. A nova teoria do romance

O século XIX assistiu ao crescimento e ao esplendor do gênero romanesco, sobretudo na França, na Inglaterra e na Rússia. No início do século XX, o gênero foi profundamente modificado por alguns autores: Proust, Joyce, Virginia Woolf. Esses romancistas já não se limitavam a narrar uma história; introduziram na narrativa a exploração psicológica, a reflexão filosófica e estética, e inventaram novas técnicas como o monólogo interior, a mescla de vários segmentos temporais, as digressões ensaísticas e, no caso de Joyce, a experimentação linguística.

Depois desses autores, parecia impossível uma volta à narração linear, à criação de personagens coerentes e sólidas, à transcrição usual dos diálogos e à descrição realista do contexto social. Assim como a Primeira Guerra Mundial deixara a Europa em ruínas e o Ocidente desprovido de referências éticas, as vanguardas artísticas questionaram e revolucionaram todas as convenções estéticas anteriores, inclusive as do romance. Declararam que este já tinha cumprido seu ciclo e estava morto. No "Manifesto do surrealismo", André Breton atribuiu a Valéry a afirmação de que já não era possível escrever uma frase como "A marquesa saiu às cinco horas".[1]

Ao longo do século XX, grandes teóricos discutiram o gênero, examinando suas características, suas transformações e suas possibilidades futuras. Entre 1914 e 1915, Georg Lukács redigiu sua *Teoria do romance*, que, no prefácio à republicação, de 1962, ele rejeitou como sendo "uma fusão de ética de esquerda e epistemologia de direita (ontologia etc.)". Apesar da rejeição do autor, essa obra permanece como uma das mais importantes reflexões sobre o romance no século XX. Lukács compara o romance com a epopeia, à qual ele deu prosseguimento. Na epopeia, a totalidade da vida é percebida como anterior e essencial; no romance, essa totalidade tem de ser construída pela forma, numa mediação problemática que visa a restabelecer a essência perdida. Diz ele: "O romance é a epopeia de uma era para a qual a totalidade extensiva do mundo não é mais dada de modo evidente, para a qual a imanência do sentido à vida tornou-se problemática, mas que ainda assim tem por intenção a totalidade".

Deprimido com o estado do mundo durante a guerra, e imbuído de uma visão pessimista do futuro da civilização ocidental, Lukács declara que o romance termina com Dostoiévski: "Dostoiévski não escreveu romances. Ele pertence ao novo mundo. Se ele já é o Homero ou o Dante desse mundo, [...] se ele é apenas um começo ou já um cumprimento, isso só a análise formal de suas obras pode mostrar".

Apesar dessa suspensão de prognóstico, Lukács decretava a morte do romance:

A mais recente literatura não revela nenhuma possibilidade essencialmente criativa, plasmada de novos tipos; há um epigonismo eclético de antigas espécies de configuração, que apenas no formalmente inessencial — no lírico e no psicológico — parece ter forças produtivas.[2]

Outros teóricos marxistas deram prosseguimento às reflexões de Lukács, ampliando-as ou contestando-as: Theodor W. Adorno, Lucien Goldmann,[3] Ferenc Fehér.[4] Em "La Situation du narrateur dans le roman contemporain" [A situação do narrador no romance contemporâneo], de 1954, Adorno diz que o romance se encontra em situação paradoxal: o narrador não pode mais narrar, e o gênero exige narração; o romance não pode mais ser realista, e o realismo é inerente ao gênero desde suas origens burguesas. A vida contínua e articulada que autorizava a atitude no narrador tornou-se, na sociedade liberal, fragmentada, estandardizada e repetitiva. Os romancistas se voltaram para suas subjetividades particulares, que não têm mais o valor geral e essencial da psicologia em Dostoiévski.

Em resposta às reflexões de Lukács, Adorno afirma que o romance se tornou uma "epopeia negativa", na qual o narrador toma uma distância irônica e estética, "numa atitude ambígua que consiste em dizer que não lhes compete decidir se a tendência histórica que eles registram é um retorno à barbárie ou se ela visa, apesar de tudo, à realização da humanidade".[5] O único caminho digno que restou ao romance foi o dos "criptogramas épicos" de Joyce. Em suma, também para Adorno, o romance como gênero narrativo estava terminado.

Indiferentes a esses questionamentos, os romancistas norte-americanos da primeira metade do século XX, em vez de se sentirem suplantados pela reportagem jornalística e pelo cinema, como afirmava Adorno, absorveram suas formas com grande competência técnica. Com Ernest Hemingway, a narração jornalística foi introduzida, de modo eficiente e duradouro, no romance. John Dos Passos, F. Scott Fitzgerald e William Faulkner mostraram que ainda era possível narrar eventos e criar personagens marcantes, com base na nova sociedade norte-americana. Esses romancistas exerceram uma forte influência sobre seus contemporâneos europeus.

Na França, após a Segunda Guerra Mundial, a filosofia existencialista produziu os "romances do absurdo", de Jean-Paul Sartre e Albert Camus. Sartre, profundamente comprometido com as lutas comunistas da época, chegou a defender a literatura engajada, em alguns de seus textos teóricos menos felizes. As decepções posteriores com a União Soviética fizeram com que o engajamento político fosse logo recusado pela maioria dos romancistas franceses, a começar por Camus, restando, dessa fase, a influência filosófica da literatura do absurdo, na medida em que o mundo parece cada vez mais ilógico.

Entre 1947 e 1953, Nathalie Sarraute redigiu os quatro capítulos posteriormente reunidos em *L'Ère du soupçon* [A era da suspeita] (1956),[6] que funcionou como manifesto do nouveau roman francês, seguido pelo ensaio do romancista Alain Robbe-Grillet *Por um novo romance* (1963).[7] Os "novos romancistas" decretavam a morte do romance de tipo balzaquiano, com personagens individualizadas e intrigas inteligíveis, optando por uma atitude fenomenológica: descrições impessoais e minuciosas de ambientes e gestos humanos que criavam, para o leitor, narrativas que ele devia interpretar como enigmas. O *novo romance* francês teve vida curta. No fim dos anos 1960, Michel Butor deixou de escrever romances para se dedicar a textos ora ensaísticos, ora oníricos. Robbe-Grillet se transformou em cineasta, fazendo filmes inferiores a seus livros. Portanto, para Butor e Robbe-Grillet, o romance morreu de fato. Permaneceram como autores de ficção Nathalie Sarraute e Claude Simon, que prosseguiram com seus projetos pessoais, cuja força residia mais na originalidade estilística de ambos do que nas personagens ou na intriga. Evidenciou-se então que a ligação dos "novos romancistas" em um suposto grupo foi apenas circunstancial.

Desde então, não houve mais propostas teóricas relevantes de renovação do gênero, mas os romances, de várias espécies, continuaram sendo publicados e lidos. Apesar dos numerosos atestados de óbito, ainda nos anos 1960 um surpreendente boom da literatura hispano-americana, sob a forma do fantástico e do "realismo mágico", deu novo fôlego ao gênero. A descoberta de Borges, Carpentier, García Márquez e Cortázar pelos europeus e norte-americanos revelou-lhes algo como um reencantamento possível do mundo pela ficção. Esses escritores hispano-americanos, Borges em particular, influenciaram ficcionistas de todos os países ocidentais.

Afinal, um balanço da literatura de ficção do século XX mostra que esta não apenas subsistiu, mas produziu obras notáveis. Para citar apenas alguns romancistas ainda ativos ou aparecidos depois da Primeira Guerra Mundial (além dos acima citados): Kafka, Conrad, Gide, Thomas Mann, Musil, Canetti, Nabokov, Orwell, Steinbeck, Salinger, Henry Miller, Genet, Beckett, Perec, Marguerite Yourcenar, Marguerite Duras, Pirandello, Buzzati, Moravia, Svevo, Italo Calvino, Mahfuz, Kawabata, Guimarães Rosa, Clarice Lispector, Saramago... A lista é forçosamente incompleta. Sem falar na avalanche de romances para consumo de grande público — policiais, sentimentais, fantasiosos (não confundir com fantásticos), psicografados, de autoajuda etc. — que os teóricos do romance acima citados desqualificariam como meros produtos da indústria cultural.

Atualmente, não interessa mais comparar o romance com a epopeia, mas interessa saber a quantas anda o romance no século XXI, em comparação com os romances dos dois séculos anteriores. Como ainda estamos no início do século XXI, podemos partir da teoria do romance esboçada por grandes romancistas na virada do século. O próprio fato de esses romancistas escreverem e publicarem suas reflexões teóricas sobre o romance, além de as incluírem eventualmente em suas próprias obras de ficção, é uma característica dessa nova fase do gênero. Visando apresentar uma amostragem significativa, explicitarei a nacionalidade e a data de nascimento de cada um desses romancistas.[8]

O francês Claude Simon (1913-2005), Prêmio Nobel em 1985, deixou algumas considerações sobre sua arte. Simon não era nem pretendia ser um teórico do romance. Mas quatro conferências que fez nos anos 1980 e 1990 mostram que ele refletia sobre o gênero. Para ele, "a verdadeira literatura romanesca", ou "literatura viva", começava em Dostoiévski e prosseguia com Proust, Joyce, Kafka e Faulkner. Escrever romances, a seu ver, é simplesmente "fazer" alguma coisa artística (como a pintura e a fotografia, que ele também praticou), e fazer arte é preencher aquele lugar vazio deixado pela religião e pelas ideologias em nosso tempo: "Como a ciência, a arte substitui a ideia ausente de Deus (ou pelo menos seu silêncio…), ela é para o homem, no meio do desmoronamento universal das aparências, o único absoluto ao qual o indivíduo pode aspirar".

Embora politicamente de esquerda, Simon recusava terminantemente a literatura engajada e o realismo socialista. Quando convidado a participar de um congresso da União dos Escritores da União Soviética, em Moscou, perguntaram-lhe quais eram os problemas que o preocupavam. Ele respondeu que eram três: "Primeiro, começar uma frase; segundo, continuá-la; terceiro, terminá-la". O que, como previsível, "lançou um gelo" no auditório.[9] Essa resposta provocadora de Simon se devia à prioridade que ele concedia ao tratamento da linguagem. Afinado com as propostas da linguística estrutural e da psicanálise lacaniana, Simon considerava que a exploração dos múltiplos sentidos da língua escrita era o trabalho fundamental do romancista.

Uma novidade que se mostrou posteriormente duradoura foi a valorização de um procedimento técnico, a descrição. Considerada pelos teóricos do romance do século XIX como apenas uma maneira de situar a personagem em seu meio social, ou como preenchimento dos tempos mortos da narrativa, para Simon, a descrição era, ao mesmo tempo, uma maneira de ligar os fragmentos do mundo pela memória, uma possibilidade de introduzir o lirismo na prosa narrativa e de tratar a linguagem com uma sensibilidade musical e plástica.

Em 1992, o mexicano Carlos Fuentes (1928-2012) fez uma conferência intitulada "O romance morreu?". Sua resposta era evidentemente negativa. Embora ele se refira quase que exclusivamente ao romance hispano-americano, faz várias considerações gerais sobre o gênero que aqui nos interessa. O escritor formula uma boa pergunta: "Que pode dizer o romance que não se possa dizer em nenhuma outra maneira?". Partindo do princípio de que vivemos numa época de aliança entre a informação e o poder, ele vê no romance uma forma de escapar a essa "tirania". Contrariamente à informação, a escrita e a leitura do romance requerem tempo:

> Tempo. Tempo e desejo. Pausa para transformar a informação em experiência, e a experiência em conhecimento. Tempo para reparar os danos da ambição, o uso cotidiano do poder, o esquecimento, o desprezo. Tempo para a imaginação. Tempo para a vida e para a morte.

O romance tem a função de dizer o não dito do discurso da informação e da política. Ele "não mostra nem demonstra o mundo, senão que acrescenta algo ao mundo". Baseado em sua experiência pessoal de romancista latino-americano do século XX, Carlos Fuentes se insurge contra as exigências ideológicas de sua geração: o realismo socialista e o nacionalismo, assim como o formalismo (que ele chama de "*artepurismo*").

> Mais do que uma resposta, o romance é uma pergunta crítica acerca do mundo, mas também acerca de si mesmo. O romance é, ao mesmo tempo, arte do questionamento e questionamento da arte. As sociedades humanas não inventaram instrumento melhor ou mais completo de crítica global, criativa, interna e externa, objetiva e subjetiva, individual e coletiva, que a arte do romance. Pois o romance é a arte que só adquire o direito de criticar o mundo se antes critica a si mesma. E o faz com a mais vulgar, gasta e comum das moedas: a verbalidade, que ou é de todos ou não é de ninguém.[10]

A resposta às perguntas do romance pertence ao leitor porque "o tempo da escrita é finito. Mas o tempo da leitura é infinito. E assim, o significado de um livro não está atrás de nós: seu rosto nos olha do porvir".

A teoria do romance sintetizada por Fuentes, nessa conferência, coincide com a de outros romancistas do século XX: o romance como suplência de um discurso falso sobre o mundo, o romance como crítica, a palavra final do leitor acerca de sua significação. No século XXI, os obstáculos que ele encontrou em sua carreira de romancista — a obrigação política de realismo, o nacionalismo e o "*artepurismo*" — não existem mais.

O tcheco Milan Kundera[11] dedicou muitos ensaios ao gênero. Em *A arte do romance*, reconhece que o romance já não pode aspirar a exprimir a essência do ser e a refletir a totalidade do mundo, mas aceita essa situação como uma nova postura que não impede sua realização:

> Compreender o mundo como ambiguidade, ter de enfrentar, em vez de uma só verdade absoluta, várias verdades relativas que se contradizem (verdades incorporadas em *egos imaginários* chamados personagens), ter portanto como única certeza a *sabedoria da incerteza*.

O romance se torna "meditação sobre a existência", e "a existência não é o que aconteceu, a existência é o campo das possibilidades humanas".

Um dado novo, com relação à teoria do romance anterior, é que a crítica social do escritor não se refere mais à denúncia das condições materiais e morais da vida na sociedade burguesa, mas ao grande poder de alienação exercido pela cultura de massa. Diante da tolice dominante da indústria cultural, o romance pode ter um valor de resistência e de crítica:

> A tolice moderna significa não a ignorância, mas o *não pensamento das ideias recebidas*. A descoberta flaubertiana é mais importante para o futuro do mundo que as ideias mais perturbadoras de Marx ou Freud. Pois podemos imaginar o futuro sem a luta de classes ou sem a psicanálise, mas não sem a invasão irresistível das ideias recebidas que, registradas nos computadores, propagadas pela mídia, ameaçam tornar-se em breve uma força que esmagará todo pensamento original e individual e sufocará assim a própria essência da cultura europeia nos tempos modernos.[12]

Na virada do século, Kundera publicou novos ensaios sobre o romance.[13] Neles, retoma a história do romance europeu, enfatizando sua relação com o humor e a música. O título e a conclusão

são pessimistas: *Os testamentos traídos*. A tradição que ele considera traída é da Europa, no que se refere à arte e ao romance. As razões dessa traição seriam: o moralismo; a indiscrição generalizada que ameaça o individualismo; a crítica preguiçosa que se contenta com ser mera "informação sobre a atualidade literária", enquanto o romance exige releitura (como a música que é reescutada), reflexão, intuição e esquecimento da atualidade imediata.

Cinco anos depois, uma nova coletânea de ensaios, *A cortina*, é igualmente nostálgica. Ao falar de Fielding, "um dos primeiros romancistas capazes de pensar uma poética do romance", Kundera fala implicitamente de si mesmo: "Teoria leve e agradável; pois é assim que um romancista teoriza: conservando ciumentamente sua própria linguagem, fugindo como à peste do jargão dos eruditos". Para Kundera, o objetivo do romance é compreender a vida: "A única coisa que nos resta diante desse inelutável malogro que chamamos de vida é tentar compreendê-la. Essa é a *razão de ser* do romance". Ele vê a arte do romance como uma história contínua, mas desprovida de "progresso": "A ambição do romancista não é fazer melhor do que seus predecessores, mas ver o que eles não viram, dizer o que não disseram".

Na segunda parte do livro, Kundera reflete sobre a *Weltliteratur* proposta por Goethe e, a partir de sua experiência pessoal de romancista, mostra como esta pode se realizar. Durante muito tempo, escreveu-se apenas a história do romance europeu dos países dominantes. Mas os países menores, de língua minoritária, pertencem igualmente a essa história. Assim, ele encontrou afinidades pessoais não apenas com os autores consagrados pelos grandes centros, mas também com autores de países menos influentes, e até mesmo com autores latino-americanos, como García Márquez e Carlos Fuentes.

Mas Kundera não é apenas um ensaísta culto e agradável de ler. Suas tomadas de posição com relação à época atual têm a verve do polemista. Algumas de suas diatribes merecem atenção. Por exemplo, ele condena o ensino de literaturas nacionais, ainda praticado nas universidades, como um provincianismo herdado dos nacionalismos do século XIX (cabe lembrar que Kundera é um emigrante voluntário, que adotou a nacionalidade e a língua francesas).

Outras práticas atuais são contestadas pelo romancista. Considerando que "a obra é *o resultado de um longo trabalho sobre um projeto estético*", a "proliferação insensata" de textos diversos de um mesmo autor (correspondência, bilhetes, rascunhos) prejudica a leitura do essencial, que é a obra. Ao colecionar, publicar e examinar esses rastros menores do autor, os pesquisadores universitários substituem a "moral do essencial" pela "moral do arquivo": "O ideal do arquivo: a doce igualdade que reina numa imensa fossa comum". Rejeita igualmente as adaptações de grandes obras para o cinema, a televisão etc., porque elas perdem o essencial do romance, que é a forma: "Pretende-se prolongar a vida de um grande romance por uma adaptação, e o que se faz é apenas construir um mausoléu no qual somente uma pequena inscrição no mármore lembra o nome daquele que ali não está".[14]

O peruano Mario Vargas Llosa[15] reuniu suas reflexões sobre o romance em *A verdade das mentiras*. A razão de ser do romance, segundo ele, é o preenchimento de uma falta. Diz ele:

> Os homens não estão contentes com o seu destino, e quase todos — ricos ou pobres, geniais ou medíocres, célebres ou obscuros — gostariam de ter uma vida diferente da que vivem. Para aplacar — trapaceiramente — esse apetite surgiu a ficção. Ela é escrita e lida para que os seres humanos tenham as vidas que não se resignam a

ter. No embrião de todo romance ferve um inconformismo, pulsa um desejo insatisfeito.

Até aí, a afirmação da Vargas Llosa serve para qualquer tipo de ficção, independentemente de sua qualidade estética ou ética. O romance seria uma fuga à realidade, como no cinema ou nas novelas de TV. Na sequência de seu livro, Vargas Llosa amplia e refina essa afirmação inicial, referindo outras qualidades da literatura de ficção: dizer o que a história não diz; suprir a falta de uma fé religiosa; afirmar a soberania do indivíduo preservando um espaço próprio de liberdade; integrar os saberes dispersos em nossa época; mostrar os denominadores comuns da experiência humana; estabelecer um vínculo fraterno entre os seres humanos, apesar das diferenças étnicas e culturais; preservar a precisão e a riqueza das línguas.

As considerações de Vargas Llosa, quando não são pontos pacíficos, revelam um amoralismo e um otimismo típicos da sociedade neoliberal: indivíduo, liberdade, vínculo fraterno entre os homens. Sua concepção do romance não implica uma crítica social ou uma reflexão ética: "O romance é um gênero amoral ou, ainda melhor, de uma ética sui generis, para a qual verdades ou mentiras são concepções exclusivamente estéticas". Apesar de dizer que "no coração desses livros chameja um protesto", a saída que ele propõe aos seres humanos é a do sonho: "Sonho lúcido e fantasia encarnada, a ficção nos completa — a nós, seres mutilados a quem foi imposta a atroz dicotomia de ter uma única vida, e os apetites e as fantasias de desejar outras mil".[16]

Já no século XXI, Vargas Llosa ampliou essas reflexões no capítulo "É possível pensar o mundo moderno sem o romance?". Esse artigo tem, como pano de fundo, a situação precária da literatura no mundo atual. O primeiro argumento a favor da literatura é o fato de ela constituir, diferentemente da ciência e da técnica, cada vez mais especializadas, "um desses denominadores comuns da experiência humana", graças ao qual os homens de todos os países e de todas as culturas se reconhecem e dialogam. "Esse reconhecimento totalizador e imediato do ser humano, hoje, encontra-se apenas no romance." O romance estabelece "um vínculo fraterno entre os seres humanos". Para não parecer tão otimista e mais atento às diferenças culturais, seria melhor se Vargas Llosa tivesse explicitado: "entre os seres humanos ocidentais e letrados".

O segundo argumento se baseia nos efeitos benéficos do romance no plano da linguagem, porque "uma sociedade sem literatura escrita se exprime com menos precisão, riqueza de nuances e clareza". "Uma humanidade sem romances, não contaminada pela literatura, muito se pareceria com uma comunidade de tartamudos e afásicos", diz ele. Os antropólogos contestariam essa generalização. Quando ele se refere apenas às nossas sociedades, as considerações seguintes são mais sustentáveis: "Os meios audiovisuais não estão em condições de substituir a literatura na função de ensinar o ser humano a usar com segurança, talento, as riquíssimas possibilidades que a língua encerra". Sem o romance, diz ele, "o espírito crítico, motor de mudanças históricas e o melhor defensor da liberdade de que dispõem os povos, sofreria um empobrecimento irreparável". A literatura é "sediciosa", porque "as belas obras de ficção desenvolvem nos leitores uma consciência alerta em face das imperfeições do mundo real".

Para continuar defendendo o valor da literatura, ele imagina uma contraprova: uma humanidade que não haja lido romances seria ágrafa, com um léxico liliputiano etc. O exemplo desse "pesadelo" seria um homem das "tribos amazônicas", logo em seguida caracterizado como "incivilizado, bárbaro, órfão de sensibilidade e pobre de palavra, ignorante e grave, alheio à paixão e ao erotismo". Novamente, e com maior razão, os etnólogos protestariam. E o artigo termina equiparando esse mundo "primitivo" a "uma sociedade moderníssima, repleta de computadores, telas e alto-falantes, e sem livros".[17]

É curioso que Franco Moretti, ensaísta marxista provido de vasta cultura histórica e sociológica, tenha escolhido esse ensaio de Vargas Llosa para abrir sua volumosa coletânea de ensaios sobre o romance. Esse ensaio do escritor peruano é mais fraco do que seu livro *A verdade das mentiras*. Sua insistência em argumentar com expressões como "o ser humano" ou "as sociedades democráticas e livres" tira o romance da geografia e da história. E sua condenação genérica das novas tecnologias, em favor do livro de papel, o coloca numa posição retrógrada.

Não são muito diferentes das de Vargas Llosa as considerações do escritor turco Orhan Pamuk[18] em *O romancista ingênuo e o sentimental*. "Um romance é uma segunda vida, da qual gostamos mais do que da real. É como um sonho, mas nunca nos lamentamos dessa ilusão", diz ele logo de início. Partindo da distinção de Schiller, entre o poeta ingênuo e o sentimental, Pamuk define dois tipos de romancistas: o ingênuo, que é apenas intuitivo e espontâneo, e o sentimental, que é pensativo, angustiado e consciente do que escreve. Melhor seria o qualificativo "reflexivo", que ele usa em seguida. "O romancista exerce a arte de ser ao mesmo tempo ingênuo e reflexivo", diz.

Como teórico, Pamuk é mais ingênuo do que reflexivo. Evita o julgamento moral ("O juízo moral é um inevitável terreno pantanoso do romance") e a tomada de posições políticas:

> A arte do romance se torna política, não quando o autor exprime opiniões políticas, mas quando fazemos um esforço para entender alguém que é diferente de nós em termos de cultura, classe e sexo. Isso significa sentir compaixão antes de emitir um juízo ético, cultural ou político.[19]

Felizmente, tanto Vargas Llosa como Pamuk são melhores romancistas do que teóricos do romance. Ambos são romancistas tradicionais, dominam bem a técnica narrativa e escrevem romances prazerosos. Apesar de todos os grandes problemas mundiais que evitam, eles cumprem uma das funções mais legítimas da ficção, que é a do entretenimento de qualidade, isto é, oferecem ficções que, por sua fatura e relativa complexidade, situam-se acima da média dos best-sellers destinados ao mero consumo e ao inevitável esquecimento.

O sul-africano J.M. Coetzee[20] foi professor universitário de literatura e exerce a crítica literária. Em *Mecanismos internos*, ele reuniu os textos que escreveu para *The New York Review of Books*. São 21 monografias sobre outros autores, quase todos do século XX, e quase todos romancistas.

O ensaísta Coetzee é tão conciso quanto o romancista, e mais conservador na forma de sua crítica do que em suas obras de ficção. Como um bom professor tradicional, ele parte quase sempre da biografia dos escritores e, na análise das obras, permanece colado aos textos. Entretanto, suas escolhas de leitura, de Whitman e Faulkner até Roth e García Márquez, passando por Musil, Walser e Beckett, são reveladoras de seu projeto de escritor. E sua leitura das *Passagens*, de Benjamin, mostra um romancista atento às reflexões teóricas mais importantes do século XX.

Na "Introdução" ao livro, Derek Attridge ressalta o interesse de Coetzee pelos autores europeus que viveram as guerras mundiais e que "sentiram a necessidade de explorar, na ficção, a extinção do mundo em que tinham nascido [e] as ondas de choque do novo mundo que emergia". O que está subentendido nas escolhas de Coetzee é o desejo de situar a si mesmo, romancista pós-colonial de língua inglesa, na história europeia e agora universal do romance. A pergunta que formula a respeito de Nadine Gordimer é a que ele faz a si mesmo: "Que papel histórico está disponível para uma escritora como ela, nascida numa comunidade colonial tardia?". Denunciar as injustiças do colonialismo? Abraçar novas causas como o vegetarianismo? Ou extrair de sua história pessoal as questões psicológicas e filosóficas de nosso tempo? Tudo isso, mas jamais como literatura de mensagem explícita, pois a consciência da complexidade do mundo atual impede o romancista de dar respostas simples.

Coetzee não é politicamente engajado, mas é profundamente ético. Por isso cita Sartre: "A função do escritor é agir de tal maneira que ninguém possa ignorar o mundo, nem dizer que não tem culpa pelo que está acontecendo". Para Coetzee, escrever romances é uma forma de resistência ao estado atual do mundo, que o preocupa. Seus romances ora retratam uma sociedade injusta (*Desonra*), ora alegorizam uma ideologia inaceitável, como a xenofobia (*À espera dos bárbaros*). Para ser político, um romance não precisa falar em política nem propor soluções. Basta mostrar uma situação de maneira que o leitor a veja melhor e reflita sobre ela.

Coetzee é pessimista, mas em suas obras há sempre uma luz no fim do túnel, ainda que pequena. O próprio fato de ele considerar o romance como uma forma eficaz de resistência mostra que seu pessimismo não é total. A volta às origens do gênero romanesco o conforta e inspira: "O livro de Cervantes começa como uma paródia cômica do romance cavaleiresco, mas transforma-se em coisa bem mais interessante: um estudo do poder misterioso que tem o ideal de resistir ao desencanto em seus confrontos com o real".[21]

O romancista inglês David Lodge[22] é também autor de vários ensaios sobre o romance: *Write on* [Escrever] (1986), *The Practice of Writing* [A prática da escrita] (1996), *Consciousness and the*

Novel [Consciência e o romance] (2002).[23] Nos anos 1980, ele se opusera a Robert Scholes, que no livro *The Fabulators* [Fabuladores] considerava o romance realista fora de moda. Lodge, pelo contrário, observava: "Parece-me que estamos atravessando um momento de pluralismo cultural que permite, em todas as artes, uma espantosa multiplicidade de estilos desenvolvendo-se simultaneamente". No ensaio "The Novelist Today: Still at the Crossroads?" [O romancista hoje: ainda na encruzilhada?], de 1992, ele observava que o romance realista tradicional soube sobreviver aos elogios funerários de Scholes e outros. E explicitava: "Por realismo, entendo não apenas a reprodução mimética de experiência, mas também a organização da narrativa segundo uma lógica de causalidade e de sequências temporais".

No mesmo ensaio, ele apontava as tendências do gênero no fim do século XX: romances metaliterários, intertextuais, narrativas na primeira pessoa (que agora chamamos de autoficção). Suas apostas se confirmaram no início do século XXI. E, principalmente, ele analisava a situação social do romancista atual. "Desde seu início", diz ele, "o romance tem um estatuto ambíguo entre a obra de arte e o bem de consumo." Os escritores modernistas eram estética e intelectualmente ousados, e não escreviam para um grande público. Com o modernismo, os romances se dividiram em duas espécies distintas: a ficçao experimental, destinada a uma elite, e a ficção de entretenimento, destinada à massa. A partir dos anos 1980, o romance ganhou importância comercial. Os editores partiram à caça de best-sellers, e o êxito editorial da literatura começou a depender da colaboração entre o editor, o escritor e a mídia, criando um novo estilo de vida literária "não desprovida de perigo": "o perigo de que a consciência que o escritor tem do valor mercantil de sua produção interfira na qualidade artística de sua obra, e a torne menos inovadora, menos ambiciosa, menos inclinada a explorar novos territórios".

Uma observação muito arguta de Lodge é a seguinte: no mesmo momento em que Foucault e Barthes escreviam sobre "a morte do autor", a pessoa do romancista, continuamente exposta em eventos e na mídia audiovisual, passou a ser mais conhecida do que sua obra. Prêmios e bolsas criaram condições para que os escritores encarassem o ato de escrever como uma busca de sucesso pessoal, num equilíbrio precário entre escrever, simplesmente, e ser um "escritor de carreira". Os grupos financeiros que compram as editoras menores exigem que estas tenham a mesma margem de lucro que qualquer empresa comercial ou industrial e "exercem uma terrível pressão sobre os diretores de filiais se esse objetivo não é atingido". Lodge cita o editor norte-americano Gerald Howard: "Há um elemento fáustico nesse pacto [...] que cria uma confusão sem precedentes entre a qualidade literária e o valor mercantil".[24] Apesar desses perigos, Lodge acredita que ainda há condições para a produção de romances que não sejam apenas de entretenimento, obras que ele chama de "romances de consciência".

A norte-americana Susan Sontag (1933-2004), que além de ensaísta foi ficcionista, deixou um texto sobre o romance, breve porém importante: "Ao mesmo tempo: O romancista e a discussão moral — Conferência Nadine Gordimer" (2004). Sua definição de ficção é simples e consensual:

> Um grande escritor de ficção cria — por meio de atos de imaginação, por meio de uma linguagem que parece inevitável, por meio de formas vívidas — um mundo novo, um mundo único, individual; e ao mesmo tempo reage a um mundo, o mundo que o escritor compartilha com outras pessoas, mas que é desconhecido ou mal conhecido por um número de pessoas ainda maior, pessoas

confinadas em seus próprios mundos: chamem a isso história, sociedade, o que quiserem.

Sontag tinha uma formação estética modernista, cujos princípios honrou até o fim de sua vida. Considerando o pós-modernismo como apenas uma segunda fase da ideologia do moderno, ela notava, naquele início do século XXI, "uma reação intimidadora contra as obras modernistas, tidas como difíceis demais, exigentes demais com o público, inacessíveis (ou 'não amigáveis')". Concomitantemente, as já antigas declarações da morte do romance, ou do livro em geral, "alcançaram uma nova virulência e uma nova persuasão teórica". Muitos declararam que, com a informática e o hipertexto, o romance ficara caduco e fora substituído por narrativas infinitas, coletivas ou anônimas. A essa declaração, Sontag se opõe com firmeza, mostrando, com argumentos sólidos, que o romance tem valor justamente por ter uma *forma*, finita e completa:

> Na narração, tal como é praticada pelo romancista, há sempre um componente ético. Esse componente ético não é a verdade, em oposição à falsidade da crônica. É o modelo de completude, de profundidade sentida, de esclarecimento proporcionado pela história e por sua resolução — que é o oposto do modelo de estupidez, de incompreensão, de horror passivo, e o consequente embotamento do sentimento, oferecido pela glutonaria de histórias sem fim disseminadas pela nossa mídia.

Na mesma linha de oposição ao que considera "a mais veemente hostilidade ao projeto da literatura em si", ela argumenta que as narrativas da televisão oferecem, "numa forma extremamente degradada e falsa", histórias simultâneas e dispersas, que nos desobrigam de fazer juízos morais. Contrariamente ao romance, que "ordena a avassaladora dispersão e simultaneidade de tudo".

Prosseguindo em sua crítica à mídia, ela declara:

> Não se pode negar que algum prazer e algum esclarecimento possam ser transmitidos por tais meios. Mas eu ponderaria que a mentalidade que eles fomentam e os apetites que alimentam são inteiramente inimigos da escrita (produção) e da leitura (consumo) de literatura séria. A cultura transnacional, para a qual todos os que pertencem à sociedade consumista capitalista — também conhecida como economia global — estão sendo recrutados, é uma cultura que, a rigor, torna a literatura irrelevante — um mero serviço público que nos oferece aquilo que já sabemos — e pode encaixar-se nas estruturas de final aberto para a aquisição da informação e para a observação voyeurística à distância.

No final desse texto, que é um dos últimos da notável escritora, ela ainda defende a "tarefa crítica, profética e até subversiva do romancista, que compreende aprofundar e, às vezes, conforme a necessidade, *opor-se* às interpretações comuns de nosso destino".[25] Felizmente, seu voto de "longa vida à tarefa do romancista" continua sendo realizado.

Outro romancista norte-americano, Jonathan Franzen,[26] fala de seu ofício em termos bem diferentes daqueles usados pelos ficcionistas do século xx. Em seu livro de ensaios, ele escreve: "Duas rápidas generalizações sobre romancistas: não gostamos de nos envolver demais na questão do sucesso comercial, e não gostamos de ciências sociais". Ele refere uma pesquisa realizada nos anos 1980 por Shirley Brice Heath, antropóloga e linguista, que chegou à conclusão da inexistência de um "público geral" de ficção. As pessoas que ainda leem romances são as que começaram muito cedo, estimuladas pelos pais, geralmente de classe alta. Ao responder às perguntas de Heath, Franzen discordou dessa afirmação (seus pais não liam), mas se identificou com o tipo de leitor "socialmente isolado", que cria desde cedo um mundo imaginário no qual seus melhores amigos são os autores que ele lê.

Sobre o romance americano do século XXI, Franzen observa que a cultura de seu país está "mais *saudável* por ter-se desconectado da cultura dominante [que] era pouco mais que um instrumento para a perpetuação de uma elite branca, masculina e heterossexual, e que seu declínio é o deserto merecido de uma tradição exaurida". Mas ele não deixa de ver os problemas criados pelo multiculturalismo:

> Infelizmente, também há evidências de que os jovens escritores de hoje se sentem aprisionados por sua identidade étnica ou de gênero — incapazes de cruzar fronteiras, desencorajados por uma cultura na qual a televisão nos condicionou a aceitar apenas o testemunho literal do Eu.

Franzen gostaria que o romance fosse mais livre dos comunitarismos, "um romance que seja intenso e polivalente como uma cidade". E recusa a função social do romance, considerando-o apenas como um *refúgio*:

> Esperar que um romance carregue o peso da nossa perturbada sociedade — que ajude a resolver problemas contemporâneos — me parece uma ilusão peculiarmente americana. Escrever sentenças com tal autenticidade que possam servir de refúgio: isso não é o suficiente? Não é o bastante?

Franzen também observa que atualmente há mais romancistas do que leitores, lamenta que o escritor tenha de fazer marketing e ser uma personalidade televisiva. Em suma, ele não é muito otimista quanto à função do romance em nossa época:

> Entendo o prestígio do romance no século XIX e início do XX como um acidente da história — não havia concorrência. Hoje, a distância entre o autor e o leitor está encolhendo. Em vez de figuras olímpicas falando de cima para baixo com as massas, temos dispersões idênticas. Leitores e escritores estão juntos na necessidade de solidão, na busca de substância numa época de crescente desilusão: nos íntimos desígnios de encontrar, através da letra impressa, uma saída para a solidão.

Apesar de pertencer a uma nova geração, Franzen acaba concordando, em vários aspectos, com as críticas de Sontag. Ele propõe a leitura como *resistência*, "numa época em que simplesmente pegar um livro depois do jantar tem o peso de um *je refuse!* cultural". A crença que une escritores e leitores "não é que um romance possa mudar algo, mas que possa *preservar* algo". O que estão preservando os romancistas? A resposta de Franzen é a seguinte:

> Que pensem sobre isso ou não, os romancistas estão preservando uma tradição de linguagem precisa, expressiva; um hábito de olhar para o essencial além da superfície; talvez um entendimento de vida privada e contexto público como coisas distintas, mas interpenetrantes; talvez o mistério, talvez os costumes. Acima de tudo estão preservando uma comunidade de escritores e leitores, e a maneira pela qual os membros dessa comunidade se reconhecem é que para eles nada parece simples.

Finalmente, Franzen define a perspectiva do romancista atual como *trágica*. O que ele entende por "trágica" não é algo desprovido de esperança, embora "qualquer ficção levante mais questões do que ofereça respostas". E essa tragédia pode ser revertida pelo humor, já que "não há ficção *realmente* boa que não seja *realmente* engraçada". Dos contemporâneos, ele admira Alice Munro, o que não nos espanta, já que a contista é um exemplo do "realismo trágico" com humor, que ele tanto aprecia.

Tendo sofrido uma depressão nos anos 1990, Franzen conseguiu recuperar-se e escrever, mudando, segundo ele, de um *realismo depressivo* a um *realismo trágico*. Contrariando o pessimismo de suas considerações sobre o público leitor de romances, seu livro *Liberdade* foi um best-seller nos anos de 2010 e 2011, e com certeza teve imediatamente mais leitores e mais retorno pecuniário do que qualquer romancista do passado.

Os valores que Franzen reconhece no romance não são os de Joyce e dos modernistas, mas os de Kafka e das obras russas do século XIX: obras que "nos ensinam como nos amarmos, mesmo que sejamos impiedosos com nós mesmos; como continuarmos humanos diante das mais terríveis verdades sobre nós"; "histórias que tentam reconhecer as pessoas como elas realmente são"; "personagens que são ao mesmo tempo sujeitos solidários e objetos ambíguos". E os defeitos que o desgostam, num romance, são:

> Sentimentalidade, narrativa débil, prosa abertamente lírica, solipsismo, autocomplacência, misoginias e outros provincianismos, jogos de palavras estéreis, didatismo patente, simplicidade moral, dificuldade desnecessária, fetiches de informação, e por aí vai.[27]

Tendo percorrido os ensaios teóricos desses romancistas contemporâneos, podemos observar alguns pontos de vista coincidentes. Todos reconhecem que o mundo se tornou demasiadamente vasto, múltiplo e complexo para que o romance o abarque como uma totalidade. Pelo conhecimento que o homem atual tem dessa multiplicidade (ontológica, religiosa, política, moral etc.), nem mesmo lhe é facultada a pretensão balzaquiana de representar o conjunto de uma sociedade particular, porque qualquer sociedade é permeada de aportes estranhos a ela. O romance não é mais "problemático", como dizia Lukács; está mais próximo da "epopeia negativa" definida por Adorno, irônica e reticente quanto aos rumos da história, que se tornaram imprevisíveis.

Entretanto, outras afirmações de Adorno foram contraditas pela persistência do romance, na produção e no consumo. Apesar das incertezas, da fragmentação do saber e da experiência, o romance continua a narrar, e a prática radical de Joyce, que ele considerava a única possível, é apenas um dos caminhos, e dos menos seguidos pelo romance da modernidade tardia. A narração continua sendo uma necessidade humana básica, mesmo desprovida de sequências lineares de causas e efeitos, ou precisamente porque causas e efeitos claros estão em falta. Os homens continuam querendo saber como vivem os outros, isto é, como se pode viver, na realidade ou na fantasia. Os homens ainda querem "compreender a vida", como diz Kundera, e, na falta de verdades absolutas, buscam, nos relatos de experiências alheias, parâmetros para compreender, mesmo que parcialmente, o que lhes acontece.

Certos romancistas contemporâneos, como Vargas Llosa e Pamuk, veem na ficção o preenchimento de uma falta, uma compensação para a infelicidade da vida, um sonho, uma fuga. Por isso, para eles, o romance é amoral e apolítico. A infelicidade a que eles se referem é a individual, não a coletiva. Ora, desde o colapso da ideologia soviética, nenhum romancista contemporâneo defende a ficção engajada. Mas essa recusa não exclui a ética, que para alguns deles, como Coetzee, é fundamental no romance. Embora a visão do romancista ético seja pessimista e desprovida de respostas práticas, ela inclui a denúncia do que é intolerável: o totalitarismo, o racismo, o militarismo guerreiro, a tortura de homens ou animais. Éticos são também Lodge, que defende os "romances de consciência", e Franzen, cuja concepção do romance como "refúgio" contra uma sociedade insatisfatória não se identifica com a concepção do romance como fuga. O refúgio e a solidão buscadas por Franzen são uma forma de resistência e protesto.

O pessimismo dos romancistas contemporâneos não exclui o senso de humor. De fato, na ausência reconhecida de uma Verdade, a função de apontar as incertezas contemporâneas e as mazelas das sociedades atuais só pode ser exercida com uma dose de ironia, sem a qual o romancista se torna um moralista, dono da Verdade que nega. Os grandes ficcionistas — Rabelais, Cervantes, Sterne, Flaubert, Machado de Assis, Proust, Kafka, Joyce — sempre foram dotados de um grande senso de humor, contrapeso necessário às desgraças da realidade. A ironia e o humor são, portanto, características essenciais do romance desde seu surgimento, em contraposição à seriedade da epopeia. Alguns dos romancistas contemporâneos aqui citados referem explicitamente o humor como componente necessário à ficção: Kundera, Lodge, Franzen.

O realismo ficcional, recusado pelos modernistas como falso, e por Adorno como impossível, voltou por outros caminhos, no romance contemporâneo. Renunciando à descrição da sociedade como um todo, os romancistas têm se tornado cada vez mais detalhistas. A herança mais importante do "novo romance" francês foi a maneira de descrever o real sem o interpretar, numa busca de redução fenomenológica. Claude Simon praticou e defendeu teoricamente a descrição como um modo de religar, pela memória, um mundo fragmentado.

A descrição minuciosa de realidades parciais e aparentemente insignificantes parece ser, para os romancistas contemporâneos, uma forma de preservar o que a vida tem de mais precário e perecível, num mundo em acelerada transformação. Esse é o sentido de *O museu da inocência*, de Pamuk. O extremo dessa tendência é alcançado pelo romancista norueguês Karl Ove Knausgård, que em *A morte do pai*,[28] primeiro volume de uma extensa autobiografia, relata em uma centena de páginas a faxina realizada na casa do pai falecido, incluindo todos os utensílios e os produtos industriais utilizados. As pequenas coisas de nossas vidas, que não têm lugar na historiografia, na ensaística e nem mesmo no jornalismo, encontram no romance um lugar afetivo equivalente ao que ocupam em nosso dia a dia. Essa atenção concentrada nas pequenas coisas aproxima a prosa da poesia e das artes plásticas, no caso de Knausgård, da pop art (especialmente de Andy Warhol).

"Preservar" é uma das palavras mais frequentes nos ensaios dos romancistas contemporâneos. Desde Proust, e agora num mundo em transformação acelerada, os romancistas contemporâneos pretendem conservar a memória do tempo passado para que ele não seja definitivamente perdido. Entre as coisas a serem preservadas, a língua tem prioridade. Essa função da literatura é enfatizada por Claude Simon, Vargas Llosa, Franzen e outros. Ao contrário do que acontece na mídia, em que a linguagem é apenas veículo de informação, na literatura ela tem densidade e substância.

Todos os romancistas aqui citados recusam a indústria cultural. Kundera alerta para o perigo de sermos esmagados pelo lugar-comum, e refuta a possibilidade de adaptação do romance ao cinema e à televisão, justamente porque na adaptação preserva-se apenas o enredo e perdem-se as múltiplas camadas de significação que só a linguagem verbal pode criar. Susan Sontag opõe a forma romanesca ao informe das narrativas sem começo nem fim despejadas diariamente sobre nós pela televisão e pela internet. A mistura dessas histórias contadas e recebidas de modo instantâneo, rápido e incompleto faz com que elas se tornem indiferentes. Zapeando de uma guerra a um concurso de beleza, de uma catástrofe natural a um bombardeio de civis, o espectador tende a colocar todas as histórias no mesmo nível de importância e de interesse, sem se deter para refletir. Por dar uma forma e uma significação ao que é narrado, o romance tem uma função crítica. Ao contrário dos meios de comunicação, que tendem a formar um receptor passivo e insensível, o romance solicita atenção, reflexão e compartilhamento.

Outro aspecto do mundo contemporâneo, o multiculturalismo, suscita reações diferentes entre os romancistas. Há os otimistas, como Kundera, Vargas Llosa e Pamuk, e os desconfiados, como Sontag e Franzen. É compreensível que escritores de países marginais, como os primeiros, vejam no multiculturalismo um caminho para ingressar no *mainstream*. E é sintomático que os dois norte-americanos, que vivenciaram em seu próprio país a chamada "guerra das culturas", desconfiem do multiculturalismo como uma ideologia contrária à alta cultura. Sontag identifica a cultura transnacional à sociedade de consumo capitalista e compara a globalização cultural com a economia globalizada. Franzen admite a renovação trazida pelas reivindicações comunitárias, mas lamenta que os novos escritores se sintam presos a identidades restritivas, e que os novos leitores formados pelas universidades tendam a valorizar particularismos e a desprezar a antiga "cultura dominante".

Finalmente, o único desses romancistas que se aventura a discernir novas tendências do romance é David Lodge. Na última década do século XX, ele já aponta, com perspicácia, o crescimento de alguns subgêneros romanescos: a "autobiografia ficcional", ou autoficção, provida da descrição minuciosa de gestos e objetos do cotidiano,[29] o metaliterário. Ele é também o único que examina alguns aspectos sociológicos da produção e do consumo de romances, como a questão dos best-sellers, dos prêmios literários, da relação dos escritores com os editores e com a mídia. A influência desses aspectos na qualidade literária das obras é algo que ainda não podemos avaliar.

* * *

O romance foi muitas vezes declarado morto, mas o que vemos, na atualidade, é que ele sobreviveu a todas as transformações sociais e artísticas do século xx. O romance sobreviveu por ser um gênero plástico e onívoro, capaz de incluir outros gêneros, da narrativa de aventuras ao ensaio filosófico, do diário íntimo ao relato histórico, da representação realista do mundo em que vivemos à invenção fantástica de outros mundos, do testemunho político à reportagem jornalística, capaz enfim de absorver todo tipo de estilo, prosaico ou poético, e de continuar revelando aspectos da realidade que escapam à hiperinformação das mídias.

8. Metaficção e intertextualidade

O termo *metaliteratura* [*metaliterature*] foi inicialmente usado nos países anglófonos. Embora possa ser aplicado a outros gêneros literários, ele se refere mais correntemente ao gênero ficcional. De modo que *metaliteratura* e *metaficção* se tornaram quase sinônimos. Segundo Carlos Ceia:

> Este termo tanto pode designar um qualquer texto pertencente a determinado género literário que trata outros textos ou géneros literários, sendo exemplo um romance que tem como temática a poesia, como também as obras de um género literário que se voltam para si mesmas, ou seja, para a essência do género onde elas próprias se inscrevem, adquirindo assim um carácter *autoreflexivo*, como são exemplo os romances que reflectem sobre o próprio processo de escrita do romance e a sua ficcionalidade. Estão assim contidos neste termo conceitos como os de metadrama, metaficção e metapoesia.[1]

O escritor e professor norte-americano William Gass foi pioneiro no uso do termo,[2] e a canadense Linda Hutcheon está entre os primeiros teóricos a analisar detidamente esse tipo de produção literária. Ela define a metaficção [*metafiction*] como "ficção a respeito de ficção, isto é, ficção que inclui nela mesma um comentário sobre sua própria narrativa e/ou sobre sua identidade linguística".[3]

Mais recentemente, os termos *metaliteratura* e *metaliterário* tiveram seu emprego alargado, sobretudo no discurso jornalístico, sendo aplicados a todas as obras contemporâneas que aludem a autores e obras do passado. Esse tipo de obra é considerado como típico da pós-modernidade. O uso alargado do termo não se sustenta em termos de teoria, e atribuí-lo à pós-modernidade é ignorar a história literária. Em termos de teoria, é uma generalização que se afasta da definição mais restrita de Linda Hutcheon, seguida pelos teóricos anglófonos. Do ângulo da história literária, a referência a autores e obras do passado é uma constante da literatura em todos os tempos. E a metaficção, tal como definida por Linda Hutcheon, foi praticada em séculos passados por Cervantes, Sterne, Diderot, Machado de Assis e outros. Seria mais justo dizer que essa tendência autorreferencial da literatura se acentuou na modernidade e se tornou ainda mais frequente na modernidade tardia.

Na França, *metaliteratura* [*métalittérature*] foi um termo criado a partir do conceito de *metalinguagem*, que teve amplo uso na linguística dos anos 1960 e 1970, a partir das obras de Hjelmslev e sobretudo de Jakobson, com o sentido de "língua que fala de outra língua", esta chamada de língua-objeto. O termo foi adotado em outras áreas, como a sociologia, a psicologia, a pedagogia, a tradutologia, adquirindo em cada uma delas um sentido particular. Nos anos 1960, Roland Barthes definia a crítica literária como uma metalinguagem. Mas abandonou essa definição depois que o conceito de metalinguagem foi nuançado pela linguística transformacional e fortemente contestado pelo psicanalista Jacques

Lacan, provocando grandes debates que, de certa forma, ainda não terminaram.

Simplificando o debate: o psicanalista baseava sua afirmação no fato de que tudo é linguagem e não existe uma língua primeira, essencial, arquetípica, verdadeira, que possa ser tomada como língua-objeto. Na fala, todo significado se torna outro significante, sem que haja um significado final. Assim sendo, "não há metalinguagem, [pois] nenhuma linguagem pode dizer o verdadeiro sobre o verdadeiro, uma vez que a verdade se fundamenta na fala, e não dispõe de outro modo para fazê-lo".[4]

Uma língua pode dizer algo sobre outra língua, de maneira heurística ou pragmática, mas não pode ser uma metalinguagem, no sentido de lhe ser superior, mais verdadeira ou totalmente abrangente. No caso da literatura, isso é ainda mais evidente, pois a linguagem literária já é uma metalinguagem; ela é uma fala sobre o mundo e os homens numa linguagem que tem por base a língua comum, mas não se identifica com esta, nem na forma, nem na função. Além disso, qualquer obra literária é metaliterária, porque pressupõe a existência de obras literárias anteriores. Ninguém é escritor sem ter sido, antes, um leitor.

Nem mesmo a crítica literária, que é uma linguagem secundária aplicada à linguagem primeira da obra, pode ser chamada de metalinguagem, porque ela também está sujeita à regra do significante sem significado último. Podemos portanto afirmar que, por ser sempre metaliterária, implícita ou explicitamente, a literatura dispensa esse qualificativo.

No terreno da teoria e da crítica, os termos e conceitos precisam ser bem definidos. E para bem definir os fenômenos metaliterários, os teóricos se embrenharam numa taxonomia que, embora justificada, complica, na prática, a identificação desses fenômenos. O conceito de *intertextualidade* basta para dar conta deles. Esse conceito foi criado por Julia Kristeva nos anos 1960, a partir dos conceitos de *polifonia* e *dialogismo*, definidos por Mikhail Bakhtin desde os anos 1920.[5] Em seu ensaio *Palimpsestos*, Gérard Genette sugere uma terminologia tão minuciosa que acaba por se tornar impraticável. Das dezenas de termos sugeridos pelo teórico, *hipertexto* é o mais abrangente, pois ele o define como "toda relação unindo um texto B (que chamarei de *hipertexto*) a um texto anterior A (que chamarei de *hipotexto*), sobre o qual ele se enxerta de uma maneira que não é a do comentário".[6] Esse "enxerto" (*greffe*) pode ocorrer de formas muito variadas.[7]

Embora a intertextualidade seja um fenômeno verificável em qualquer época, ela se torna mais intensamente praticada no final do século xx. Podemos atribuir essa prática à falta de um centro de verdade religioso ou filosófico, à qual corresponde um sujeito descentrado, múltiplo e dialógico. A proliferação desse tipo de obra na modernidade tardia indica o agravamento da crise ontológica. Podemos também atribuir o gosto pelas alusões à hiperinformação disponível em nossa época, que dissemina as referências históricas de modo insistente e anárquico. A intertextualidade praticada na literatura contemporânea pode assumir um tom melancólico (alusões a momentos da história em que a literatura alcançou suas maiores realizações e seu maior reconhecimento), ou um tom irônico, lúdico, característico do estilo pós-moderno.

A autorreferencialidade pode parecer uma atitude oposta à da referencialidade, isto é, ao realismo. Em vez de tomar o mundo real como objeto de representação, o ficcionista elege sua representação (a literatura) como tema. Mas como a representação do real sempre foi o objetivo da literatura (mesmo em suas formas fantásticas), centrar-se nessa representação fatalmente leva o escritor a refletir sobre o mundo do passado e a confrontá-lo com o de seu presente.

A presença do passado nas obras atuais não se manifesta de modo diacrônico, como nos manuais de história literária, mas de modo sincrônico, que é o modo da memória. Por isso, teóricos como Tiphaine Samoyault propõem que se encare a intertextualidade como "memória da biblioteca", individual e coletiva:

> Pensar a intertextualidade em termos de memória permite reconhecer que os liames que se elaboram entre os textos não são atribuíveis a uma explicação ou a um inventário positivista; mas isso não impede que se permaneça sensível à complexidade das interações que se travam entre os textos, tanto do ponto de vista da produção como do ponto de vista da recepção. A memória da literatura age em três níveis, que nunca se recobrem inteiramente: a memória contida no texto, a memória do autor e a memória do leitor.[8]

Boa parte da ficção e da poesia atuais está encharcada de referências à ficção e à poesia anteriores, na forma de citação, alusão, pastiche ou paródia. Essa "memória da biblioteca" remete à questão do "fim da literatura", que se tornou não apenas um tema acadêmico, mas também um tema literário.

O melhor exemplo da metaliteratura, no sentido amplo, é a obra ficcional do escritor catalão Enrique Vila-Matas, saturada de referências a escritores e obras do passado. Ele mesmo se definiu, uma vez, como "um leitor que escreve". *Bartleby e companhia*, misto de ensaio e ficção, expõe a crise da literatura moderna numa forma original, acessível e divertida. Trata-se do levantamento de um vasto rol de escritores atingidos pela "síndrome de Bartleby".

Bartleby, como se sabe, é a personagem de um conto de Melville, um modesto escriturário que perturba seu patrão, o escritório, a ordem social e talvez até mesmo a ordem do universo pela resposta que costuma dar a qualquer ordem recebida: "Preferiria não o fazer". O narrador de Vila-Matas compara a atitude de Bartleby com a de numerosos escritores que "mesmo tendo consciência literária muito exigente (ou talvez precisamente por isso) nunca chegam a escrever; ou então escrevem um ou dois livros e depois renunciam à escrita".[9] São os escritores do Não e do Silêncio, que integram uma lista muito extensa.

Esse livro nos interessa particularmente por algumas sugestões teóricas nele embutidas. Vila-Matas não disserta; apresenta "casos" trágicos, tragicômicos ou simplesmente cômicos. Embora dotado de grande senso de humor, Vila-Matas não é ingênuo, e o narrador de seu livro, em vários momentos, insinua uma reflexão teórica mais ampla.

Em primeiro lugar, é preciso dizer algo acerca da fascinação exercida pela personagem de Melville. Nada fazia prever que um obscuro escriturário, cuja biografia pregressa se ignora e cujos atos se resumem a contemplar um muro e a emitir a famosa frase, até ser conduzido à cadeia e deixar-se morrer por inanição, se tornasse uma das mais famosas personagens da ficção moderna. Mas é justamente o caráter inescrutável de Bartleby que tem suscitado infinitas interpretações. Tudo está na resposta "Preferiria não o fazer", que não é negativa nem afirmativa, mas evasiva. Bartleby não é o contestatário de um poder, mas um resistente passivo que põe em xeque qualquer poder. Sua resposta não permite nenhuma contradição ou ilação. Ele é o mais humilde dos indivíduos, mas sua possibilidade de dizer que "preferiria não" lhe confere uma dignidade e uma soberania invencíveis.

Os estudos sobre Bartleby já eram numerosíssimos no âmbito anglo-saxão, mas foi o posfácio ao conto, escrito por Gilles Deleuze em 1989, intitulado "Bartleby, ou a fórmula", que colocou em circulação filosófica internacional a personagem de Melville e sua frase. Deleuze observa: "A fórmula é arrasadora porque elimina de forma igualmente impiedosa o preferível assim como qualquer não preferido. Abole o termo sobre o qual incide e que ela recusa, mas também o outro termo que parecia preservar e que se torna impossível".[10]

Depois de Deleuze, outros filósofos contemporâneos se debruçaram sobre Bartleby, como Giorgio Agamben (*Bartleby, ou da contingência*) e Jacques Derrida (em cursos e trechos de livros). Inicialmente interessado em Bartleby pelo tema do "segredo", o último Derrida enfatizava, no escriturário, o tema da "resistência ética". Outros estudiosos assinalaram a afinidade da atitude de Bartleby com a própria "desconstrução" derridiana, pelo fato de esta evitar o dualismo do sim ou não. Vila-Matas não ignora essas intrincadas reflexões filosóficas, mas, travestido em modesto narrador, evita-as: "De especialista não tenho nada, sou um rastreador de *bartlebys*".[11]

De Bartleby, ele toma a atitude de desistência, como paradigma daquela adotada por criadores que renunciaram a continuar, a terminar, ou mesmo a começar uma obra. Os casos verídicos são numerosíssimos, sendo os mais conhecidos os de Rimbaud, Juan Rulfo, Salinger, autores de obras voluntariamente interrompidas, Mallarmé e seu projeto do "Livro", Joubert, Arthur Cravan e Pepín Bello, escritores sem livro. Mas também há o caso daqueles tantos que escreveram sobre a dificuldade de escrever: Kafka, Proust. Como todo rol, o de Vila-Matas é incompleto e, por isso, ampliável. Por exemplo: ele cita ocasionalmente Fernando Pessoa, refere o pequeno heterônimo barão de Teive, mas se esquece de dizer que o próprio Pessoa editou apenas dois livrinhos e deixou sua imensa obra em estado de projeto. Além de ter escrito uma "Estética da desistência".[12]

Poderíamos contestar a falta de critérios rigorosos para enquadrar os escritores do Não, já que não é a mesma coisa um escritor parar de escrever porque decidiu fazê-lo (Rimbaud), porque adoeceu (Larbaud), porque passou um tempo drogado (De Quincey), porque enlouqueceu (Hölderlin) ou porque se matou (vários). E poderíamos também apontar certos anacronismos, pois evidentemente um cônego que deixou de escrever, referido por

Cervantes, não o teria feito pela mesma razão que um Rimbaud. Mas esse tipo de exatidão é alheio ao projeto ficcional de Vila-Matas, que inclui em sua lista personagens fictícias ou amigos do narrador, de quem não se sabe se deixaram de escrever por escrúpulo ou por inépcia. Cobrar qualquer rigor classificatório a um narrador de ficção seria cair no ridículo, e a resposta de Vila-Matas seria: "Preferi não".

O fato é que, ao estabelecer essa lista longa e heteróclita, Vila-Matas traça um vasto panorama da literatura ocidental e aponta, nesta, uma crise que não é apenas de hoje, mas data de mais de um século. Sem sombra de dúvida, desde o romantismo a literatura sofre de um mal que vem se agravando, cuja causa é a percepção de seu possível desaparecimento. O grande teórico desse mal da literatura, que está certamente na base do livro de Vila-Matas, foi Maurice Blanchot. Há quase meio século, em *O livro por vir* (1959), Blanchot descreveu a crise vivida pelos escritores modernos, que, buscando a própria essência da literatura, tornam a obra impossível. A literatura moderna morre assim de seu próprio veneno, como o escorpião que morde sua cauda: "A literatura vai em direção a ela mesma, em direção à sua essência, que é o desaparecimento".[13] E os escritores que ele analisava são, em grande parte, os mesmos arrolados por Vila-Matas.

Assim, o livro de Vila-Matas é uma versão jocosa das graves reflexões de Blanchot, que ele cita na página 167 e parafraseia na página seguinte:

> Quem afirma a literatura em si não afirma nada. Quem a procura, procura apenas aquilo que lhe escapa, quem a encontra, encontra apenas aquilo que está aqui ou, o que é pior, aquilo que está além da literatura. Por isso, em suma, cada livro persegue a *não literatura* como a essência daquilo que quer e que gostaria apaixonadamente de descobrir.

Entretanto, Blanchot não é apenas "inteligente e extravagante", como disse Vila-Matas numa entrevista concedida à *Folha de S.Paulo*. Foi um dos maiores pensadores do século xx, e não apenas da literatura. E também é estranho que ele seja invocado, na mesma entrevista, como o inspirador de seu *próximo* livro, pois *Bartleby e companhia* já era, em larga medida, tributário de Blanchot. Até mesmo a evocação do "último escritor" remete a um capítulo de *O livro por vir*, intitulado "Morte do último escritor".

A doença dos escritores atormentados e desistentes é, portanto, um fato comprovado na literatura da modernidade. Somente, Vila-Matas parece falar de um simples resfriado, quando se trata de uma doença virtualmente fatal. E, por juntar casos ilustres e comprovados com casos fictícios irrisórios, seu livro corre o risco de reduzir todos os escritores a uma galeria de malucos e excêntricos. Ora, a dificuldade e até a impossibilidade de continuar escrevendo "literatura" foi expressa em diários, cartas e escritos fragmentários de alguns dos maiores escritores modernos. Neles se encontra a impressão de que tudo já foi dito e de que só resta a cópia; a afirmação de que as formas de representação, na linguagem, tornaram-se incapazes de dizer a totalidade do real, restando apenas fragmentos e ruínas da grande literatura do passado; a constatação de que aquilo que se chamava literatura está fadado a desaparecer e a angústia de ainda não vislumbrar o que poderia surgir em seu lugar.

Bartleby pode ser encarado como desistente ou como resistente. As conclusões de Vila-Matas, como as de Blanchot, são críticas, mas não pessimistas. Blanchot indica como o Não pode ser salutar, e o Silêncio, uma resistência à tagarelice reinante. Em 1992, na Feira do Livro de Frankfurt, Octavio Paz dizia: "Nós, escritores de hoje, devemos reaprender aquela velha palavra que marcou o começo da literatura moderna: *Não*". Quando Vila-Matas qualifica a literatura do Não como "a única tendência atraente da literatura contemporânea", ele opta pelo Bartleby resistente: "A enfermidade não é catástrofe, e sim dança, da qual já poderiam estar surgindo novas construções da sensibilidade". E também: "Já que todas as ilusões de uma totalidade representável estão perdidas, é preciso reinventar nossos próprios modos de representação".[14] Numa de suas entrevistas, Vila-Matas declarava que o êxito inesperado de seu livro indica, talvez, que "os leitores estão se tornando mais exigentes literariamente do que pensam os diretores de marketing ou as grandes editoras".

Dando prosseguimento à sua obra, em *O mal de Montano*,[15] Vila-Matas narra as aventuras e desventuras de um grupo de escritores obcecados pela literatura e pelo literário. Em *Doutor Pasavento*,[16] encontramos escritores e intelectuais cuja única aspiração é desaparecer. *Dublinesca* se mantém na mesma via ultraliterária, com a diferença de que neste o herói da ficção não é um escritor, mas um editor aposentado que sofre ao mesmo tempo com seu envelhecimento pessoal, o desaparecimento dos grandes escritores, dos editores de boa literatura e dos leitores à altura desses livros. O tema central do romance é o "réquiem pela era de Gutenberg", a ausência de Deus, a obsolescência dos livros, a morte da literatura. Nada melhor para selar esse apocalipse do que uma viagem a Dublin, com amigos igualmente fanáticos por literatura, para comemorar o Bloomsday numa cerimônia realizada no cemitério descrito por Joyce em *Ulysses*.

Vários espectros assombram a personagem: familiares, conhecidos e desconhecidos, escritores mortos ou virtuais. Joyce é, naturalmente, o principal; mas também um jovem que surge e some na bruma, e que se parece com Beckett. Numa entrevista, o romancista explicou que se trata da passagem de uma época de epifania, representada por Joyce, a uma época de afonia, representada por Beckett, isto é, "a decadência de certa forma de entender a literatura". Identificando-se à artista plástica Dominique

González-Foerster, a personagem principal de *Dublinesca* cultiva "uma cultura apocalíptica da citação literária, uma cultura de fim de trajeto e, definitivamente, de fim de mundo".[17]

Com essa temática tão especializada e obsessiva, o surpreendente é que Vila-Matas tem tido excelente recepção, tanto da parte da crítica especializada quanto de seus numerosos leitores. Isso acontece porque mesmo aqueles que não têm um repertório de leituras tão vasto quanto o do autor, nem perdem o sono pensando no fim da literatura, são seduzidos por suas extravagantes personagens, por uma trama cheia de suspenses, por um humor refinado que se sobrepõe, como um véu, a experiências dramáticas.

Aparentemente apocalíptico, Vila-Matas não é entretanto pessimista. No fim de *Dublinesca*, salva-se o deprimido editor e reaparece o autor. A um entrevistador de *El País*, que lhe perguntava como explicaria seu romance a um leigo, ele respondeu: "Eu lhe diria que se trata de alguém muito acabado, que quer celebrar o funeral do mundo e que descobre que isso, paradoxalmente, é o que permite ter um futuro na vida". O velho Freud estaria de acordo: para continuar vivendo, é preciso fazer o trabalho de luto. Com sua melancolia irônica, Vila-Matas conseguiu transformar o "fim da literatura" num tema inesgotável, numa forma de a manter viva.

Outra forma de metaficção que se tornou frequente em nossa época é a inclusão do próprio autor como personagem de sua obra ficcional. Essa forma não se identifica com a autoficção, porque não se trata de ficcionalizar uma biografia, mas de atribuir à personagem que tem o mesmo nome do autor, e a outras personagens reais, dados existenciais evidentemente falsos. É o que ocorre no romance de Michel Houellebecq *O mapa e o território* (2010), na trama do qual a personagem que tem seu nome e se parece muito com ele participa de episódios fictícios e acaba sendo assassinada. Ou na novela virtual do brasileiro Ricardo Lísias *Delegado Tobias*

(2014), na qual seu homônimo é indiciado por uma obra de autoficção. O curioso é que nos dois casos os autores sofreram processos judiciais na vida real, Houellebecq por plágio e Ricardo Lísias pela criação de falsos documentos oficiais.

O romance do escritor francês teve um pastiche em 2011, *La Tarte et le suppositoire* [A torta e o supositório], assinado por um autor fictício chamado Michel Quellebeurre. Tendo começado com *Dom Quixote*, paródia dos romances de cavalaria, a prosa de ficção tem uma capacidade de metaderivação, quer por referência a outros autores e obras, quer por autorreferência. Por essa faculdade de proliferar à custa de si mesma, a literatura pode prosseguir indefinidamente.

9. Os escritores como personagens de ficção[1]

Em seu último curso no Collège de France (1979-80), Barthes observava que a "grande literatura" estava definhando na prática e no ensino. Um dos sinais desse declínio, segundo ele, era o desaparecimento dos "grandes escritores". Dizia ele:

> Desaparecimento dos *líderes* literários; esta é ainda uma noção social; o líder [é uma] figura na organização da Cultura. Mas, na comunidade dos escritores [...] outra palavra se impõe, menos social, mais mítica: herói. Baudelaire a propósito de Poe: "Um dos maiores heróis literários". É essa Figura — ou essa Força — do Herói literário que perde hoje sua vitalidade.[2]

A literatura a que se refere Barthes, e os outros que anunciam sua "decadência" ou seu "fim", é aquela que se radicalizou, na passagem do século XIX para o XX, com Flaubert e Mallarmé: uma literatura autotélica e altiva, oposta à sociedade burguesa. A defesa dessa literatura foi então assumida como um ato de heroísmo. Na Inglaterra, Thomas Carlyle já havia definido "o Poeta como herói".[3] Em suas famosas conferências "The Hero as Man of Letters" [O herói como homem de letras] e "The Hero as Poet" [O herói como poeta], ambas de 1840, Carlyle observava que os heróis de tipo divino ou profético pertenciam a tempos remotos e já não eram cultuados no mundo moderno. E ele propunha que se considerassem os escritores como os heróis das novas eras. Curiosamente, a primeira conferência, "The Hero as Man of Letters", contém mais informações sobre a concepção do poeta como herói do que a segunda, intitulada precisamente "The Hero as Poet". Nesta, o ensaísta apenas exemplifica sua tese, apontando Shakespeare, Goethe e Dante como heróis nacionais de seus respectivos países. É na primeira, portanto, que nos deteremos.

As principais ideias expostas por Carlyle são as seguintes: 1) A difusão da imprensa trouxe uma nova forma de heroísmo que se manterá nas eras futuras; 2) O escritor deve ser encarado como a mais importante das pessoas modernas; 3) A vida de um escritor nos permite conhecer melhor o tempo que o produziu e no qual viveu; 4) A função do escritor é a mesma que as eras passadas atribuíam ao Profeta, ao Sacerdote e à Divindade; 5) A Literatura é uma forma de revelação; 6) A sociedade contemporânea oferece condições difíceis para o escritor, do ponto de vista moral e material; no entanto, ela deveria reconhecer sua importância e dar-lhe o governo das nações; 7) O Herói-Homem-de-Letras merece ser adorado e seguido por adoradores. Mas permanece tranquilo e indiferente à celebridade; 8) O Herói-Homem-de-Letras não é um vitorioso, mas um herói que tombou ("*a fallen Hero*").

Apoiando-se em considerações anteriores de Fichte,[4] Carlyle apontava a difusão da imprensa, na forma do mercado livreiro e do jornalismo, como uma das razões da vulgaridade do tempo em que viveram seus Heróis-Homens-de-Letras, Johnson, Rousseau e Burns:

Aquele não era um tempo de Fé — um tempo de Heróis! A própria possibilidade de Heroísmo tinha sido, como foi, formalmente abandonada em todas as mentes. O Heroísmo foi-se para sempre; Trivialidade, Formulismo e Lugar-Comum vieram para ficar.

Carlyle já tinha consciência de que fazia o elogio de uma classe condenada de escritores. Diz ele: "São antes as *Tumbas* de três Heróis Literários que tenho de mostrar a vocês. Aqui estão os escombros monumentais sob os quais estão enterrados três heróis espirituais. Muito fúnebre, mas também grande e cheio de interesse para nós". A conferência "The Hero as Man of Letters" se encerra com esta espantosa metáfora:

> Segundo Richter, na ilha de Sumatra há uma espécie de lanterna: grandes pirilampos que as pessoas prendem em espetos, para iluminar com eles o caminho, à noite. Eles podem, assim, deslocar-se com uma agradável radiância, que podem admirar. Honra seja feita aos pirilampos!

O texto termina com uma adversativa irônica: "Mas —!" (*"But* —!"). Podemos ler esse "Mas —!" da seguinte maneira: apesar de sua preciosa luminosidade, os homens de letras são desprezados, usados e mesmo sacrificados pela burguesia.

Já na segunda metade do século XIX, Baudelaire classificava como "heroica" a vida de Edgar Allan Poe. Analisando a obra de Baudelaire em "Paris do Segundo Império", Walter Benjamin usou a palavra "herói" com uma conotação paródica:

> Baudelaire conformou sua imagem de artista a uma imagem de herói. [...] O herói é o verdadeiro objeto da modernidade. Isso significa que, para viver a modernidade, é preciso uma constituição heroica. [...] Os poetas encontram o lixo da sociedade nas ruas e no próprio

lixo seu assunto heroico [...]. *Flâneur*, apache, dândi e trapeiro, não passavam de papéis entre outros. Pois o herói moderno não é herói — apenas representa o papel de herói. A modernidade heroica se revela como uma tragédia onde o papel de herói está disponível.[5]

A partir da segunda metade do século xix, já não havia lugar para o heroísmo guerreiro, e o público leitor já não considerava os artistas como semideuses. Não obstante, o ideal heroico persistiria na mente dos escritores, com leves modificações, até o início do século xx. Para os últimos "românticos" da modernidade, a literatura era sagrada e merecia o sacrifício de tudo o mais, incluindo a própria vida pessoal. O maior exemplo dessa entrega à literatura, segundo Jorge Luis Borges, teria sido Flaubert, "que foi o primeiro Adão de uma nova espécie: a do homem de letras como sacerdote, como asceta e quase como mártir".[6] À semelhança de Flaubert, outros escritores modernos "deram a vida" pela literatura: Mallarmé, Virginia Woolf, Proust, Kafka, Fernando Pessoa...

Em 1903, Rilke aconselhava a um jovem poeta: "Investigue o motivo que o manda escrever; examine se estende suas raízes pelos recantos mais profundos de sua alma; confesse a si mesmo: morreria, se lhe fosse vedado escrever?".[7] Tanto Rilke como os anteriormente citados falam da vocação literária como missão irrecusável, difícil de ser assumida, implicando solidão, trabalho insano, desamparo e abdicação dolorosa à normalidade social, mas, ao mesmo tempo, como intensamente compensadora num plano superior ao da vida individual.

A vida desses escritores devotados à literatura foi moldada pela entrega total de sua pessoa à prática artística e à reflexão filosófica, de tal forma que adquiriu um caráter heroico. Stefan Zweig dedicou um livro, intitulado *O combate com o demônio*, a três desses heróis: Kleist, Hölderlin e Nietzsche. Romântico tardio, diz Zweig:

Sem ligação com seu tempo, incompreendidos por sua geração, eles passam como meteoros, brilhando com uma breve luz nas trevas de sua missão. Eles mesmos ignoram o que são e o caminho que trilham, porque vêm do infinito, para ir ao infinito: na ascensão e queda rápidas que constituem sua vida, mal tocam o mundo real. Algo de extra-humano age neles, uma força maior do que eles e à qual se sentem submetidos; eles não obedecem à sua vontade, são possuídos, escravos de uma potência superior, de um demônio.[8]

Alguns escritores da alta modernidade referiam-se ainda, como os românticos, à sua "missão". A grande diferença, porém, é que já não sabiam ao certo qual era essa missão e quem a prescrevera: "Emissário de um rei desconhecido,/ Eu cumpro informes instruções do além" (Fernando Pessoa, *Passos da cruz XIII*); "Hão de me perguntar por que tomo conta do mundo: é que nasci incumbida. [...] Só não encontrei ainda a quem prestar contas" (Clarice Lispector, *A descoberta do mundo*). Podemos dizer que, por cumprir a missão sem nenhuma certeza, eles eram ainda mais heroicos que os românticos estudados por Zweig.

Meio século mais tarde, Tzvetan Todorov lançou-se numa empresa semelhante à de Zweig, publicando um livro intitulado *A beleza salvará o mundo — Wilde, Rilke e Tsvetaeva: os aventureiros do absoluto*. Diz ele:

Três grandes artistas do passado recente, Oscar Wilde, Rainer Maria Rilke, Marina Tsvetaeva colocaram essa aventura no coração de sua existência. Não contentes de criar obras de arte inesquecíveis, quiseram colocar sua própria vida a serviço do belo e da perfeição. Entretanto, essa busca levou o primeiro à decadência física e psíquica, o segundo à depressão dolorosa e a terceira ao suicídio.

Diferentemente de Zweig, Todorov não manifesta admiração por essa escolha de vida, porque seu objetivo não é estético, é moral: "A experiência de Wilde, Rilke e Tsvetaeva nos leva a refletir: em que consiste uma vida bela e rica de sentido?". Trata-se pois, aqui, de uma "reflexão sobre a arte de viver", que, segundo Todorov, esses artistas não souberam praticar, já que todos, a seu ver, acabaram mal. As conclusões de seu livro são moralistas, a favor de "outra via: a busca da qualidade de vida, do aperfeiçoamento pessoal, do amor".[9] Não interessa, ao ensaísta, que esses "infelizes" tenham deixado, em suas obras, valores maiores do que os da felicidade individual. Ao contrário de Zweig, que escrevia: "É somente graças aos espíritos desmesurados que a humanidade reconhece sua medida extrema". A busca da "vida boa", expressa por Todorov, é característica do individualismo e do pragmatismo contemporâneos.

Relidos hoje, os testemunhos dos escritores da alta modernidade sobre o preço pago por sua "vocação" nos parecem muito antigos, na medida em que atualmente a escolha e a assunção da "profissão" de escritor não têm, para a maioria deles, nada de radical e muito menos de trágico. Escrever não intimida mais ninguém. Publicar não é mais objeto de dúvidas metafísicas e existenciais, é apenas uma questão de achar editor, de editar por conta própria ou de colocar o texto na internet.

Ter êxito também não tem mais a ver com a realização de um grande projeto (a Obra, o Livro). Ao contrário do "solipsismo do gênio" de que falava Adorno, do recolhimento na "torre de marfim" assumido pelos heróis da alta modernidade, a maioria dos escritores da modernidade tardia busca o reconhecimento imediato sob a forma da fama. O aplauso da crítica é bem-vindo, embora dispensável. Não é recebido como uma confirmação de que os "tormentos" de escrita valeram a pena, é apenas um afago no ego. Ter êxito é sobretudo uma questão de tiragem (quantos milhares ou milhões de exemplares vendidos) e, consequentemente, uma questão de publicidade. A publicidade não é apenas a das editoras, mas passa pela contratação de agentes literários, pela mídia, pelos prêmios, e exige do escritor constantes aparições públicas. O tempo dedicado à escrita e à solidão dessa prática fica, assim, bastante reduzido. Quanto ao sofrimento de escrever, não se ouvem mais queixas.

Ao concluir seu curso, Barthes expunha as razões pelas quais ele mesmo não podia escrever o romance anunciado:

> Então, essa obra, por que não a faço — imediatamente, ainda não? [...] Talvez certo embaraço "moral": o curso o diz suficientemente, estando todo encerrado na consideração desejante das obras do romantismo largo (Flaubert, Mallarmé, Kafka, Proust). Colocação entre parênteses das obras da Modernidade contemporânea. Espécie de Fixação, de Regressão a um Desejo de certo passado; cegueira para o contemporâneo, reporte do Desejo para formas que ignoram mil trabalhos atuais.[10]

Ora, entre os "mil trabalhos atuais" ignorados por Barthes, destaca-se um subgênero romanesco que tem crescido visivelmente desde os anos 1980: o romance que tem por personagem principal um "grande escritor", isto é, um daqueles "heróis" da literatura em sua época áurea.

Por que essa tendência crescente dos escritores atuais a transformar os escritores em personagens? Pastiches, reescrituras ou continuações de obras célebres são práticas antigas. O que é relevante, aqui, é o fato de os escritores se tornarem personagens centrais de ficção. Note-se que a palavra "herói" (*hèros*), na Antiguidade grega, significava "semideus", autor de grandes feitos. Na era moderna, passou a ser empregada no sentido de "protagonista de uma obra de ficção". Os dois sentidos se aplicam a esse subgênero.

Citemos, somente a título de exemplo e em ordem cronológica de publicação: Leonid Tsípkin, *Verão em Baden-Baden* (1981); Julian Barnes, *O papagaio de Flaubert* (1984); José Saramago, *O ano da morte de Ricardo Reis* (1984); J.M. Coetzee, *Foe* (1986) e *O mestre de Petersburgo* (1994); Bernard-Henri Lévy, *Les Derniers Jours de Charles Baudelaire* (1988); Bernard Pingaud, *Adieu Kafka* (1989); Pierre Michon, *Rimbaud, o filho* (1991); Jeremy Reed, *Isidore* (1991); Antonio Tabucchi, *Requiem* (1992) e *Os três últimos dias de Fernando Pessoa* (1994); John Crowley, *Lord Byron's Novel* (2005); J. M. G. Le Clézio, *A quarentena* (1995); Guy Goffette, *Verlaine d'ardoise et de pluie* (1996); Alicia Giménez Bartlett, *A casa de Virginia W.* (1997); Michael Cunningham, *As horas* (1998); Jay Parini, *A última estação: os momentos finais de Tolstói* (1990); Colm Tóibín, *O Mestre* (2004); David Lodge, *Author, Author* (2004); Gyles Brandreth, *Oscar Wilde e os assassinatos à luz de velas* (2007); Jacqueline Raoul-Duval, *Kafka, l'éternel fiancé* (*roman*) (2011). E outras obras do gênero continuam surgindo a cada ano.

Escritores brasileiros também têm dedicado romances a "heróis da literatura". Alguns exemplos: Silviano Santiago, *Em liberdade* (1981); Luiz Antonio de Assis Brasil, *Cães da província* (1987); Ana Miranda, *Boca do Inferno* (1989), *A última quimera* (1995) e *Dias e dias* (2002); Haroldo Maranhão, *Memorial do fim: a morte de Machado de Assis* (1991); Ruy Câmara, *Cantos de outono: o romance da vida de Lautréamont* (2003); Antonio Fernando Borges, *Memorial de Buenos Aires* (2006); Lúcia Bettencourt, *A secretária de Borges* (2006); Wilson Bueno, *A copista de Kafka* (2007); Julián Fuks, *Histórias de literatura e cegueira* (*Borges, João Cabral e Joyce*) (2007); Mário Chamie, *Pauliceia dilacerada* (2009); Jeanette Rozsas, *Kafka e a marca do corvo* (2009).

Qual é a relação desse tipo de obra com a biografia? A biografia, como gênero literário, é também uma espécie híbrida, misturando dados históricos e ficção, e por isso, durante muito tempo, foi vista com desconfiança pelos historiadores e com certo desdém pelos críticos literários. Nas últimas décadas, entretanto, as biografias têm conquistado o apreço do grande público e o respeito dos historiadores. Em seu livro *O desafio biográfico*, o historiador François Dosse diz que, desde o começo dos anos 1980, "assistimos a uma verdadeira explosão biográfica, que se apodera dos autores assim como do público, numa febre coletiva não desmentida até esta data". E Dosse explica essa explosão:

> A humanização das ciências humanas, a era do testemunho, a busca de uma unidade entre o pensar e o existir, o questionamento dos sistemas holísticos, assim como a perda da capacidade estruturante dos grandes paradigmas, todos esses elementos contribuem para o entusiasmo atual pelo biográfico.[11]

A diferença entre o subgênero a que me refiro e a biografia é, no entanto, clara. Embora fatalmente contaminada de ficção, a biografia tem um compromisso com a verdade dos fatos documentados. "O gênero implica um pacto de verdade, como aquele que Philippe Lejeune define como 'o pacto autobiográfico'", diz François Dosse. Mesmo aquelas que se autodeclaram "biografias romanceadas" respeitam esse pacto. O leitor espera informações autênticas e o biógrafo se compromete a fornecê-las. No caso das obras que nos ocupam, elas se apresentam claramente como ficção (muitas delas têm, abaixo do título, a menção "romance"). Vários dos escritores agora transformados em personagens foram objeto de alentadas biografias que, às vezes, serviram de base aos romances. Mas estes não pretendem se ater à biografia conhecida de seus heróis; pelo contrário, inventam outros episódios ou tratam livremente episódios conhecidos. Muitos deles relatam os últimos dias e a morte do escritor em pauta, provavelmente porque esses últimos momentos permitem um balanço de sua existência e de suas obras.

Um dos pioneiros do subgênero, e dos mais notáveis, é *O papagaio de Flaubert*, de Julian Barnes.[12] Esse livro, que se autoqualifica como "romance", contém várias das possibilidades de explorar a vida e a obra de um escritor. A narrativa é conduzida por uma linha claramente ficcional, que podemos resumir assim: um médico inglês apaixonado pela obra de Flaubert vai à Normandia para buscar mais precisões sobre seu ídolo; o objetivo inicial de sua busca é saber qual dos dois papagaios empalhados, o do Museu de Rouen ou o de Croisset, foi de fato aquele que Flaubert teve em sua mesa quando escreveu *Um coração simples*. Essa busca se desdobra em várias outras linhas, que dificilmente poderiam ser desenvolvidas por um simples amador da obra flaubertiana, o médico fictício, mas que indiciam o verdadeiro autor do romance como um especialista no assunto. A riqueza de informação e de invenção é espantosa. De uma "Cronologia" biográfica bastante fiel e tradicional, Barnes passa a uma cronologia fundamentada apenas em fragmentos de textos de Flaubert. Segue-se a isso um "Bestiário de Flaubert", uma crítica da crítica que discute a cor dos olhos de Emma Bovary, até uma ficção dentro da ficção: um suposto depoimento de Louise Colet sobre suas relações com o escritor. Temos ainda um dicionário dos lugares-comuns sobre Flaubert, um "discurso de acusação" contra o escritor e algumas propostas de temas para uma "prova escrita" sobre sua obra.

O livro de Barnes mescla vários gêneros — biografia, romance, ensaio, depoimento fictício, dicionário, texto escolar — e permite, mais do que qualquer outro, uma reflexão sobre os limites do biografismo e da própria crítica literária. E essa reflexão não é explicitada por Barnes, mas fica a cargo do leitor. Entre os "não ditos" irônicos do autor: ao revelar sua própria biografia de marido traído, o médico-personagem se transforma numa versão moderna do dr. Charles Bovary. E a questão da "verdadeira" cor dos olhos de Emma, assim como o mistério do verdadeiro papagaio, terminam sem solução porque não têm a menor importância, e porque, de qualquer maneira, a crítica nunca tem a palavra final.

Podemos detectar, nesse já vasto corpus de romances sobre escritores, algumas "modalidades" relevantes. Quanto ao tipo do subgênero, eles assumem as diversas faces do romance moderno: romance psicológico, filosófico, político, policial, diário, confissão, depoimento, pastiche etc. Quanto à postura do narrador com relação a seu "herói", encontramos várias atitudes, que vão da veneração, do epigonismo e da reabilitação até a desvalorização e a contestação. Quanto à matéria narrada, as escolhas também variam: prioridade da biografia do escritor, prioridade da obra do escritor, prioridade do autor-narrador. Entretanto, essas modalidades aparecem mescladas em cada um dos romances referidos. O simples fato de eleger um escritor do passado como protagonista de romance já é uma homenagem e uma celebração, mesmo que o romance contenha críticas e objeções ao herói. Vou exemplificar com alguns romances paradigmáticos do subgênero, adotando um viés comparatista: o confronto de diferentes romances que têm por herói o mesmo escritor.

Arthur Rimbaud assombra toda a literatura que foi feita depois dele pelo fato de ter sido, ao mesmo tempo, o poeta que levou a modernidade a suas últimas consequências e aquele que, ao alcançar esse topo, abandonou a literatura. A renúncia de Rimbaud à literatura deixou, aos poetas seguintes, as perguntas: É ainda possível escrever? Vale a pena escrever? Podemos ainda tirar alguma coisa dessa herança, fazê-la render em novas obras, ou a única lição que ela nos deixa é a do abandono? Ao abandonar a literatura, o poeta das *Iluminações* se tornou um marco-limite da modernidade, e as questões suscitadas por ele concernem à própria prática da literatura na modernidade tardia.

A breve e surpreendente vida de Rimbaud tem inspirado mais de um romancista. Pierre Michon aceitou a incumbência de escrever uma biografia de Rimbaud que, na prática, se transformou num misto de ficção e ensaio crítico. Trata-se do livro *Rimbaud, o filho*.[13] Michon se refere à biografia oficial de Rimbaud como "a vulgata", ou "o evangelho", e dá sua própria visão da vida do poeta: "Tudo se passou em três pequenos atos: a imediata reputação de grande poeta, a consciência aguda da vaidade de uma reputação, e a devastação dessa reputação". E sua interpretação dos fatos é que Rimbaud abandonou a poesia porque era impossível ir mais longe: "Desde 1830, a canção estava gasta; talvez ela tenha sido cantada por gargantas numerosas demais; havia excesso de postulantes para os prêmios do além; sobretudo, ninguém mais lhe dava garantia". A postura de Michon, narrador representado no texto, não é nem de exegese, nem de censura; apenas levemente irônica, distanciada do "moinho da interpretação" que venera Rimbaud como "a poesia pessoalmente".

Michon se inspira nas fotos do *Album Rimbaud*, da coleção Bibliotèque de la Pléiade, para desenvolver seu texto. O viés ficcional se declara desde o início: "Diz-se que Vitalie Rimbaud, nascida Cuiff, camponesa e mulher maldosa, doente e maldosa, deu à luz Arthur Rimbaud". Poucas páginas depois, ele acrescenta aos fatos narrados a palavra "talvez"; mais adiante, assume a ficção: "imagino que"; por vezes, contradiz a "vulgata": "não acredito que"; ou a aceita parcialmente: "disso estou seguro". Até concluir que não se sabe o principal: "O que é que relança, sem fim, a literatura? Os outros homens, suas mães, as estrelas, ou as velhas coisas enormes,

Deus, a língua? Os poderes o sabem. Os poderes do ar são esse vento leve através da folhagem".[14]

O livro de Michon contém, a par de sua interpretação da vida do poeta, uma visão da história da poesia francesa do século XIX (três gerações: Hugo, Baudelaire, Rimbaud), uma teoria da linguagem, uma teoria da poesia moderna e uma reflexão sobre a situação do poeta "pós-Rimbaud", isto é, a sua própria.

Jean-Marie Le Clézio também retoma a "lenda" de Rimbaud em *A quarentena*. Dentro da trama ficcional de uma aventura marítima, são inseridas lembranças de personagens que teriam visto pessoalmente o "vagabundo" de Paris e, mais tarde, o poeta já doente num hospital de Áden. Rimbaud aparece no romance por meio de referências biográficas e, sobretudo, no intertexto, largamente colhido em sua obra. Desde o início do romance, o poeta é lembrado como tendo sido visto pelo avô da personagem e sido lido por ele. A famosa frase "Eu é um outro", embora não citada, é insistentemente lembrada nas alusões às crises de identidade do narrador e das personagens.

O romance de Le Clézio é semeado de outros intertextos: Defoe, Baudelaire, Shelley, Longfellow, Hugo, Heredia, Verlaine, Conrad, além de trechos colhidos nos textos sagrados da Índia. Apropriando-se de todos esses textos, Le Clézio cria uma obra original, uma prosa poética que é somente sua. Entretanto, como Michon, ele manifesta certa nostalgia com respeito a esses textos do passado: "Não há mais poesia. Não tenho mais vontade de ler as longas frases um pouco solenes de Longfellow. Parece-me que mesmo as palavras violentas do homem de Áden desapareceram no céu, foram levadas pelo vento e se perderam no mar".[15]

Fernando Pessoa talvez seja o campeão em termos de ficcionalização. Já foi personagem de muitos romances, filmes, adaptações teatrais e até balé. Sem falar do interesse de numerosos artistas plásticos por sua figura. O que é curioso é o fato de um escritor tão discreto, com uma vida tão privada de grandes acontecimentos, suscitar tanto interesse ficcional. Mas é preciso lembrar que seu desdobramento em heterônimos, cuja "biografia" ele mesmo escreveu, abre um leque de possibilidades quase infinitas.

O primeiro grande romance inspirado em Pessoa foi escrito por José Saramago: *O ano da morte de Ricardo Reis*.[16] Na verdade, a personagem principal do romance é o heterônimo Ricardo Reis; mas Pessoa "ele mesmo" aparece na trama como um fantasma que dialoga com seu alter ego. Ao escolher esse tema, Saramago pretendeu completar a breve biografia de Reis escrita por Pessoa. Já que este não forneceu a data da morte do heterônimo, o romancista se permitiu imaginar o que teria acontecido com Reis depois de seu "exílio no Brasil", mais precisamente no ano de 1936. Esse ano corresponde a terríveis acontecimentos: a ascensão de Salazar em Portugal, a Revolução Espanhola, o crescimento do nazismo e do fascismo na Alemanha e na Itália. Saramago inventa situações que colocam em xeque o poeta que pregava uma filosofia cética e contemplativa, e a abstenção de qualquer participação ativa nos acontecimentos, dizendo: "Sábio é aquele que se contenta com o espetáculo do mundo". Ora, ao voltar do Brasil em 1936, e ao inteirar-se dos acontecimentos europeus, Reis percebe que não é fácil manter-se neutro e indiferente. As experiências pessoais que o romancista atribui ao heterônimo também o obrigam a rever sua filosofia.

Como outros romances de Saramago, este implica uma reflexão filosófica e política. Mas não apenas isso. O cenário e a vida cotidiana lisboetas em 1936 são reconstituídos com uma consistência assombrosa, que raramente se encontra nas obras de história ou de sociologia. O leitor se sente corporalmente transportado para aquela cidade sombria e atrasada, e a suposta vida de Reis cumpre aquela função que Walter Benjamin atribuirá ao "historiador materialista", em "Sobre o conceito da história":

> Romper a continuidade histórica para extrair dela determinada época; romper igualmente a continuidade de uma época para extrair dela uma vida individual [...] mostrar como a vida inteira de um indivíduo cabe em uma de suas obras, em um de seus fatos; como, nessa vida, cabe uma época inteira; e como, numa época, cabe o conjunto da história humana.[17]

É também como fantasma que Fernando Pessoa aparece no romance *Requiem: uma alucinação*, de Antonio Tabucchi,[18] mas aí para assombrar não um heterônimo, e sim o próprio narrador, que, numa peregrinação pelos passos do poeta, questiona sua própria vida e identidade. O "caso" de Tabucchi é bem conhecido. Tendo descoberto a obra de Pessoa vários anos antes, o romancista italiano apaixonou-se por Portugal e pela língua portuguesa, e foi nessa língua que redigiu *Requiem*, posteriormente traduzido para o italiano. Anteriormente, ele já havia feito referência a Pessoa em *Noturno indiano*,[19] que narra uma estranha viagem à Índia na qual, entre muitos encontros, o narrador depara com um mestre em teosofia que cita o poeta português. Sempre fascinado pelo poeta, Tabucchi voltou a ele em 1994, no romance *Os três últimos dias de Fernando Pessoa: um delírio*.[20] Nesse breve romance, Tabucchi narra o que teriam sido os últimos dias do poeta, no Hospital de São Luís dos Franceses, em novembro de 1935. Em seu leito de morte, Pessoa recebe a visita de seus heterônimos e acerta suas contas com eles. Os romances pessoanos de Tabucchi são obras de homenagem, em que a figura do poeta suscita um devaneio (vejam-se os subtítulos: *Uma alucinação*, *Um delírio*) e a criação de um mundo onírico e poético.

Desde o fim do século XIX, quando Dostoiévski foi traduzido para o inglês e o francês, e destas para outras línguas, sua influência foi enorme. Praticamente todos os grandes escritores do século XX sofreram e reconheceram essa influência. Os romances de Dostoiévski inovaram e influenciaram como romances de ideias, ficções filosóficas em que as personagens são colocadas em situação de crise de consciência, dilaceradas entre os instintos e a fé, que condiciona o pecado e o remorso, mas é também possibilidade de salvação.

As questões suscitadas por Dostoiévski não concernem apenas ao ofício de escrever, mas têm um alcance filosófico, religioso e político. Essas questões estavam candentes na Rússia do século XIX, mas também se faziam sentir em todo o mundo ocidental, daí a extraordinária repercussão da obra do romancista fora da Rússia. A crise moral decorrente da dúvida sobre a existência de Deus, a crise política desencadeada pela Revolução Francesa, com a desautorização das monarquias e seus regimes de classes, a própria crise da razão como sustentáculo das ações humanas, todas elas se agravaram ao longo de todo o século XX. Dois notáveis escritores do século passado enfrentaram o espectro de Dostoiévski, para interrogá-lo sobre questões deixadas latentes em sua obra e agravadas nas décadas posteriores.

Verão em Baden-Baden, de Leonid Tsípkin, mistura basicamente dois gêneros: um diário, em que é narrada a peregrinação do autor do romance nos passos de Dostoiévski (narração na primeira pessoa), e um relato ficcional da temporada que Dostoiévski passou em Baden-Baden com a jovem esposa, em 1867 (narração na terceira pessoa: "ele" e "ela"). Alterna duas temporalidades: a da União Soviética na segunda metade do século XX e vários períodos da vida do escritor até sua morte, longamente descrita no final. Dostoiévski aparece no romance como quase demente, epilético, jogador compulsivo, mal-humorado, ressentido, mau marido. Entretanto, o livro é o resultado de uma paixão do autor, a quem a irmã pergunta: "Você continua apaixonado por Dostoiévski?". Essa paixão é, ao mesmo tempo, uma rejeição, pelo fato de o autor ser judeu e o romancista que ele admira ter sido antissemita: "Por que é que me sentia tão estranhamente seduzido e atraído pela vida desse homem que desprezava a mim e a meus semelhantes?".[21]

As angústias de Dostoiévski têm outra origem, mas Tsípkin as associa às suas próprias, decorrentes de sua existência numa Rússia totalitária e policialesca. Diferentemente de outros romances sobre escritores, este não mimetiza o estilo de seu herói. Embora centrado no jogo, com o qual Dostoiévski pretendia salvar suas finanças, o romance de Tsípkin tem um clima sombrio, totalmente diverso daquele da novela *Um jogador*, um dos raros textos bem-humorados do grande escritor russo. Do ponto de vista biográfico, as relações tensas do escritor com a jovem esposa, Anna Grigórievna, com quem se casara naquele mesmo ano de 1867, também soam demasiadamente trágicas, e sua depressão parece referir-se a outros períodos da vida do escritor.

O estilo de Tsípkin é torrencial, com parágrafos divididos por travessões, e a narração é frequentemente metafórica. As situações tensas são expressas por metáforas como "nadar", "agarrar-se ao mastro", "andar na corda bamba sobre abismo", "duelar". Por sua originalidade, o romance de Tsípkin tem uma qualidade própria, independente de seu tema.

Igualmente notável e muito diverso é o romance de J.M. Coetzee *O mestre de Petersburgo*. O livro não traz a menção "romance", mas é claramente ficcional, na medida em que narra um episódio não confirmado da biografia de Dostoiévski: o encontro deste com o anarquista Serguei Nietcháiev, em 1869. Dostoiévski vai a Petersburgo à procura de seu enteado, Pável, que morreu de modo misterioso e teria sido um seguidor de Nietcháiev.

É um romance crítico, que mescla literatura, filosofia e política. Põe em confronto Dostoiévski, espiritualista obcecado com o mal que devora as almas eslavas e a sua própria, com Nietcháiev, jovem niilista e amoral, terrorista cego para quem todos os crimes se justificam em nome da Revolução. As discussões entre ambos se elevam ao nível da discussão metafísica sobre o bem e o mal, e são mescladas, para o escritor, com seus remorsos em relação ao enteado.

No final, deparamo-nos com o desencanto de Dostoiévski:

> A história está chegando ao fim; os velhos livros de relatos logo serão atirados ao fogo; nesse tempo morto entre o velho e o novo, todas as coisas são permitidas. Ele não acredita especialmente em sua resposta, tampouco desacredita. [...] Escreve para si mesmo. Escreve para a eternidade. Escreve para os mortos. Mas, ao mesmo tempo que se senta ali tão calmo, é um homem apanhado num redemoinho.

Conclui que o enteado, Pável, foi um mártir. "O que é um mártir? — Alguém que se entrega ao futuro [...]. Uma guerra: velhos contra jovens, jovens contra velhos." O escritor acredita que teria perdido sua alma ao escrever e vender livros. A última palavra do romance é "desespero".[22] Entretanto, deixa ao leitor a reflexão de que Dostoiévski, como escritor, também foi "alguém que se entregou ao futuro".

Outro escritor que se tornou herói de dois romances é Henry James: *O Mestre*, de Colm Tóibín,[23] e *Author, Author*, de David Lodge.[24] O romance de Lodge foi publicado seis meses após o de Tóibín e, em certa medida, dialoga com este. Ambos focalizam o mesmo período da obra de James (a meia-idade e o meio da obra), e várias cenas da vida do escritor são exploradas nos dois livros.

Ambos colocam James, dramaturgo malogrado, em contraponto com o bem-sucedido Oscar Wilde, que o fascinava. Enquanto Tóibín explora a vida interior de James, seus problemas sexuais e psicológicos, Lodge mostra um James mais superficial, sociável e loquaz. O romance de Tóibín se sustenta como obra autônoma, inventiva, intertextual, enquanto o de Lodge pouco se afasta da biografia e prefere o humor ao drama. Note-se que, diferentemente de Tóibín e como outros romancistas enquadrados nesse que chamamos um "subgênero", Lodge descreve a cena de morte de James, e suas últimas palavras, exatamente como elas constam das biografias do escritor.

Dois romances têm Virginia Woolf como protagonista: *As horas*, de Michael Cunningham,[25] e *A casa de Virginia W.*, de Alicia Giménez Bartlett. O romance de Cunningham tem uma estrutura ardilosa. Começa com a narrativa do suicídio de Virginia Woolf em 1941, numa espécie de prólogo que assombrará todo o romance. Cunningham entrelaça, a partir daí, três histórias: a da escritora inglesa nos anos 1920, a de Clarissa, uma bem-sucedida nova-iorquina nos anos 1990, e Laura, uma suburbana de Los Angeles nos anos 1950. E há uma quarta história subentendida: a de Clarissa, personagem do romance *Mrs. Dalloway*, de Virginia Woolf.

Há um paralelismo entre a história das duas Clarissas, que permite a Cunningham atualizar os dramas narrados em *Mrs. Dalloway*, substituindo os traumas da Primeira Guerra pela epidemia de aids, transformando o homossexualismo feminino latente em relação estável assumida, mas mantendo a sensação de vazio existencial, o medo da loucura e a tentação do suicídio. A história de Laura, grávida e entediada em seu casamento com um veterano da Segunda Guerra Mundial, ao mesmo tempo que mostra a situação da mulher americana em meados do século XX, coloca, com delicadeza, a questão do amor materno, que implica a decisão entre a vida e a morte.

É admirável a habilidade de Cunningham em amarrar essas histórias, sem nunca perder de vista a obra de Virginia Woolf. Laura, no hotel em que se refugia, lê *Mrs. Dalloway*, e a Clarissa de 1990 é apelidada exatamente de Mrs. Dalloway. Trançando não apenas a biografia da escritora inglesa, mas também seu romance com a história dessas mulheres, que vivem em lugares diversos e tempos posteriores, Cunningham escreveu uma das mais complexas obras do subgênero que estamos examinando, uma obra que trata não apenas de uma escritora do passado, mas evidencia a força persistente da literatura no trato com as questões mais importantes da vida humana.

O livro de Bartlett é mais modesto. É uma ficção baseada no confronto entre os diários de Virginia Woolf e o de sua empregada Nelly. O narrador é ora a autora, que explica como nasceu o livro, ora Nelly. O livro visa a mostrar o contraste entre as ideias libertárias de Virginia Woolf e do grupo de Bloomsbury com a vida dura das empregadas da casa, Nelly e Lottie, que não têm casa própria e moram em "casa alheia". A contradição dessa circunstância com a obra da escritora intitulada *Um teto todo seu* (1929) é subentendida.

O livro adota uma óptica social de viés feminista. Entre a escritora e a empregada há uma relação ambígua de dependência, fidelidade e hostilidade: "Contudo, continuava aquele surdo ressentimento entre as duas mulheres". Em seu diário, Nelly questiona o tipo de vida dos patrões:

> Eu me pergunto se eles são mais felizes do que as pessoas normais. Sei que sofrem, com todos esses amores misturados. Às vezes ouvi seus lamentos. A patroa diz que eles também sofrem por terem de escrever e pintar bem, e pelo que os outros dirão quando lerem ou virem suas obras. Não creio que sofram tanto quanto um operário

que tem de dar de comer aos seus filhos. Ou talvez sim, um operário pelo menos sabe que sua mulher e seus filhos o esperam em casa, e que lá eles podem ficar em paz. Mas eles...[26]

Virginia Woolf não é visada como escritora. O que interessa à autora é o ambiente social inglês de seu tempo e a condição feminina.

A partir desses exemplos, e de suas várias maneiras de formalizar e de dar sentidos às experiências existenciais e literárias dos "heróis da literatura", podemos formular algumas perguntas e a elas tentar responder.

Qual é o alcance artístico e cognitivo desses romances? Algumas dessas obras, justamente deixadas de lado neste artigo, não têm um grande alcance. Apenas repetem fórmulas já desgastadas e, por isso, populares do gênero romanesco. É o caso de certos romances policiais de mero entretenimento, como os de Gyles Brandreth, que tem publicado uma série de histórias fictícias em que Oscar Wilde, com a ajuda eventual de Conan Doyle, desvenda vários casos,[27] ou os de Matthew Pearl, cujos romances policiais têm como protagonistas Edgar Allan Poe ou Charles Dickens.[28] Ou de brincadeiras literárias como a realizada por Adrien Goetz em *Le Coiffeur de Chateaubriand*,[29] romance no qual o autor se diverte ridicularizando o "grande escritor", numa ilustração do famoso ditado: "Ninguém é herói para seu camareiro" (ou cabeleireiro).

Quais são as razões do interesse atual por esse tipo de romance? Primeiramente, devemos lembrar o que vários pensadores atuais têm observado: que o individualismo é uma das características marcantes da virada do século XX para o XXI. Nesse caso, uma das mesmas razões que explicariam o gosto atual pelas biografias estaria na origem do gosto por romances nelas baseados: na falta de grandes paradigmas religiosos e éticos, a busca de modelos de existência em indivíduos notáveis.

Em sua forma mais superficial, o individualismo de nosso tempo e de nossas sociedades ("sociedade do espetáculo", segundo Guy Debord) favorece o culto das "celebridades". Alguns escritores, que agora se transformam em personagens de romances, em seu tempo só eram conhecidos como pessoas interessantes num círculo restrito. O que davam ao público eram suas obras e, para escrevê--las, muitas vezes se enclausuravam ou se afastavam da sociedade.

Essa verdadeira avalanche de romances sobre escritores é apenas uma moda? É uma prática tipicamente pós-moderna de releitura, de pastiche, de reescritura, de iconização mais ou menos pop, aparentada ao culto atual das "celebridades"? Não me parece que seja isso, porque a densidade semântica de alguns desses romances, assim como a complexidade de suas experimentações formais, impede que eles sejam inseridos na cultura de massa.

Seriam eles apenas a versão atual do velho romance histórico? Embora essas obras se aparentem ao romance histórico, por colocarem o protagonista em seu contexto temporal e social, amplamente pesquisado pelos autores, não podemos classificá-las como romances históricos, porque nelas o essencial não é um panorama fiel de determinada época, mas, frequentemente, um cotejo (explícito ou implícito) do passado histórico com o tempo presente. E não apenas por interferências lúdicas de anacronismos, como se tornou usual nas ficções pós-modernas, mas por um objetivo maior de reflexão sobre o passado e o presente, dos homens e da própria literatura.

Um dos procedimentos mais correntes nesses romances é a intertextualidade. Cada um deles mereceria um estudo à parte a esse respeito. Da citação à referência, desta à alusão, do pastiche à inclusão de fragmentos sem aspas, cuja identificação é deixada a cargo dos iniciados, todas as formas de intertextualidade estão ali presentes, e cada uma delas implica uma relação particular do autor com a obra da personagem-escritor e afeta a significação do romance.

Por que são privilegiados os escritores da alta modernidade? Do ponto de vista da produção literária, é preciso lembrar que o período compreendido entre as últimas décadas do século XIX e as primeiras do século XX produziu um grande número de obras consideradas como obras-primas pela crítica e pelos leitores, fenômeno que não se repetiu na segunda metade do século XX, reconhecida por todos como qualitativamente menor. Ora, são exatamente os grandes autores desse período, isto é, da alta modernidade, que alguns dos melhores romancistas atuais[30] transformam em personagens: Flaubert, Rimbaud, Dostoiévski, Henry James, Virginia Woolf, Pessoa... E não o fazem como uma revisão valorativa da história literária "oficial", pois a maioria deles mantém uma grande admiração por suas personagens e obras e, nesse sentido, confirmam o cânone oficial.

É curioso que, no mesmo momento em que a teoria literária anunciava a morte do autor (Barthes, Foucault) e os estudos acadêmicos atacavam o "cânone ocidental", em nome do politicamente correto, tantos romancistas privilegiassem, em suas obras, aspectos biográficos de seus antepassados canônicos.[31] A impressão que se tem é de que esses escritores atuais veem em seus antecessores grandes personagens de uma história grandiosa, uma história já terminada que merece ser contada e comparada com a prática atual da literatura de ficção.

Nenhum desses escritores atuais pretende tomar seus antecessores como modelos de vida ou de escrita. Eles sabem que esse retrocesso é indesejável e, mais do que isso, impossível. Em busca de novos rumos, esses ficcionistas atuais olham, com uma nostalgia que não os paralisa, para seus antepassados, cujas vida e obras eles revitalizam em livros que trazem a marca de nosso tempo. A escrita de cada um deles não é uma imitação anacrônica e estéril. Esses romances sobre escritores são, como dizia Carlyle há quase dois séculos, e Mallarmé há pouco mais de um, belas *tumbas* (*tombeaux*): enterros e celebrações dos heróis da literatura passada.[32]

10. Espectros da modernidade literária

A literatura de ficção da modernidade tardia é assombrada pelo espectro da alta modernidade. Qualificada de "pós-moderna", ela carrega esse "pós" como um fardo do qual deseja se livrar, mas que a condiciona de maneira persistente.[1] As principais formas que a literatura contemporânea tem assumido são dependentes desse passado recente. Citação, reescritura, fragmentação, colagem, metaliteratura, todas remetem à história e às obras desse passado. A ironia, traço igualmente característico da ficção contemporânea, também não poderia ser percebida sem a existência do termo anterior a que ela alude. O resultado dessa situação é a melancolia, o sentimento de existir depois do fim, de ser uma literatura que não é de vanguarda, mas *tardia*. Como o conjunto da sociedade atual — na política, na economia, na moral, na tecnologia —, a literatura vive um interregno, aquele momento em que as regras antigas já não existem e outras, na melhor das hipóteses, ainda estão em gestação.

Na literatura contemporânea, o tempo aparece menos sob forma de história linear e progressiva do que sob forma de memória estilhaçada e desordenada. Essa memória fragmentada é também a que nos fornece a internet. Em todas as épocas, a memória foi indispensável aos homens para avançar no futuro. Mas em nossa época, ela mais pesa e desorienta do que auxilia. Jamais o homem carregou uma memória histórica tão vasta quanto a atual. E a memória recente, a do século XX com suas guerras e horrores, é culpabilizante. Daí a frequência do tema do espectro na literatura contemporânea. O espectro é o morto mal enterrado, que volta para cobrar alguma coisa mantida em instância. Por outras palavras, é o passado que se recusa a morrer.

Jacques Derrida deixou-nos reflexões memoráveis sobre o tema do espectro. Em *Espectros de Marx*,[2] o filósofo apresenta o próprio Marx como um fantasma assombrando a modernidade tardia. O título do livro joga, evidentemente, com o incipit do *Manifesto comunista*: "Um espectro ronda a Europa — o espectro do comunismo".

Após a derrocada do socialismo soviético, muitos passaram a considerar o marxismo como acabado e superado, e Marx como apenas mais um pensador morto. Ora, nesse livro, Derrida se opõe tanto ao esquecimento de Marx quanto à sua neutralização pela inclusão de seu nome nos programas universitários como mais um filósofo do cânone. Derrida procura demonstrar o quanto esse espectro ainda está vivo e ativo. Também se opõe à tese correlata do "fim da história" (Fukuyama). Define a "desconstrução" como herdeira de certo "espírito do marxismo", do qual ela seria a radicalização. O que era visto então como uma ameaça em nossos dias tornou-se um passado espectral. A "nova ordem mundial" proposta pelo neoliberalismo é uma conjuração destinada a fazer calar o espectro de Marx. Segundo o filósofo, o comunismo foi declarado morto, mas ainda vive na consciência humana como questão em aberto.

Com *Espectros de Marx*, Derrida inaugura o que ele chamaria depois de "espectrologia",[3] uma reflexão sobre a relação dos vivos com os mortos, a questão da herança e da dívida. Já no início do livro ele menciona que essa reflexão não se aplica somente ao marxismo, no terreno da filosofia política, mas que pode ser levada a outros campos, concernindo ao "espectro em geral, em Marx e alhures".

A espectrologia derridiana tem como ponto de partida uma obra literária canônica ocidental: *Hamlet*. Os diálogos de Hamlet com o espectro de seu pai inspiram muitos comentários e propostas do filósofo. A declaração de Hamlet, de que "o tempo está fora do eixo" (*"out of joint"*), parece convir especialmente a nosso momento histórico. Segundo Derrida, estamos hoje nos explicando com vários fantasmas, isto é, mortos que enterramos prematuramente.

O espectro nos coloca em relação com um outro, de outro tempo, que não está presente, mas não cessa de voltar. O lugar singular a partir do qual podemos falar com ele é o da filiação, do apelo, da interpelação. Três atitudes são suscitadas pelo espectro: o luto, a consciência das gerações, o trabalho do espírito. O espectro é a aparição carnal do espírito, seu corpo fenomenal. O espectro é uma figura da lei que nos observa, nos vigia, nos olha sem reciprocidade (pois é ele que tem o direito de olhar, não nós), um arquivo que volta e nos interpela. Para aceder à espectrologia é preciso ultrapassar o luto do espectro, ir para além dele. Nossas respostas às interpelações dos espectros têm uma responsabilidade e um alcance político, pois podem influenciar o porvir. Nossa época é particularmente propícia para os espectros, na medida em que a tecnologia, da fotografia ao cinema, deste à televisão, e desta à web, nos cerca de imagens imateriais, espectrais.

Para Derrida, o espectro é o que nos vem do passado, da tradição, e que deve ser acolhido para que se faça o trabalho do luto e se dê lugar ao porvir. Nesse sentido, o filósofo colocava a espectrologia na própria base da desconstrução. Herdar, segundo ele, é explicar-se com vários espectros. A desconstrução da modernidade literária, atualmente em curso na teoria, na crítica e na ficção, está relacionada com essa reflexão derridiana.

Na terminologia derridiana *spectre* e *fantôme* são sinônimos; mas há um terceiro termo, *revenant*, que também designa o fantasma, em francês, e que tem a conotação de "aquele que volta" (não há correspondente exato em português, talvez "assombração"). A diferença, para Derrida, é que o espectro ou fantasma aparece como visão, enquanto o *revenant* não é visto, é sentido, é aquele que chega inopinadamente de algum lugar ou tempo esquecidos ou mesmo futuros. Segundo o filósofo, as gerações sucessivas (cada geração é genitora da seguinte) são condicionadas pela língua ou pela voz. Essas gerações são fantasmas, nem mortos nem presentemente vivos; elas constituem nossa herança e nossa memória.

O herdeiro é responsável em face do fantasma. Mas a resposta que o herdeiro pode dar é dupla: uma resposta passiva, que consiste em reafirmar o que veio antes dele, ou uma resposta ativa, que consiste em dizer "sim" ao fantasma, sem se comprometer a deixar a herança intacta, mas, pelo contrário, ser capaz de transformá-la e dar-lhe uma nova vida. "O próprio de um espectro" diz Derrida, "é que não se sabe se, ao voltar, ele é testemunha de um vivo passado ou de um vivo futuro".[4]

Assim, há três maneiras de tratar o espectro: 1) Fazer o trabalho de luto: colocar o espectro num túmulo, num lugar preciso e identificável; 2) Nomear o espectro, falar dele e reduzi-lo a uma série de gerações conhecidas, conversar com essa voz; 3) Trabalhar o espectro, fazer dele um "espírito", no sentido em que Valéry usa o termo (aquilo que tem poder de transformação), tirar algo de novo do espectro e assim transmiti-lo, lançá-lo ao futuro.

O subgênero romanesco analisado no capítulo anterior ("Os escritores como personagens de ficção") merece ser estudado à luz da espectrologia derridiana. Grande parte desses romances focaliza a morte do grande escritor, desde o precursor *A morte de Virgílio*, de Hermann Broch, até os mais recentes, como *Verão em Baden-Baden* (Leonid Tsípkin), *Os três últimos dias de Fernando Pessoa* (Antonio Tabucchi), *Verlaine d'ardoise et de pluie* [Verlaine da ardósia e da chuva] (Guy Goffette), *Les Derniers Jours de Charles Baudelaire* [Os últimos dias de Charles Baudelaire] (Bernard-Henri Lévy), *A última estação: os momentos finais de Tolstói* (Jay Parini), entre muitos outros. Alguns deles focalizam mais de um escritor, e o tema da morte está aí sempre presente. A palavra "réquiem" aparece várias vezes, quer como título (*Requiem*, de Antonio Tabucchi), quer como tema (*Dublinesca*, de Enrique Vila-Matas). Também é frequente, nos títulos, a palavra "túmulo": *Tombeau de Trakl*, de Marc Froment-Meurice; *Tombeau de Hölderlin*, de Marc Cholodenko.

É notável a frequência com que as personagens-escritores aparecem sob a forma de fantasmas ou assombrações. O exame dessas ocorrências à luz das reflexões de Derrida sobre o tema do "espectro" é muito elucidativo. "Explicar-se com vários espectros": não é isso o que fazem os escritores atuais com os antecessores que os "assombram"? Mortos, os escritores são lembrados ou reaparecem literalmente como fantasmas. Nesses romances contemporâneos, os espectros não são apenas metafóricos, no sentido de uma memória que assombra a escrita dos novos escritores (sob forma de referência, citação, alusão ou intertexto), mas aparecem como figuras visíveis, personagens. As relações dos escritores atuais com os grandes antepassados pertencem a várias modalidades: admiração, tributo, emulação, mas também contestação ou acerto de contas.

Para confrontar esses romances protagonizados por escritores com as propostas da espectralidade derridiana, usarei alguns exemplos tirados de obras sobre Rimbaud, Dostoiévski e Pessoa, algumas já citadas no capítulo anterior.

* * *

A aparição de Rimbaud, na primeira página de *A quarentena*, romance de Le Clézio, tem toda a aparência de um fantasma:

> Na sala enfumaçada, iluminada pelos candeeiros, ele surgiu. Abriu a porta e sua silhueta ficou um instante no enquadramento, contra a noite. [...] Tão alto que sua cabeça quase tocava o batente, seus cabelos longos e hirsutos, seu rosto muito claro de traços infantis, seus braços compridos e suas mãos largas, seu corpo pouco à vontade num paletó justo abotoado muito em cima. Sobretudo, aquele ar desorientado, o olhar estreito cheio de maldade, turvo pela embriaguez. Ele ficou imóvel à porta, como se hesitasse, depois começou a lançar insultos, ameaças, brandindo os punhos. Então o silêncio instalou-se na sala.

Rimbaud é um fantasma ameaçador, visto pelo avô do narrador quando este tinha nove anos. O mesmo avô o reverá doente, num hospital de Áden. É, portanto, um fantasma duplamente herdado pelo narrador, como escritor de sua língua e como visão do avô. Mas o poeta e sua obra não são fundamentais no livro de Le Clézio, que é sobretudo um romance de viagem às ilhas Maurício em busca das raízes familiares. Le Clézio coloca o poeta na história por razões geográficas, mais do que literárias. E a imagem de Rimbaud, que volta na última página, ainda é, como na da primeira, não a de um poeta, mas a de um bandido. O então jovem narrador pergunta à avó: "'Mas, o seu Rimbaud, é como uma espécie de tio para mim?' Eu achava que o haviam escondido, afastado, apenas porque era um crápula, que ele partira abandonando todo mundo, como Léon".

Le Clézio não se coloca como um descendente de Rimbaud; no máximo como um descendente indireto, um sobrinho. Seu interesse por Rimbaud é distanciado. Em seu romance, o poeta permanece como um espectro apenas evocado e deixado em seu lugar marginal, sem que o escritor responda a suas ameaças. Entretanto, esse fantasma habita o romance, sob a forma de intertexto, e sobretudo pela famosa frase "Eu é um outro", que se aplica à crise de identidade do narrador. Este não leva adiante o desafio poético de Rimbaud, opta pela desistência: "Não há mais poesia".[5]

A modalidade a que pertence esse romance é a do protagonismo do autor-narrador, que topa en passant com o fantasma de Rimbaud, mas não é profundamente afetado por sua aparição. Não há conversa entre o escritor e o espectro. Quando não há reciprocidade na relação com o espectro, este tem, segundo Derrida, um *efeito de viseira*: ele nos vê sem ser visto, não diz nada, é heteronômico e dissimétrico, torna-se uma figura da Lei (aqui, da autoridade literária).

Muito diferente é a relação de Pierre Michon com o poeta, uma relação de parentesco e herança poéticos. Em *Rimbaud, o filho*, o romancista exprime a opinião de que Rimbaud abandonou a poesia porque era impossível ir mais longe. Entretanto, ele discute de várias formas com o espectro de Rimbaud. Primeiramente, o poeta é aí espectral porque lembrado a partir de um álbum de fotografias. É o Rimbaud das fotografias que interpela Michon. Ora, Derrida tratou da fotografia como pertencente à espectralidade: ela torna visível o que já é passado, o que já morreu.[6]

Michon não discute apenas com Rimbaud, mas com outros espectros. Como diz Derrida, "jamais herdamos sem nos explicar com o espectral, portanto com *mais de um espectro*". Em seu livro, Michon discute com três gerações da poesia francesa: a geração romântica (Victor Hugo), a geração romântica tardia (Baudelaire) e a geração já moderna (Rimbaud). Sua relação com os espectros não é a do primeiro tipo, a que comemora, classifica e sepulta (o luto já está feito), mas a do segundo tipo, a relação ativa que conversa livremente com o fantasma (reinventando-o sem preocupação de fidelidade textual), e, sobretudo, a do terceiro tipo, o que faz do espectro um espírito inspirador de novas obras (como a do próprio Michon). Segundo o romancista, esse espírito não é apenas o que movia Rimbaud, mas um poder (*une puissance*) que leva os homens a escrever, mesmo depois que os poetas já não creem mais em Deus e quando tudo parece já ter sido escrito. Assumir esse poder é, como diz Derrida, promover "uma revivescência regenerante do passado, do espírito do passado que herdamos".[7]

Numa entrevista de 1997, Michon deixava clara a relação entre seu romance *Vidas minúsculas* e os livros posteriores: "É novamente uma genealogia fantasmática, como a de *Vidas minúsculas*, mas literária; é um diálogo com os mortos, talvez um apelo que eu desejaria formular assim, caricaturando: Como vocês fizeram essas obras sendo apenas o que eram?".[8]

Em seus livros sobre escritores, Michon exalta suas obras e deprecia suas pessoas, cujas fraquezas humanas ele aponta. Assim, ao assumir a herança, sua postura diante dos fantasmas do passado é, ao mesmo tempo, admirativa e desafiadora. Essa dissociação entre o valor da obra e o escritor decorre do fato de ele considerar o dom literário como um bem comum, transindividual, algo que passa de geração em geração: "O Verbo, desde o início, sopra onde quer e não tem residência".[9] Assim sendo, qualquer um pode ser o escolhido, até mesmo os que não o merecem.

Michon não é otimista com relação ao presente e ao futuro desse sopro: "Quando o mundo é idiota, talvez seja sábio [...] dançar sozinho com os grandes mortos sobre as ruínas do mundo".[10] *Rimbaud, o filho* é um tributo prestado ao antepassado que não deixou testamento nem instruções, mas cujo silêncio faz com que o sucessor reflita e responda ao fantasma, continuando a escrever, isto é, a produzir poesia apesar de tudo. Dentre os vários aspectos da espectrologia, o que é privilegiado por Michon é o da genealogia poética.

Muito inferior, como obra literária em que Rimbaud é personagem, é o romance *Verlaine d'ardoise et de pluie*, de Guy Goffette. Como indica o título, Rimbaud é aí apenas o coadjuvante. Sua imagem é aquela da "vulgata" que Michon abomina e desconstrói. Os clichês abundam: "Aquele anjo louro"; "A infância endureceu seu coração como o seu punho e seus olhos são de um azul que fere, como os versos que ele deixou"; "Rimbaud, o esposo infernal, anda na frente. Verlaine o segue, virgem louca, já com sua sombra que arrasta a perna e resmunga".[11] A referência a esse romance inferior se deve ao fato de ele comprovar que, para discutir com um espectro, é preciso estar à sua altura, e, no caso da literatura, é preciso ter condições escriturais para enfrentar Rimbaud. A modalidade de seu romance é a do epigonismo, ou do culto à imagem estereotipada de dois escritores famosos. Enquanto Le Clézio, de certa maneira, foge à discussão, Goffette apenas repete a vulgata, num estilo banal. Dos três, apenas Michon ultrapassa o luto e mantém vivo o espírito, isto é, a poesia. A força da escrita poética de Michon desmente o desencanto do escritor com o estado presente da literatura.

Em *Verão em Baden-Baden*, Leonid Tsípkin ficcionaliza um episódio da vida de Dostoiévski para discutir, alternando ficção e autobiografia, duas questões posteriores ao romancista: a Shoah e as consequências totalitárias da Revolução Russa. É a convocação de um morto para discutir, com ele, o antissemitismo e a revolução. O romance de Tsípkin é fantasmagórico em vários aspectos. Escrito entre 1977 e 1980, ele confronta dois momentos históricos da mesma cidade: a São Petersburgo de Dostoiévski e a Leningrado soviética, para onde o narrador se desloca num trem. Confronta também essa viagem ferroviária com aquela feita à Alemanha por Dostoiévski e sua esposa, Anna, mais de um século antes.

Sobrepõe também obras do escritor ao diário de Anna e os intercala com seu próprio diário de viagem. Lugares, tempos e textos são todos habitados por sombras.[12]

A peregrinação do narrador se dá quase sempre à noite. Parado diante da casa onde Dostoiévski morreu, ele evoca minuciosamente a imagem do escritor sendo velado e se transporta para aquele passado:

> O defunto jazia sobre uma mesa colocada em diagonal, com a expressão do rosto severa e apaziguada, [...] nas mãos cruzadas sobre o peito foram colocadas velas, e até as quatro ou cinco da manhã as luzes ficaram acesas em todos os cômodos, mas nesse momento todas as janelas do prédio diante do qual me encontro estavam escuras, como se lá, agora, não morasse ninguém, e apenas nas janelas do canto do prédio [...] cintilava e bruxuleava uma espécie de manchas vagas de luz.[13]

A presença do escritor na mente do narrador é espectral. A repressiva Leningrado soviética é ainda mais sombria do que a São Petersburgo pela qual vagava Dostoiévski, atormentado por sua falta de dinheiro e por seus dilemas morais. Embora por outras razões, o século XX do narrador é politicamente tão sinistro quanto o século XIX dos czares.[14] O narrador se faz numerosas perguntas:

> O que, propriamente, eu vim fazer aqui? Por que eu me sentia tão estranhamente atraído e seduzido pela vida desse homem que desprezava a mim ("é evidente", "é sabido", como ele gostava de falar) e aos meus semelhantes? — e não teria sido por isso mesmo que eu vim para cá na calada da noite e fiquei andando, como um ladrão, por essas ruas ermas e desertas, abarrotadas de neve?[15]

Essas perguntas ficam sem resposta. Mas a questão que subjaz às indagações éticas e políticas de Tsípkin é, finalmente, a do valor da literatura. Sua paixão por Dostoiévski é uma paixão pela literatura. O homem Dostoiévski não suscita sua admiração. Pelo contrário, ele é apresentado de maneira negativa, revelando o desejo de exorcizá-lo. Mas o escritor Dostoiévski é, para ele, um espectro inarredável. A modalidade desse romance é a do acerto de contas com o homem e do tributo ao escritor.

Outros escritores russos, contemporâneos de Dostoiévski e posteriores a ele, assombram o livro de Tsípkin, confirmando o que diz Derrida: "Há sempre mais do que um espectro".[16] As grandes questões éticas e políticas permanecem, entretanto, em aberto: o racismo, o totalitarismo, o mal. O estilo ofegante e entrecortado de Tsípkin, assim como a falta de conclusões para seus questionamentos éticos e políticos, traz a marca da modernidade tardia. Na falta de resposta para suas perguntas, resta ao romancista de nosso tempo apenas a crença no valor literário de seus antecessores, cuja herança ele honra, escrevendo apesar de tudo.

O mestre de Petersburgo, de J.M. Coetzee, é também um romance sombrio. A viagem da personagem Dostoiévski a Petersburgo é provocada pela morte misteriosa de seu enteado, Pável, seguidor do jovem anarquista Serguei Nietcháiev. O encontro do escritor com Nietcháiev é um confronto de gerações e de consciências: o mais velho atormentado por questões religiosas e morais, o mais novo completamente amoral, partidário da violência terrorista como meio de mudar a sociedade. Embora discordando do terrorista, Dostoiévski não se sente seguro e justo, porque reconhece ter pecado muito em sua existência. Ele teria perdido sua alma ao escrever e vender livros.

As conclusões de Coetzee sobre essa discussão e sobre os rumos futuros da história são pessimistas. Vence o terrorista amoral, pois Dostoiévski se sente derrotado: "Nesse tempo morto entre o velho e o novo, todas as coisas são permitidas".[17] O tempo estava *out of joint* e permaneceria assim no século XX. É como se Coetzee dissesse ao leitor: é assim que ainda estamos, entre a velha metafísica e a nova barbárie. A modalidade desse romance é a da reflexão ético-política, como a de vários outros romances do escritor. Neste, como nos romances dialógicos de Dostoiévski, os pontos de vista são expostos sem que se chegue a uma conclusão. A última palavra do livro, "desespero", é o legado do escritor morto ao seu sucessor. Toda herança implica uma responsabilidade, lembra-nos Derrida: "Uma herança é sempre a reafirmação de uma dívida, mas uma reafirmação crítica, seletiva, filtrante".[18] O desespero de Dostoiévski permanece vivo na consciência de Coetzee.

Fernando Pessoa é um escritor particularmente talhado para a espectralidade. Ser humano discreto e reservado em suas relações, cidadão de Portugal, país marcado em seu tempo pela temática da decadência, e habitante de Lisboa, cidade à margem da Europa, vestido quase sempre de preto e oculto por chapéu e óculos, tinha já em vida algo de fantasma. Alguns dos que o conheceram exprimiram essa impressão. Rémy Hourcade dizia que, ao cruzar com ele na rua, evitava voltar-se para o olhar, com receio de não ver ninguém. Criador de heterônimos, outros seres humanos dotados de biografia, obra, mapa astrológico etc., multiplicou os fantasmas de si mesmo até o ponto de reconhecer-se como "ninguém". Assim, os romances que tomam por personagem o homem Pessoa e seus heterônimos são, já de saída, metaespectrais, isto é, fantasmagóricos em segundo nível.

Em *O ano da morte de Ricardo Reis*, Saramago apresenta como vivo um heterônimo e como fantasma seu criador, que, segundo a ficção pessoana, teria morrido antes de sua criatura. A cidade de Lisboa na década de 1930, reconstituída por Saramago como provinciana e estagnada à margem da Europa, é o ambiente perfeito para as reaparições.[19] As primeiras referências à cidade o indicam: "Chove sobre a cidade pálida, as águas do rio correm turvas de barro [...] um barco escuro sobe o fluxo soturno".

O romance começa no primeiro dia do ano de 1936. De regresso a Lisboa, depois de vários anos exilado no Brasil, Ricardo Reis volta de madrugada a seu quarto de hotel, onde encontra, à sua espera, "um homem" que "reconhece imediatamente" como sendo seu velho amigo Fernando Pessoa. Cumprimentam-se e abraçam-se, como se o encontro de um vivo com um morto fosse normal. Somente o aspecto de Pessoa é um pouco fúnebre: todo de preto, "como se apresentaria quem estivesse de luto ou tivesse por ofício enterrar os outros".

A primeira fala do fantasma é política: "Você, Reis, tem sina de andar a fugir de revoluções, em mil novecentos e dezanove foi para o Brasil por causa de uma que falhou, agora foge do Brasil por causa de outra que, provavelmente, falhou também". Reis lhe responde que não fugiu do Brasil, mas que veio a Lisboa por causa de um telegrama de Álvaro de Campos anunciando o falecimento de Pessoa. Diz ele: "Creio que vim por você ter morrido, é como se, morto você, só eu pudesse preencher o espaço que ocupava". Trocam ainda algumas palavras, dentre as quais a pergunta de Pessoa: "Quem é você?", pergunta não respondida à qual só as ações de Reis, no resto do romance, poderão responder.

Em outra aparição, o fantasma de Pessoa comenta, com ironia, o fato de Reis estar tendo uma ligação amorosa com uma mulher chamada Lídia, como uma das musas de suas *Odes*:

Meu caro Reis, você, um esteta, íntimo de todas as deusas do Olimpo, a abrir os lençóis da sua cama a uma criada de hotel, a uma serviçal, eu que me habituei a ouvi-lo falar a toda hora, com admirável constância, das suas Lídias, Neeras e Cloés, e agora sai-me cativo duma criada, que grande decepção.

Diz a ele também que lhe custa crer que aquele homem vulgar é o mesmo que, em suas *Odes*, dizia "ver a vida à distância". Volta então a questão da verdadeira identidade de Reis: "Eu apenas fingi, você finge-se [...]. O seu caso, Reis amigo, não tem remédio, você, simplesmente, finge-se [...] você nem sabe quem seja". A que Reis responde: "Talvez que eu tenha voltado a Portugal para saber quem sou".

O fantasma de Pessoa continua voltando, sempre à noite, e discutindo com Reis sobre a vida e a morte. O ortônimo, morto, lembra ao heterônimo vivo que "tudo é insignificante visto do lado da morte", mas não do lado da vida:

> Estar vivo é significante, Meu caro Reis, cuidado com as palavras, viva está a sua Lídia, viva está a sua Marcenda, e você não sabe nada delas, nem o saberia mesmo que elas tentassem dizer-lho, o muro que separa os vivos uns dos outros não é menos opaco que o que separa os vivos dos mortos, Para quem assim pense, a morte, afinal, deve ser um alívio, Não é, porque a morte é uma espécie de consciência, um juiz que julga tudo, a morte e a vida.

O fantasma vem lembrar ao vivo sua responsabilidade com respeito aos outros vivos e sua implicação nos acontecimentos de seu tempo. Num dos encontros, Reis lê para Pessoa as notícias do jornal: a ascensão do salazarismo, do franquismo, do nazismo e do fascismo. Pessoa limita-se a rir, de modo amargo. Como Reis parece assustado com esses acontecimentos, Pessoa cobra dele mais coerência, dizendo-lhe que suas *Odes* eram "uma poetização da ordem", já que, nelas, acima dos homens está o destino. Diz ele: "O destino é a ordem suprema, a que os próprios deuses aspiram. E os homens, que papel vem a ser o dos homens, Perturbar a ordem, corrigir o destino". E é a vez de Reis cobrar de Pessoa: "Você em vida era menos subversivo, tanto quanto me lembro".[20] Na verdade, aqui é o narrador Saramago que está discutindo com ambos.

Valendo-se de sua condição de morto, Pessoa funciona como a consciência de Reis. Por isso, mais de uma vez, diz-se que ele "não é um fantasma". Pessoa aponta as incoerências existenciais de Reis e desconversa sobre suas próprias contradições enquanto vivo. Afinal, todos os heterônimos são espectros, e Reis é tão fantasmático quanto Pessoa. A superioridade deste, no romance, é estar imobilizado pela morte, podendo ser, assim, um lúcido espectador da vida como Reis não consegue ser.

Com o passar dos meses, o fantasma de Pessoa vai desaparecendo aos poucos, até que Reis fica sozinho e, como sempre, inativo. Age covardemente com as duas mulheres que frequenta, não sabe que partido tomar com respeito aos graves acontecimentos políticos de Portugal e da Espanha, e acaba por acompanhar o fantasma de Pessoa em direção à morte.

Como os outros romances de Saramago, o que esse propõe é uma reflexão sobre questões políticas, no caso, a impossibilidade da neutralidade diante de acontecimentos históricos sombrios como os de seu país e de seu tempo. Trata-se sobretudo de uma reflexão sobre Portugal e seu destino. A primeira frase do romance é: "Aqui o mar acaba e a terra principia"; e a última: "Aqui onde o mar se acabou e a terra espera". Invertendo o tempo verbal do verso de Camões,[21] o narrador Saramago mostra que ainda é teleológico.

Esse romance é um acerto de contas, às vezes cruel para com Pessoa, esse espectro que assombra a cultura portuguesa posterior a ele, pela grandeza literária de sua obra e por suas ambiguidades filosóficas e políticas. Um espectro que, a partir da última década do século XX, cresceu ainda mais e passou a assombrar todo o Ocidente com seus paradoxos, reconhecidos então como não apenas portugueses, mas concernentes a todos os frágeis sujeitos da modernidade tardia.

Por isso, romancistas não portugueses como Antonio Tabucchi têm sido assombrados por Pessoa. Em *Requiem: uma alucinação*, o narrador, um italiano que viveu em Portugal, marca um encontro com "um grande poeta, talvez o maior poeta do século XX", à meia-noite "porque os fantasmas aparecem à meia-noite". Durante um longo dia de verão, o narrador percorre lugares onde viveu, Lisboa e Cascais. Vai ao Cemitério dos Prazeres, onde Pessoa esteve enterrado, e encontra sucessivamente fantasmas de pessoas falecidas que tiveram muita importância em sua vida: um amigo, uma mulher, seu próprio pai.

Esses encontros, provocados pela saudade ou pelo remorso, são uma necessidade interior: "Ai, meu Deus, o senhor tem coragem de falar com fantasmas? Nunca o devia ter feito, disse eu, mas às vezes tem de ser, não sei bem explicar, é também por isso que hoje estou aqui". O romance é principalmente uma revisão de sua própria vida pelo narrador. É importante notar que, diferentemente de outros romances centrados num grande escritor, o seu é declaradamente "um sonho" que lhe ocorreu quando estava de férias numa quinta em Azeitão.

Durante suas andanças há várias alusões a lugares em que Pessoa viveu, e somente no último capítulo este aparece, designado como "O meu Convidado". Fica bem claro que não é Pessoa que o busca, é ele que chama pelo poeta. Designar Pessoa como "o Convidado" cria um intertexto com um famoso mito da literatura ocidental: a história de *Don Juan*, na qual o fantasma do Comendador, "o convidado de pedra", vem pedir-lhe contas de sua vida.

O Convidado de Tabucchi é reservado e lacônico. Fala pouco, na maior parte das vezes em inglês. Como, na vida real, não consta que Pessoa falasse inglês com pessoas que falavam português, esse dado é uma nota suplementar de distância e estranhamento. Na verdade, não é o Convidado que deseja dizer coisas ao narrador, mas é ele que deseja dizer coisas ao Convidado. Este tem um ar "deprimido" e "soturno", não parece muito satisfeito com o encontro, lembra que foi o narrador que o convocou. De fato, é o narrador que, tendo "passado a vida a fazer hipóteses a seu respeito", o interroga e até o acusa. Diz-lhe que as vanguardas de que ele participou são culpadas da vulgaridade da pós-modernidade, que ele sempre foi "um grande mentiroso", um egocêntrico, um covarde etc. E o Convidado lhe pergunta: "Foi para isso que me quis ver? Para me insultar?".

O narrador confessa que, agora que o mundo todo o conhece, "queria deixar de precisar" dele. Mas deseja que ele lhe diga o que acha de Portugal na Europa e do século XXI que se aproxima. As respostas do Convidado são sucintas: "Este país está a tornar-se terrivelmente europeu";[22] e: "Não sei se vocês não irão ter problemas com o século que aí vem". Em vez de brindar ao futuro, o Convidado brinda ao saudosismo. Em suma, o fantasma de Pessoa não tem respostas políticas para as perguntas de Tabucchi. Depois do encontro, sua figura desaparece.

Em *Os três últimos dias de Fernando Pessoa: um delírio*, o poeta agonizante recebe a visita de alguns de seus heterônimos. Nessa narrativa realista, baseada nos dados disponíveis sobre a morte do poeta, não é Pessoa que é o fantasma, mas são seus heterônimos que aparecem para assombrá-lo: "Que horas são?, perguntou Pessoa. É quase meia-noite, respondeu Álvaro de Campos, a melhor hora para encontrá-lo, é a hora dos fantasmas".[23]

Esse romance, muito diverso do anterior, é um devaneio de crítico literário. Nele, Tabucchi demonstra todo o conhecimento que tem da obra de Pessoa, e complementa a narrativa com um adendo explicando ao leitor quem são "os personagens que aparecem neste livro". Esse aspecto didático enfraquece a obra, que, como romance, é inferior a *Requiem*.

Pessoa é, para Tabucchi, um estímulo escritural, um alter ego(s) desencadeador de sua própria obra, e não apenas uma influência. O fantasma de Pessoa inscreveu-se em sua genealogia literária por opção do romancista e o deixou para sempre desassossegado. À luz da espectrologia derridiana, é curioso ver que, em *Requiem*, ele convida e rejeita, ao mesmo tempo, o fantasma. Diferentemente de Saramago, cuja relação com Pessoa não é de identificação, mas de admiração literária unida à contestação política, para Tabucchi, o fantasma de Pessoa é difícil de carregar, porque é um fantasma existencial. A descoberta de Pessoa modificou sua vida e sua obra, fazendo-o adotar outro país e outra língua.

Segundo Derrida, a recepção ao espectro é sempre dupla: o receptor o acolhe e o expulsa. Hospitalidade e exclusão agem conjuntamente. Assim é a relação entre as gerações humanas. Se o assombrado se identifica ao espectro ele é ameaçado de morte. Por isso é necessário o trabalho de luto. Mas a proposta do filósofo é que não nos detenhamos no luto e que avancemos para além dele. Essa é a forma de o manter vivo e de honrar sua herança. Como excelente escritor, Tabucchi honra a herança de Pessoa. Na "Nota" prévia a *Requiem*, ele diz que o romance é uma sonata, um sonho, uma homenagem e "talvez uma oração".[24]

Vale a pena confrontar os excelentes romances de Saramago e Tabucchi com outra obra suscitada pela ficção heteronímica de Pessoa. Em *Boa noite, senhor Soares* (2009), Mário Cláudio[25] cria um narrador fictício, António da Silva Felício, empregado do escritório do "patrão Vasques" e colega do "senhor Soares". Para os leitores de Pessoa, identifica-se logo o cenário do *Livro do desassossego*, obra do semi-heterônimo Bernardo Soares. No capítulo v, desvenda-se que António era aquele jovem empregado do escritório que colecionava propagandas de agências de viagens, classificado por Soares como o melhor viajante que jamais conheceu.

O narrador conta a história depois de velho. Em suas lembranças, Soares usa "óculos redondos", é "um bocadinho esquisito", "neurastênico", "sempre digno, muito bem-educado", um "solteirão" simpático com a vizinhança. Como o homem Fernando Pessoa, em vida. Mas tem outros traços distintos: veste-se mal, diferentemente do poeta. E alguns traços mais inquietantes: ele "desliza", voa, desaparece das vistas do narrador. E talvez seja um assassino, um "monstro".[26]

A irmã de Soares é dona Henriqueta Madalena (irmã real de Pessoa) e seus amigos são Ricardo Reis e Vicente Guedes (heterônimos). Soares tem uma arca repleta de manuscritos e morre em novembro (como Pessoa). Essa confusão de planos (biografia de Pessoa, ficção heteronímica e ficção do romancista Mário Cláudio) e as características incongruentes, ora colhidas na realidade histórica documentada, ora fantasiosas e mesmo fantásticas, não chegam a criar uma personagem convincente. Apenas pitoresca.

A maior parte do romance de Mário Cláudio é descritiva e realista. O romancista dedica muitas páginas a descrever uma realidade lisboeta pobre e chula, e a lembrar a vida miserável da família do narrador. Assim, aquele "lixo" lisboeta, que Bernardo Soares transfigura no luxo de sua prosa poética, aqui fica sendo lixo mesmo. Não renova o velho romance realista social, nem consegue transformar o semi-heterônimo numa personagem autônoma.

A diferença, com relação aos romances de Saramago e Tabucchi, é que, para dialogar com o fantasma de Pessoa, é necessário ter um projeto próprio relevante, como a alegoria política do primeiro ou a reflexividade poético-existencial do segundo. No caso de *Requiem*, a língua portuguesa adotada pelo escritor italiano é "um lugar de afeto e reflexão". A fala do espectro só encontra uma resposta à sua altura quando é lançada ao futuro, histórico ou escritural, e deixa de ser apenas um eco.

Essa abundância de fantasmas, em romances cujos protagonistas são grandes escritores da modernidade, confirma a espectrologia derridiana como um acerto de contas com o passado recente. Um espectro é sempre um antepassado, e por isso carrega a questão da genealogia, mesmo quando esta não é de sangue. Um antepassado volta para pedir solução a um assunto ainda não terminado. Pode ser um pedido de justiça, ou simplesmente de lembrança e oração.

Mas os vivos devem falar com os espectros. "*Talk to it*", diz Horácio a Hamlet. O fantasma pode ser invocado pelos vivos para pedir-lhe explicações, e é isso que ocorre nesses romances: por que você, tão genial, parou de escrever?; por que você, tão sensível ao sofrimento humano, era antissemita?; por que você, tão genial, era conservador em política? E, em todos os casos: por que essa distância entre o homem e o escritor, entre a vida e a obra? Qualquer que seja a pergunta do vivo ao morto, ela implica a questão da herança: que faço eu com o que você me deixou? E já que se trata de literatura: vale a pena continuar escrevendo hoje, com todas essas questões mal resolvidas?

Segundo Derrida, quanto mais uma época está *out of joint*, "mais temos necessidade de convocar o antigo, de lhe pedir emprestado". A literatura atual, assim como seu contexto social, filosófico e político, se ressente de uma situação desajustada e potencialmente terminal. Mas o filósofo observa que "o desfile midiático sobre o fim da história e o último homem se parece frequentemente com um aborrecido anacronismo". É como se estivéssemos atrasados para "pegar o trem" que continua em marcha, e a enfrentar o *acontecimento* presente. A pergunta sobre o fim da história, diz Derrida, nos obriga a nos "perguntarmos se o fim da história não é apenas o fim de *certo* conceito da história".[27] Da mesma forma, outros teóricos citados anteriormente neste livro afirmaram que o fim da literatura é apenas o fim do conceito moderno de literatura, modificado pelo *acontecimento* das novas obras que continuam a aparecer. A espectrologia derridiana não é passadista. A presença fantasmagórica do passado no presente é, ao mesmo tempo, uma exigência de memória e um estímulo aos vivos, para que estes a usem em benefício do porvir.

11. A volta do romanção

Vários foram os teóricos que anunciaram, no século XX, "o fim do romance". E múltiplos foram os escritores que empreenderam a transformação do gênero, de Joyce ao nouveau roman francês, decretando, explícita ou implicitamente, que o modelo narrativo instalado no século XIX não servia mais para retratar a modernidade. Ora, o que se vê atualmente, na edição e no consumo, é que o gênero romance sobreviveu a todos os ataques, vicejando em todos os países e em todos os níveis, do best-seller de mero entretenimento às tentativas mais ambiciosas de renovação. Demonstrando a vitalidade do gênero, vários romances deste início do século XXI são "romanções", isto é, têm centenas de páginas.

Desde as origens, o gênero teve uma vocação para o gigantismo. Entretanto, no decorrer do século passado, a maioria dos romances prezados por críticos e leitores internacionais passou a ter um número médio de páginas (por volta de duzentas) e um número restrito de personagens.[1] Ora, alguns dos romances mais comentados, premiados e vendidos na virada do milênio são muito extensos, têm uma grande quantidade de personagens e histórias concomitantes. Por exemplo: *Os detetives selvagens*, de Roberto Bolaño,[2] têm cerca de seiscentas páginas, e *As benevolentes*, do franco-americano Jonathan Littell,[3] cerca de novecentas. Embora muito diferentes, ambos elaboram amplos panoramas geracionais, o primeiro recapitulando a situação dos latino-americanos depois da época revolucionária e utópica, o segundo narrando o horror do nazismo através da história pessoal de agentes daquele período.

E neste começo de século, a tendência se mantém. Os romancistas recentes parecem ter readquirido a ambição de colher, na história recente de seus países, uma faixa de tempo e traçar em seu interior um grande painel social, por meio de histórias individuais representativas, iluminadas explícita ou implicitamente por reflexões filosóficas, políticas e estéticas dos narradores. E contrariando a ideia de que atualmente as pessoas têm pouco tempo para a leitura, esses romanções alcançam grandes tiragens. Por ocasião do lançamento do romance de Littell, o editor Antoine Gallimard observava que há atualmente "uma demanda forte por livros grossos, mais romanescos, mais construídos". Parece que quanto mais a informação se expande e se dispersa, maior o desejo dos leitores por textos estruturados, coerentes e reflexivos.

Um fenômeno característico do gênero é o "grande romance norte-americano". Grande pelo número de páginas, mas também, no discurso da crítica, pela qualidade. No final do século XX, algumas obras americanas anunciavam esse fenômeno, em especial *A fogueira das vaidades*, de Tom Wolfe (1987).[4] Mas o romance de Wolfe era apenas uma sátira, sem grandes ambições ou qualidades artísticas. No século XXI, o "grande romance" — na extensão, na quantidade de personagens, na temática e na significação — parece ter-se tornado o objetivo dos escritores norte-americanos.

Graça infinita,[5] de David Foster Wallace (1962-2008), foi talvez o primeiro a tentar essa proeza. Romance enciclopédico com centenas de notas, dezenas de personagens e vários gêneros discursivos, essa obra dividiu os críticos entre entusiastas e perplexos. Sua profusão de histórias e temas, dispostos numa estrutura intrincada, fez com que ela fosse considerada ora uma obra-prima inovadora, ora a obra mal-acabada de um romancista neurótico e drogado. O suicídio do escritor em 2008 contribuiu para que autor e obra permanecessem numa aura de incerteza. O estilo de Foster Wallace é torrencial e caótico, com trechos em linguagem coloquial, incluindo gírias e incorreções gramaticais, e trechos em linguagem acadêmica que podem chegar até o pedantismo, numa mistura correspondente à do autor-personagem, ora universitário, ora *freak*.

Entretanto, qualquer que seja a opinião sobre a obra de Foster Wallace, é impossível ignorá-la quando se fala da literatura contemporânea. Na complexa rede de sua narrativa e em suas digressões filosóficas, *Graça infinita* captou os numerosos problemas de seu país e de seu momento histórico. O romance é irônico a partir do título, pois anuncia um gracejo (*jest*) infinito, e na verdade mostra a profunda tristeza da sociedade de consumo no seu apogeu. A ironia de Foster Wallace não é lúdica. Em entrevistas, ele rejeitava a ironia "pós-moderna" porque ela desemboca no cinismo complacente para com o status quo. O romancista tece uma crítica amarga ao modo de vida americano atual, apontando o agravamento futuro das diversas calamidades que afligem as sociedades desenvolvidas na virada do século: o fanatismo, as drogas, o mercantilismo, o terrorismo, o lixo acumulado.

A história se passa em 2014, quando supostamente os países americanos do Norte estariam unidos numa organização chamada Onan (Organization of North-American Nations). O tema central do romance é um filme fictício intitulado *Graça infinita*, feito e refeito por uma das personagens. Em sua quarta versão, o filme é tão divertido que seus espectadores morrem de prazer ao assisti-lo, o que faz com que ele seja proibido pelas autoridades, pois pode ser usado como arma terrorista. Autor culto, formado em matemática e filosofia, Foster Wallace fustiga o rebaixamento de uma cultura feita para o divertimento e a alienação dos indivíduos, uma cultura que, segundo ele, tenta ocultar a desolação da sociedade americana atual. Na verdade, sua crítica e suas funestas previsões concernem a todas as sociedades cujo modelo econômico e cultural é a sociedade americana, isto é, praticamente o mundo todo.

Jonathan Franzen, contemporâneo e amigo de Foster Wallace, deu prosseguimento, num registro realista, à crítica social negativa da sociedade americana. *Liberdade*[6] foi qualificado por vários comentaristas como "o grande romance americano do século XXI" e, pelo crítico de *The Guardian*, como o "romance do século". Nesse livro, Franzen analisa, a partir de um microcosmo familiar, os limites da liberdade de que tanto se orgulham os norte-americanos, no contexto econômico neoliberal e ideologicamente conservador. A análise se transforma em libelo, quando são evidenciadas as consequências locais e globais do *American way of life*, que vão desde os desastres ecológicos e a superpopulação até as crises pessoais de uma geração individualista, consumista, hiperconectada e potencialmente drogada. "Nós somos o câncer do planeta", declara uma personagem ativista. Nem a ideologia do "politicamente correto" escapa à crítica de Franzen, que aponta, através das personagens, as armadilhas nada libertárias dos particularismos sexuais e étnicos. Não é de estranhar que, com tal diagnóstico, o escritor tenha optado, em sua vida pessoal, pela solidão e pela observação de pássaros. Quanto ao estilo, o de *Liberdade* é tão mediano que é difícil citar algum trecho em especial. Essa medianidade estilística é condizente com o tema. A família Berglund, retratada por Franzen, é tão comum que beira o estereótipo.

Mais recentemente, *Cidade em chamas*, de Garth Risk Hallberg, ultrapassou os antecessores em tamanho (cerca de mil páginas) e em ambição totalizadora. A trama é situada no fim da década de 1970, considerada o pior momento da cidade de Nova York pela violência, pela sujeira acumulada, pelas pichações e pelo consumo generalizado de drogas. Com o fim da Guerra do Vietnã, do sonho "paz e amor" da geração hippie, o escândalo de Watergate e a renúncia de Nixon, os jovens americanos se viram sem perspectivas político-econômicas e desprovidos de parâmetros comportamentais. O romancista entrecruza a vida de vários indivíduos bem representativos da sociedade nova-iorquina da época: um tímido adolescente judeu às voltas com o primeiro amor, com a indústria do rock pesado e a cultura punk; um jovem de família tradicional voluntariamente afastado de suas origens e entregue às drogas; o amante negro desse jovem, que é professor de literatura e pretende ser escritor; a irmã do primeiro, desajustada na alta sociedade a que pertence e infeliz em sua vida doméstica; o marido dela, empresário; uma jovem de origem italiana e outra de família vietnamita; e numerosos coadjuvantes de diversas origens. Um crime no Central Park, na virada de 1996-7, e o apagão de julho daquele ano acabam por unir os protagonistas. O final do romance, "vinte anos depois" (como o título de Dumas), reúne boa parte deles num happy end bastante convencional, como amarração do enredo e como significação. Deixa a impressão de que assistimos a apenas um mau momento, já passado, da história dos Estados Unidos. Desde o prólogo, Hallberg explicita seu sentimento: "Quem entre nós — se isso quer dizer abandonar a insanidade, o mistério, a beleza totalmente inútil de um milhão de Nova Yorks um dia possíveis — está sequer disposto a desistir da esperança?". Por essa positividade, *Cidade em chamas* é politicamente mais conservador do que os romances de Foster Wallace e Franzen.

Mercer, a personagem-escritor do romance, parece ser o portador do projeto literário de Hallberg e das dúvidas com relação a ele. "Na sua cabeça, o livro não parava de crescer em termos de expansão e complexidade, quase como se tivesse assumido a tarefa de suplantar a vida real, em vez de evocá-la. Mas como era possível que um livro fosse do tamanho da vida?" E, finalmente, de seu relativo otimismo:

> Existe a crítica dos fundamentos dessas instituições — justiça, democracia, amor —, mas existe também o fato de que ninguém parece capaz de viver sem essas coisas. Assim, eu quis explorar de novo a ideia de que o romance poderia, sabe, nos ensinar alguma coisa. Sobre tudo.[7]

A recepção crítica tem sido menos elogiosa do que a dos romances de Foster Wallace e de Franzen. "Demasiadamente longo, demasiadamente ambicioso", têm sido os comentários mais comuns. De fato, a partir de certo ponto a narrativa parece desnecessariamente espichada, com idas e voltas no tempo que nada acrescentam ao que já se sabia das personagens. Hallberg é um bom contador de histórias, mas seu livro está longe de ter a profundidade trágica do primeiro e a reflexividade do segundo. Mais jovem e menos culto do que ambos, Hallberg ilustra, entretanto, o fôlego e a proficiência narrativos alcançados pelos novos romancistas americanos.[8]

Apesar de suas diferenças, esses "grandes romances americanos" se caracterizam pela visão negativa da sociedade e pela crítica implícita aos valores e às consequências que eles acarretam na vida dos indivíduos. Quanto ao objetivo e às técnicas narrativas, assinalam uma volta aos padrões do romance no século XIX. Algumas das críticas negativas feitas aos romances de Littell e de Franzen incidiam justamente sobre o formato e o estilo oitocentistas.

Franzen tem, como ideal explícito, o Tolstói de *Guerra e paz*, e Hallberg tem sido visto como um novo Dickens, em cuja obra a moderna Nova York toma o lugar da antiga Londres, com suas mazelas e tipos característicos. E todos têm a ambição de Balzac: "concorrer com o registro civil",[9] retratar "cenas" da vida real. O livro II de *Cidade em chamas* se intitula, como uma das divisões de *A comédia humana*, "Cenas da vida privada".

Os narradores são oniscientes, a técnica favorita para revelar o interior das personagens é o estilo indireto livre, os diálogos são transcritos na forma tradicional, e as descrições são o pano de fundo das ações.[10] Mas algo se agregou, ao longo do século XX, a esse realismo oitocentista: a "objetividade" do jornalismo, a evidência imediata do cinema e das séries televisivas. Convém lembrar que os romanções canônicos de Balzac, Dickens e Tolstói nasceram como folhetins, isto é, séries. Alguns desses longos romances norte-americanos, como o deleitável *O pintassilgo*, de Donna Tartt,[11] com sua trama cheia de reviravoltas, parece um script pronto para se transformar em filme ou série. Na verdade, o que ocorre é uma mútua influência. O cinema e as séries televisivas, com seus cortes abruptos na ação, passando de um cenário a outro e de uma personagem a outra, liberaram a narrativa escrita da velha explicação introdutória "Enquanto isso…". Assim como os flashbacks dispensam os informes "Dois anos antes…", ou "No dia anterior…", que tendem a desaparecer também nos filmes. Leitores e espectadores estão mais treinados para entender esses cortes.[12]

O risco desses romanções americanos é serem, no conjunto, muito semelhantes, na medida em que retratam a mesma sociedade e criticam, explícita ou implicitamente, os mesmos problemas. As personagens de Hallberg, como as de Franzen, são típicas. Temos a impressão de já ter cruzado com elas em vários filmes. A opção por uma grande quantidade de personagens, tendendo ao afresco social, acaba por privá-las de traços que as individualizem e as fixem na memória dos leitores. Comparados a seus grandes modelos do século XIX, esses romances não criam figuras inesquecíveis como Rastignac, Mr. Pickwick ou Pierre Bezukhov. Talvez porque, nas sociedades contemporâneas, o indivíduo tenha se diluído na massificação da vida e da informação, tornando-se efetivamente "o homem da multidão", previsto por Poe, Baudelaire e Dostoiévski no século XIX. Londres, Paris e São Petersburgo eram então aldeias, se comparadas às megalópoles atuais, mas parece que essas aldeias permitiam o aparecimento de caracteres mais originais do que os da sociedade contemporânea.

Outro tipo de romanção que voltou a aparecer, no século XXI, em vários países, é o romance de amor. Numa única década, pelo menos seis deles foram bem recebidos pela crítica e pelo público: *Reparação*, de Ian McEwan (2001); *O passado*, de Alan Pauls (2003); *Travessuras da menina má*, de Vargas Llosa (2006); *O museu da inocência*, de Orhan Pamuk (2009); *Os enamoramentos*, de Javier Marías (2011); e *A trama do casamento*, de Jeffrey Eugenides (2011).

O amor é um dos temas mais antigos da narrativa, presente desde tempos anteriores ao gênero romance, como atestam as histórias paradigmáticas de Tristão e Isolda, Abelardo e Heloísa, Romeu e Julieta[13] e *A princesa de Clèves*, de Madame de Lafayette, novela precursora do romance moderno, no século XVII. Mas foi no século XIX que o sentimento amoroso dominou o romance, assim como a poesia. O romantismo privilegiou-o em sua temática, desde *Werther*, de Goethe, que foi imitado para além da literatura. O assunto era tão candente, no início do século, que Stendhal o examinou num ensaio, *Do amor*. O tema foi em seguida popularizado e banalizado a ponto de "romântico" se tornar, vulgarmente e até nossos dias, sinônimo de "apaixonado". Ao longo do século

XIX, o amor não foi apenas tema de folhetins e de libretos operísticos. Os maiores escritores daquele que foi o século áureo do romance narraram histórias de amor. Vinculado às questões sociais, o enredo amoroso prosperou na literatura inglesa, com Jane Austen e as irmãs Brontë, na literatura francesa com Stendhal e Balzac, na literatura russa com Turguêniev e Tolstói.

Flaubert, que na adolescência cultivava o tema em narrativas descabeladas, transforma-se finalmente no coveiro implacável das ilusões românticas. *A educação sentimental* é o réquiem do romance de amor romântico, na medida em que o sentimento fenece e falha, nas garras da história e do tempo. Em língua portuguesa, Camilo Castelo Branco representa o ápice do gênero com *Amor de perdição*. Eça de Queirós ainda retoma o tema em *Os Maias*, mas já contaminado por um cinismo realista. Entre nós, a evolução de Machado de Assis, do romance de amor romântico às "memórias póstumas" desencantadas, revela a mesma evolução do gênero.

Paralelamente, os folhetins e as "bibliotecas rosa" para moças popularizaram o gênero, que continuou sendo explorado até os nossos dias. As bancas de jornal do mundo todo exibem esses romancinhos (em geral, são curtos), destinados a um enorme público feminino. De "rosa", essas publicações se tornaram "sexy", e constituem um fenômeno sociológico e não mais literário, no sentido de grande literatura. Atualmente, há até mesmo sites que se dedicam de forma exclusiva ao gênero. Depois de constituir um rico filão do cinema e na televisão, ao longo do século XX, histórias de amor mais complexas e tematicamente inovadoras (amor homossexual, amor infantil, amor senil) continuam tendo êxito na mídia audiovisual do século XXI.

Em suas maiores realizações oitocentistas, o romance de amor tem por enredo as relações contrariadas pela sociedade, por diferenças sociais ou pelo tabu do adultério. Uma das constantes do gênero é a impossibilidade da união e a morte de um ou de ambos os protagonistas no final. Mas, como nos contos de fadas, o desenlace do romance de amor pode ser, mais raramente, o casamento. Com final trágico ou feliz, o romance de amor acabava sempre se adequando à sociedade, quer pela punição dos contraventores, quer por sua união institucional.

No século xx, o mais longo e conhecido ensaio sobre o amor foi escrito em 1939, por Denis de Rougemont: *História do amor no Ocidente*.[14] O ensaísta suíço retraça as concepções do amor desde *Tristão e Isolda*, em paralelo com a história europeia. Rougemont aponta, nas ocorrências do tema, uma luta entre Eros (o amor paixão) e Ágape (o amor cristão), o primeiro levando às desordens e à morte, e o segundo, à calma e à felicidade. As profundas transformações sociais ocorridas depois da Segunda Guerra Mundial fizeram com que o ensaio de Rougemont, muito celebrado em sua época, perdesse muito de sua pertinência.

A progressiva liberação da mulher no Ocidente, e sua consequente atuação profissional na sociedade, alteraram a concepção do amor e do casamento. Os romances em que o amor é o tema principal rarearam. Salvo raras exceções, como *O grande Gatsby*, de Fitzgerald, o romance de qualidade fez do amor romântico apenas um entre os vários temas que a sociedade e a história lhe ofereciam. Prenunciando e acompanhando a psicanálise, para a qual o amor romântico é uma ilusão do imaginário, os romancistas do século xx, desde Proust, o trataram ironicamente. Seus efeitos colaterais, como o ciúme e o desespero, perderam a nobreza da tragédia e foram rebaixados a sintomas da psicopatologia cotidiana. Do ângulo sociológico, por sua vez, a valorização do casamento na sociedade burguesa foi explicada pela necessidade de manutenção do capital familiar; daí a preferência por uma união na mesma classe social, a exigência da virgindade feminina e a proibição do adultério, principais obstáculos à união passional nos romances oitocentistas.

A liberalidade dos costumes fez com que o amor fosse identificado ao sexo, com uma franqueza anteriormente impossível, chocante e às vezes condenada até meados do século passado. As cenas eróticas se tornaram comuns no romance de amor, e cada vez mais desligadas do sentimento. De modo geral, no século xx, um romance que narrasse apenas uma história de amor era considerado "água com açúcar" e não atraía os melhores romancistas, nem os leitores mais exigentes.

Em protesto contra a marginalização social sofrida pelos apaixonados, Roland Barthes escreveu os *Fragmentos de um discurso amoroso*. O ensaísta observava que, em nosso tempo, o discurso sobre a sexualidade é mais bem-aceito do que a fala de uma pessoa apaixonada. E explicava a razão de seu livro:

> A necessidade deste livro funda-se na consideração seguinte: o discurso amoroso é hoje de uma extrema solidão. Tal discurso talvez seja falado por milhares de sujeitos (quem pode saber?), mas não é sustentado por ninguém; é completamente relegado pelas linguagens existentes, ou ignorado, ou depreciado ou zombado por elas, cortado não apenas do poder, mas também de seus mecanismos (ciência, saberes, artes). Quando um discurso é assim lançado por sua própria força na deriva do inatual, deportado para fora de toda gregariedade, nada mais lhe resta além de ser o lugar, por exíguo que seja, de uma *afirmação*.[15]

A "afirmação" de Barthes é, entretanto, nuançada pelo ceticismo contemporâneo. Apesar de sua simpatia pelo sujeito apaixonado, o ensaísta o encara sem ilusões. Informado pela psicanálise lacaniana e pela sabedoria oriental, o apaixonado moderno é por ele apresentado como vítima de um autoengano, que o coloca em situações tragicômicas. Seu livro não é uma exaltação do sujeito apaixonado, mas uma análise compassiva de sua "doença". Por outro lado, a enorme repercussão do livro comprovou que "milhares de sujeitos" partilham esse discurso.

Ora, os seis romanções do início do século XXI, referidos anteriormente, demonstram que o tema do amor ainda pode render romances de qualidade. Cada um a sua maneira, e com resultados literários variados, esses romances retomam o tema do amor-paixão. Afinal, mesmo estando fora de moda, na vida real as pessoas continuam se apaixonando, sofrendo por amor e, às vezes, sendo levadas ao assassinato ou ao suicídio. As questões que então se colocam são as seguintes: Em que medida os escritores de ficção podem continuar a fazer do amor o tema central de um romance? Comparado aos do século XIX, que mudanças comportamentais e emocionais o romance de amor contemporâneo registra? Qual é a posição do narrador com relação ao que narra? São essas as questões que tentaremos esclarecer, examinando esses romanções de amor do século XXI.

Ainda no século XX, *A insustentável leveza do ser*,[16] de Kundera, é o melhor retrato das dificuldades do amor no final de um século de convulsões históricas e de perda de referentes religiosos ou morais. O sucesso internacional desse livro se deveu ao fato de os leitores da época se identificarem com suas personagens, dilaceradas entre a "leveza" da liberdade sexual e o "peso" do comprometimento emocional, ético e político. Publicado no mesmo ano que o romance de Kundera, 1985, *O amor nos tempos do cólera*,[17] de García Márquez, retomou o tema do amor romântico. Mas a trama desse romance se situa em tempos passados, numa sociedade arcaica.

Vejamos, um a um, os romanções de amor deste início de século. *Reparação*, do inglês Ian McEwan,[18] será possivelmente lembrado, no futuro, como o primeiro grande (nos dois sentidos do termo) romance do século XXI. À primeira vista, a obra parece ser uma retomada da tradição novelística inglesa abandonada desde a segunda metade do século xx: uma história de família que se inicia idílica, em 1935, numa mansão antiga habitada por uma elite festiva e por crianças inocentes, que evolui e se complica com o passar do tempo. Embora desenhe um vasto painel histórico e sociológico da Inglaterra ao longo de seis décadas, a intriga do romance tem por eixo a história do amor contrariado de Cecilia e Robbie, acompanhada, em paralelo, pelo amor imaturo e desastrado da menina Briony, que acaba por separar os amantes. Robbie morre no fim da guerra, sem reencontrar Cecilia. A culpa que Briony carregará por esse desastre só poderá ser expiada numa obra de ficção, com um desenlace mais feliz. O romance surpreende e emociona, no fim, como um ato de fé na força libertadora da ficção.

Como nas intrigas tradicionais dos romances de amor, a separação dos amantes tem uma razão social (Cecilia é uma herdeira, Robbie é filho de uma empregada), uma razão moral (os tabus sexuais de uma sociedade hipócrita) e uma razão histórica (a eclosão da Segunda Guerra Mundial). Na narrativa, McEwan deixa todas essas razões em suspenso, numa ambiguidade de juízo típica dos tempos atuais, mas, como todo grande romance moderno, este é permeado de reflexões éticas e estéticas que o elevam a um patamar superior ao da mera narratividade. A revelação final de que a narradora é a menina, agora velha e escritora, pode parecer um truque "pós-moderno", porém a maneira como essa revelação se faz, amarrando as partes anteriormente descosidas da intriga numa estrutura sólida, não é uma brincadeira gratuita com o leitor, mas o obriga a repensar tudo o que foi narrado. *Reparação* é um romance que exige releitura, e isso é característica das melhores obras do gênero, em qualquer época.

O passado, de Alan Pauls, é um romance de amor infeliz. Depois de doze anos em que representaram, para eles mesmos e para os outros, o "casal perfeito", Rímini e Sofía se separam. Rímini quer viver uma nova vida, mas Sofía se obstina em retê-lo preso ao passado, numa perseguição epistolar, telefônica ou presencial que, pouco a pouco, se torna um pesadelo para ele e uma trama de horror para o leitor do romance.

Na época de sua publicação, alguns críticos consideraram o romance defeituoso, por incluir episódios inverossímeis e dispensáveis. Na verdade, se bem observarmos esses episódios, veremos que eles têm uma profunda conexão com os temas centrais do amor e da memória, tais como eles são vividos em nossa época. Rímini é tradutor de línguas estrangeiras, ofício típico do mundo globalizado. Quando sua vida sentimental se complica, ele acaba por perder a memória das línguas e seu ofício.

Sofía, presa a uma concepção romântica do amor, é imutável e repetitiva, como os doentes de transtornos obsessivos. Não por acaso, ela cria um clube feminino sob a égide de Adèle H., a filha ultrarromântica de Victor Hugo que enlouqueceu de amor. Vera, a segunda companheira de Rímini, também é uma romântica, e morre tragicamente. A narrativa é centrada em Rímini. Suas desventuras compõem um romance de (de)formação, uma (des)educação sentimental. A memória tem a função de estruturar o indivíduo, mas o excesso de memória o imobiliza. A originalidade desse romance reside no fato de que ele não é uma busca de recuperação do tempo passado, mas, pelo contrário, uma busca de esquecimento do tempo passado. Um "anti-Proust", nesse sentido. De qualquer maneira, narrar é estruturar lembranças, e Rímini tenta estruturá-las.

O amor, nesse romance, é uma espécie de doença, que leva seu protagonista à decadência física e moral. O pintor fictício Riltse, representante da *sick art*, é o preferido dos amantes. Nenhum dos protagonistas morre no fim da história. Mas a ausência de solução trágica é, à sua maneira, aterradora. A volta final de Rímini a Sofía é a rendição melancólica do sujeito contemporâneo à falta de saídas com que se vê confrontado: "Nenhuma mudança. Continuavam dessangrando-se".[19] A força reflexiva do romance de Pauls se perde, se nos fixarmos apenas em sua intriga mirabolante. Sua importância literária se deve à reflexão sobre a memória, sobre a condição do homem contemporâneo com relação às mulheres, e à agilidade de seu estilo tragicômico. O confuso Rímini é um perfeito representante de sua época.

Travessuras da menina má, de Vargas Llosa,[20] é o primeiro grande romance de amor do escritor ao cabo de uma obra vasta e reconhecida.[21] Começa por uma diferença social: é um rapaz da classe média peruana que se apaixona por uma menina de baixa extração. O sonho desse rapaz, "ir para Paris e lá viver para sempre", é um sonho típico dos latino-americanos do século XIX e início do século XX. Por sua vez, a liberdade de movimento e de comportamento sexual da *niña* não pode ser vista como um traço feminista moderno, porque o que ela busca não é a autonomia e a realização pessoal, mas tão somente a ascensão social e o dinheiro, como qualquer *cocotte* antiga ou periguete moderna.

Mais do que um romance de amor, *Travessuras da menina má* é um romance de aventuras existenciais, rememoradas melancolicamente por seu protagonista, cujas viagens coincidem aproximadamente com as do autor. Este também está visivelmente presente, nas entrelinhas, por suas posições políticas: o anticomunista Vargas Llosa se vinga de Cuba fazendo da *niña* uma falsa revolucionária, e demonstra seu pouco apreço por qualquer coisa que se pareça com uma revolução: o movimento hippie em Londres, Maio de 68 em Paris. A moral de seu romance é maniqueísta: o menino bom, a menina má. Esta, inclusive, é punida no fim por uma doença venérea e morre mais ou menos arrependida.

O museu da inocência, de Orhan Pamuk,[22] é um legítimo romance de amor, na medida em que seu tema é o sentimento de seu herói, desde seu despertar até a morte de sua amada e, para além desta, a fixação e a celebração desse sentimento na criação de um museu. A história se passa em Istambul, nos anos 1970. Kemal, homem de trinta anos, pertencente à classe alta, está para casar-se com Sibel, a mulher perfeita para ele, segundo seus próximos, quando começa uma aventura com Füsun, uma parenta pobre de dezoito anos. Essa relação que, de início, é apenas sexual torna-se pouco a pouco uma paixão obsessiva que transtorna toda a existência de Kemal. Depois de um breve desaparecimento de Füsun, Kemal a reencontra casada e passa a visitá-la diariamente, apenas para revê-la em família. Essa relação platônica dura oito anos, durante os quais Kemal recolhe religiosamente objetos tocados por Füsun, desde um brinco até as bitucas de seus cigarros, acumulando-os no apartamento em que antigamente os amantes se encontravam. Füsun acaba morrendo num acidente, e Kemal pede a um escritor (Pamuk) que conte sua história.

A história interessa para além de seus aspectos sociológicos e seu exotismo. O estilo de Pamuk é clássico, lento, mas tem uma intensa sensualidade na descrição de paisagens, objetos, cores e odores, o que dá a seu texto uma qualidade poética que é intemporal. Os leitores que buscam acontecimentos e peripécias não os encontrarão nesse romance, destinado mais aos leitores sensíveis à poesia do que aos amantes de aventuras. É um romance de "clima", na medida em que vai envolvendo o leitor na obsessão do protagonista. Os oito anos de visitas repetitivas e angustiantes à casa de Füsun, minuciosamente narradas, exigem horas e horas de leitura, de modo que o leitor sente "temporalmente" a longa agonia de Kemal. A criação desse clima é o grande feito de Pamuk.

Os enamoramentos, do espanhol Javier Marías, foi saudado pela crítica como um dos melhores romances deste começo de século, e foi também um best-seller. A intriga é sucinta: María, a narradora, é uma mulher de trinta e poucos anos que trabalha numa editora. Todos os dias, ela toma café num bar próximo a seu trabalho, onde vê um casal que tem o mesmo hábito. Pouco depois, fica sabendo do brutal assassinato do homem, Miguel Desvern. Aproxima-se então da viúva, Luisa, na casa de quem é apresentada a Javier Díaz-Varela, amigo do falecido. Começa então um namoro com Javier. A situação que se estabelece é semelhante àquela do conhecido poema de Drummond: María ama Javier, que ama Luisa, que amava Miguel, que morreu. Durante um encontro amoroso com Javier, na casa deste, ouve uma conversa reveladora: Javier mandou matar Miguel. Está armada a intriga e está também armada, pelo escritor, uma rede de incertezas: Javier mandou matar Miguel porque queria ficar com Luisa, ou porque o amigo, vítima de uma doença fatal, lhe pediu que o fizesse? María contará o que sabe a Luisa, para que Javier não fique com ela? Ou não dirá nada, e os dois acabarão juntos? Javier mandará matar María para calá-la? Essa intriga policial é enganadora, porque o importante, no romance, não é a intriga, mas as reflexões filosóficas que ela suscita. O que vale, no texto de Marías, são as digressões: os pensamentos da narradora, os pensamentos de outras personagens, expressos nos longos diálogos.

A primeira questão é a do enamoramento, que não é o amor, mas um processo e um estado existenciais: "Convém distinguir entre ambos; embora se confundam, não são a mesma coisa". O enamoramento é "sentir um fraco por alguém, verdadeiro fraco por alguém, e que alguém produza em nós essa fraqueza, que nos torne fracos". O enamoramento é uma "verdadeira maldição [...] você se sente dirigida, obediente, é quase uma humilhação".

Os enamoramentos remete, em vários aspectos, à atividade literária: como leitora numa editora, María convive com vários tipos de escritores, geralmente pessoas detestáveis; as referências literárias são constantes e se cruzam com os fatos narrados; o próprio gênero da obra é sujeito a reflexões das personagens. María é uma mulher liberada, experiente, mas derrotada e carente, pois só tem relações passageiras e insatisfatórias. Ela se enamora, primeiramente, de um "casal perfeito", que parece demonstrar que o amor pode existir e durar dentro de um casamento. Não é Miguel, nem Luisa, o objeto de seu enamoramento, mas os dois juntos. Ao perceber que Javier ama a viúva, ela se enamora dele. E ao saber que ele encomendou o assassinato de Miguel, ela se desenamora. Em suas reflexões, a narradora examina minuciosamente esses estados emocionais, mas a consciência não a torna mais apta a viver um amor. Porque ela é "a Jovem Prudente", a amiga discreta e compreensiva, a pessoa mais fraca dentre todas as que participam da trama.

A segunda questão levantada pelo romance é a da morte, de suas razões e datas. Todos nós morremos, por que então é importante saber como e quando? Javier evoca a fala de Macbeth, quando lhe comunicam que a rainha morreu: *She should have died hereafter* [Ela deveria ter morrido a partir de agora, ou mais tarde]". E comenta: "E qual seria o instante escolhido? Nunca parece ser o momento justo". Queremos que as pessoas amadas vivam para sempre, mas nos esquecemos de que

> O que dura se estropia e acaba apodrecendo, nos aborrece, se volta contra nós, nos satura, nos cansa [...]. As únicas que não nos falham nem nos decepcionam [...] são as que desaparecem contra

nossa vontade, abruptamente, e assim carecem de tempo para nos dar desgostos ou nos decepcionar.[23]

Bom leitor, Díaz-Varela revela a María a personagem de Balzac coronel Chabert, que, tendo sido dado como morto numa batalha, acaba voltando e perturbando a nova situação em que se encontra sua viúva. A partir desse momento, a novela de Balzac é recorrentemente lembrada por María, até o fim do romance: os mortos podem voltar? Ou: os mortos *devem* voltar? A volta dos mortos depende da memória dos vivos, então a melhor pergunta não seria: é melhor esquecer os mortos?

Mais uma obra de ficção é lembrada, agora por María, depois de saber que a morte de Miguel foi ordenada por Javier: *Os três mosqueteiros*, de Dumas. Athos confessa que enforcou a pérfida Milady; mas esta não morre, e depois de outros crimes é condenada à morte pelos mosqueteiros. Como Chabert, Milady volta; diferentemente de Chabert, inocente, ela é culpada. Mas que diferença fazem os crimes do mundo? Muitos ficam ignorados e não são punidos. O romance termina com o silêncio de María e a impunidade de Javier, que finalmente alcança seu objetivo de casar-se com Luisa. Como romance policial, este não agradará a nenhum amante do gênero, pois não há nada a descobrir em termos fatuais. É um romance para quem aceita pensar e, por isso, enfrenta as incertezas típicas de nossa época.

A trama do casamento,[24] do norte-americano Jeffrey Eugenides, dialoga explicitamente com a tradição dos romances de amor em língua inglesa, o que é indicado desde o título pelo uso da palavra "trama" (*plot*). O romance narra as histórias entrelaçadas de um trio de graduados da Universidade Brown, dos anos 1980 em diante: Madeleine, Mitchell e Leonard. O trio constitui um triângulo amoroso: Mitchell é apaixonado por Madeleine, que o tem apenas como amigo e que se apaixona por Leonard. Mitchell, de origem grega como Eugenides, é discreto, tímido e espiritualizado. Madeleine é uma típica americana, loura, de família protestante, bem-educada e insegura. Leonard é um biólogo bem-apessoado, oriundo de uma família problemática. Madeleine se casa com Leonard, que sofre de grave depressão. Mitchell parte com um amigo para a Índia, em busca de iluminação, e trabalha algum tempo com os auxiliares de madre Teresa de Calcutá. Depois de sucessivas crises de Leonard, Madeleine se separa dele e reencontra Mitchell, de volta a Nova York. Madeleine se casará, finalmente, com Mitchell? A resposta a essa pergunta, típica de grandes romances de amor do século XIX e de milhares de romancinhos água com açúcar posteriores, fica em suspense, no fim do livro.

Os romances de amor aqui enfocados demonstram a vasta gama de procedimentos que chamaremos, para simplificar, de metaliterários. Nas obras particulares, determinadas relações se estabelecem entre o "texto B" (o texto daquela obra particular) e um ou vários "textos A" (os textos anteriores que o "texto B" evoca), de modos que podem ser explícitos ou implícitos: citação, referência, alusão, paródia, pastiche, intertexto (reescritura sem aspas).

Reparação, de McEwan, embora sem referências explícitas a obras literárias anteriores, pode ser lido como uma celebração da literatura. A reescritura da história pela velha escritora, dando à intriga um final menos infeliz, confere à criação literária um poder de reparação dos erros e acasos de que é feita a "vida real", à qual a ficção pode dar forma e significação. Várias ambiguidades subsistem na trama, para serem resolvidas pelo leitor. Até que ponto Briony é culpada da infelicidade dos amantes? Teriam estes sido felizes se a menina não tivesse denunciado Robbie? Forças maiores do que seu erro, como as convenções sociais, o poder venal da elite britânica e, principalmente, a guerra, agem contra o final feliz, que só a ficção pode oferecer.

Em *O passado*, de Alan Pauls, as referências explícitas são mais plásticas e cinematográficas do que literárias. Esse tipo de referência, característica da cultura visual e pop da modernidade tardia, exige um alargamento da noção de intertexto para a de *intersemiose* (cruzamento de vários sistemas sígnicos). Não há propriamente intertexto, no livro de Pauls, sob forma de citação ou enxerto textual. Somente nas cartas de Sofía há algumas breves referências literárias. Na primeira longa carta, Sofía fala do livro *Ada*, surrupiado a Rímini, e faz uma citação dele. Não fica claro, para o leitor, de que obra ela está falando. Talvez uma das várias biografias de Ada, filha de Byron. Numa carta bem posterior, Sofía escreve: "Agora você é Dorian Gray, e eu, o retrato".[25] A referência mais importante do livro não é textual, mas histórico-biográfica: Adèle Hugo, a filha de Victor Hugo popularizada pelo filme de Truffaut *A história de Adèle H.* (1975). A *intersemiose* se efetua na foto da atriz Isabelle Adjani, incluída no romance. O nome do herói da obra, Rímini, pode também ser uma alusão cinematográfica: Rímini é a cidade em que nasceu Federico Fellini.

Entretanto, a memória propriamente literária do autor, que foi também professor e crítico de literatura, está presente de modo implícito e tutelar. Na quarta capa da edição brasileira, Reinaldo Moraes qualifica argutamente a prosa do autor como "uma operação ao mesmo tempo rigorosa e lúdica, que lembra um Proust que tivesse lido Cortázar". De fato, um escritor argentino de nosso tempo não poderia escrever um romance sobre a memória e o amor sem que, nele, houvesse ecos de Proust, pela temática, e de Cortázar, pela armação lúdica da narrativa. Sua relação com *Em busca do tempo perdido* é de oposição, como já observamos, já que seu romance é uma frustrada busca de esquecimento. Por sua vez, a relação com Cortázar é implícita, na construção habilidosa de um emaranhado de pessoas e de situações características de uma nova época da sociedade argentina, meio século após *O jogo da amarelinha* (1963).

O museu da inocência, de Pamuk, também não é intertextual, no sentido literário da palavra. É intercultural, na medida em que mostra a sociedade turca pós-Atatürk, ansiosa por se igualar, em seus comportamentos, aos países ocidentais, lutando entretanto com os descompassos dessa modernização e a persistência de costumes do Império Otomano. Isso é exposto no capítulo 15, intitulado "Algumas verdades antropológicas impalatáveis". Há, no romance, algumas alusões literárias que mostram, justamente, a falsidade da ocidentalização da Turquia. A marca da bolsa que motiva o encontro dos protagonistas é "Jenny Colon", nome da amada de Nerval. Mas quando essa bolsa é oferecida por Kemal à noiva, esta observa que é uma falsificação, muito inferior à legítima bolsa Jenny Colon que ela comprou em Paris, assim como o perfume chamado, baudelairianamente, de "Spleen". Depois da morte de Füsun, Kemal busca consolo na leitura de Proust e Montaigne.

Mas se alguma intertextualidade existe no romance de Pamuk, é com sua própria obra de romancista: uma intratextualidade. O próprio escritor aparece como personagem da trama, presente na festa de noivado de Kemal e Sibel, e depois como encarregado de escrever a história. Nas últimas vinte páginas do livro, o escritor se apresenta diretamente ao leitor, explicando como resolveu escrever a história de Kemal e Füsun na primeira pessoa, e como entrevistou os sobreviventes da trama, os quais, por sua vez, fazem referência a livros anteriores de Pamuk. A distinção entre a personagem-narrador e o escritor não é, entretanto, claramente efetuada, pois a ideia do museu real é exposta por Kemal, e o leitor sabe que quem criou efetivamente esse museu foi Pamuk. A realidade entra na ficção sob a forma gráfica de um bilhete de entrada para o museu, e de um mapa de Istambul para orientar os visitantes. Mais do que uma referência, trata-se aqui de uma *presença* do mundo no texto: "procedimento de colagem de fragmentos de real não transformados (prospectos, artigos de jornal, desenhos)".

Mais propriamente intertextuais são *Os enamoramentos*, de Javier Marías, e *A trama do casamento*, de Jeffrey Eugenides. Esses são romances em que as referências a obras canônicas anteriores são explícitas, comentadas, e têm um papel fundamental no comportamento das personagens e na significação do texto. A primeira edição brasileira de *Os enamoramentos* trazia, como brinde, a novela *O coronel Chabert*, de Balzac, o que nos leva a algumas reflexões. Seria necessário que o leitor do romance de Marías conhecesse, dessa novela, mais do que o que dela é dito por suas personagens? Se levada a extremo essa iniciativa, seria também necessário fornecer aos leitores o texto inteiro de *Macbeth* e *Os três mosqueteiros*, o que é materialmente inviável pela extensão da última obra. Se essa prática de anexos se generalizasse, que extensão teriam as publicações dos romances de um Vila-Matas, por exemplo, que incluem um número ainda maior de referências literárias? E, indo ainda mais longe no passado: *Dom Quixote* teria de ter, como anexo, um romance de cavalaria, e *Madame Bovary*, o próprio *Dom Quixote*?

Na verdade, a intertextualidade conta com a memória literária do leitor, com aquela "biblioteca" que o escritor supõe conhecida. Essa biblioteca pessoal (do autor, do leitor) independe da história literária. Como diz Tiphaine Samoyault:

> A intertextualidade não data; ela não dispõe o passado da literatura segundo a ordem sucessiva de uma história, mas sim como uma memória. Essa reatualização memorial corresponde bem àquilo de que trata a estética da recepção sob a noção de "fusão de horizontes": na leitura, o tempo muda de natureza e se torna, por assim

dizer, trans-histórico [...]. A intertextualidade aparece, assim, como o jogo complexo e recíproco de duas atividades que constituem o espaço literário, a escrita e a leitura, pelas quais uma não cessa de se lembrar da outra.[26]

Portanto, o que interessa é como se dá a intertextualidade em cada nova obra, e em que medida esse procedimento contribui para a significação. Em *Os enamoramentos*, as obras evocadas não têm, em princípio, nada em comum: uma tragédia do século XVII, uma narrativa séria e uma novela de aventuras, ambas do começo do século XIX. Elas não são evocadas em função de seu gênero ou de suas qualidades literárias específicas, mas em função de uma justificativa, encontrada por Javier, para seus atos.

A história do coronel Chabert é evocada em função do tema: a volta de um morto, perturbando a existência dos vivos. Chabert é lembrado por Javier para justificar o assassinato do amigo e o ocultamento desse crime. Não interessam a ele os aspectos históricos e sociais da novela (a situação de um soldado de Napoleão depois da queda do imperador), nem a inserção da mesma no grande projeto de *A comédia humana*. Seu longo discurso sobre a novela balzaquiana só tem função na intriga do romance e na caracterização psicológica da personagem. Diz Javier: "É um romance de Balzac que me dá razão com respeito a Luisa, com respeito ao que acontecerá daqui a um tempo". E o que acontecerá, segundo ele? Luisa esquecerá o marido morto, como a viúva de Chabert o esqueceu. "Os mortos devem permanecer em seu lugar e nada deve ser retificado", é o que deseja Javier.

Além disso, há citações da novela, e a citação é a modalidade mais forte de um intertexto. Depois de resumir e comentar o livro de Balzac, Javier cita a longa conclusão de outra personagem, o advogado Derville, que fala dos "horrores do mundo", "dos crimes contra os quais a Justiça é impotente". Sua interpretação do comentário de Derville é autojustificativa: como diz Derville, esses crimes ocorreram e ocorrem em todos os tempos e em todas as sociedades. María, que ainda não sabe do crime de Javier, mas é arguta, assim interpreta o interesse dele pela novela:

> Me intrigava saber por que Díaz-Varela tinha se interessado e se detido tanto nela [...] por que a utilizava como demonstração de que os mortos estão bem como tais e nunca devem voltar [...]. É como se temesse que no caso do amigo essa ressurreição fosse possível e quisesse me convencer do erro que significaria, de sua inoportunidade, e até do mal que esse regresso faria aos vivos e também ao defunto [...]. Era como se quisesse verificar numa novela — não numa crônica, nem em anais, nem num livro de história —, persuadir-me através dela de que a humanidade era assim por natureza.

O resultado dessa reflexão de María é: "Comecei, não a desconfiar, mas a me indagar". Só muito mais tarde, depois de ter lido a novela, e de ter descoberto o papel de Javier no assassinato do amigo, ela vê a semelhança entre ele e a personagem balzaquiana, pelos problemas em que o amor o meteu: "Era Díaz-Varela que eu via agora como Chabert".

A intertextualidade em *Os enamoramentos* é, portanto, muito sofisticada, tem vários níveis: o resumo da leitura da novela de Balzac, a leitura da novela por Javier, a leitura da leitura de Javier por María. E tudo leva a considerações sobre a relação dos romances com a vida real. Diz Javier:

> O que aconteceu é o de menos. É um romance, e o que acontece neles não tem importância, a gente esquece, uma vez terminados. O interessante são as possibilidades e ideias que nos inoculam e trazem através de seus casos imaginários, nós os guardamos com

maior nitidez do que os acontecimentos reais e os levamos mais a sério.

A ficção tem a faculdade de nos mostrar o que não conhecemos e o que não acontece.

É o autor falando pela boca da personagem? Não o sabemos, mas essa reflexão parece uma autodefinição do romancista Javier Marías. Será indiferente que a personagem tenha o mesmo prenome do escritor, e que seu sobrenome seja quase igual ao nome da personagem-narradora? A narradora do romance é María, mas o uso do estilo indireto simples em suas longas reflexões, assim como as digressões contidas nas falas, também longas, de Javier, nos faz suspeitar de uma voz "filosófica" usando as personagens como porta-vozes.

De qualquer forma, seu romance confirma a teoria enunciada por Javier. *Os enamoramentos* é, sem dúvida, mais importante "pelas possibilidades e ideias que nos inocula" do que pela intriga, cuja "verdade" fica suspensa entre as duas versões do crime fornecidas pela personagem: "Tudo se transforma em relato, e acaba pairando na mesma esfera, e mal se diferencia então o acontecido do inventado. Tudo acaba sendo narrativo e portanto soando igual, fictício mesmo que seja verdade". O romance tem, portanto, além da dimensão ficcional, uma dimensão de crítica literária (a interpretação da novela) e de teoria literária (considerações sobre o gênero romanesco). Daí sua riqueza. É um romance policial sem solução, um romance filosófico.

O final do romance é cético quanto à "natureza" do homem, sua capacidade de se enamorar e de cometer crimes. Javier acaba por conseguir o que queria: casar-se com a viúva do amigo. E o enamoramento de María por ele "passará, já está passando". Afinal, o enamoramento é um engano consentido: "Há quem pense que o enamoramento é uma invenção moderna saída dos romances. Seja como for, já temos a invenção, a palavra e a capacidade para o sentimento".[27]

O romance de Eugenides, *A trama do casamento*, começa com essa mesma ideia. E esse é um romance totalmente "livresco". O primeiro parágrafo da obra já o indica:

> Para começar, olha quanto livro. Lá estavam seus romances de Edith Wharton, organizados não por título mas por data de publicação; lá estava o conjunto completo de Henry James da Modern Library, presente do pai dela no seu aniversário de vinte e cinco anos; lá estavam os de capa mole e com orelhas de burro, que ela teve de ler em disciplinas da faculdade, um monte de Dickens, uma pitada de Trollope, além de boas doses de Austen, George Eliot, e das temíveis irmãs Brontë [...].

A personagem Madeleine nos é apresentada a partir de suas leituras. Por sua característica livresca, sua intertextualidade declarada com obras literárias canônicas, o romance de Eugenides é talvez o melhor exemplo, dentre os aqui referidos, dessa tendência da ficção atual, e dos riscos do exagero dessa tendência: submeter a intriga a modelo, seja para o imitar, seja para o contestar.

O principal modelo é o romance inglês do início do século XIX, em especial Jane Austen, sobre a qual Madeleine escreve um trabalho. Os romances de amor daquela época tinham sempre heroínas que se destinavam ao casamento, e as tramas se desenvolviam a partir desse objetivo, complicado, quase sempre, pela diferença social entre os parceiros e pelas convenções morais. O romance de Eugenides contraria o modelo em vários aspectos. Diferentemente do que era comum nos romances ingleses do século XIX, Madeleine pertence a uma classe social mais elevada do que a de seus dois pretendentes. Ao sair da universidade, ela pode escolher entre o casamento e uma profissão. Tem uma vida sexual livre na prática, mas mal resolvida psicologicamente. O casamento por amor ainda é um ideal. Em vez de ocorrer no fim, como nos romances oitocentistas, seu casamento com Leonard ocorre no meio da trama, e é infeliz. No fim do livro, quando se separa do marido errado, ela pode se casar com o pretendente certo, Mitchell.

O objetivo de Eugenides, ao narrar essa história, consiste em responder à pergunta: Uma história de amor como as de Jane Austen pode ser vivida no fim do século XX, e reescrita no século XXI? A resposta parece ser "não". Na última página do livro, Mitchell pergunta a Madeleine:

> Pelos livros que você leu pra sua monografia e pro seu artigo — Austen, James e tudo o mais — tinha algum romance em que a heroína se casa com o cara errado e aí se dá conta, e aí o outro pretendente aparece, um cara que sempre foi apaixonado por ela, e aí eles ficam juntos, mas no fim o segundo pretendente percebe que a última coisa que a mulher vai precisar é casar de novo, que ela tem mais o que fazer da vida? E aí acaba que o cara nem pede ela em casamento, apesar de ainda ser louco por ela? Tem algum livro que termine assim?

O que o livro todo demonstra é que esse enfoque do amor culminando com o casamento é completamente anacrônico e, como tal, pouco interessante para o leitor atual. As mulheres contemporâneas têm outras opções além do casamento: "ela tem mais o que fazer da vida". Como trama, o romance de Eugenides não empolga. As personagens, típicas de uma fatia da sociedade americana do século XX, também não chegam a interessar muito. Madeleine é descolorida, e seu interesse pela literatura vitoriana é circunstancial: "Vista dessa forma [do ângulo feminista], a literatura dos séculos XVIII e XIX, especialmente a escrita por mulheres, era tudo menos velha e sem graça"; "Dessa maneira, Madeleine tentava virar vitoriana. Ela esperava estar com o ensaio condensado reescrito em dezembro, a tempo de incluí-lo como amostra de sua produção nos formulários de inscrição para a pós-graduação".[28] Mitchell é o bonzinho, o hippie anacrônico que vai para a Índia mais pela desilusão amorosa causada pelo casamento de Madeleine com outro do que em busca de uma resposta espiritual. Leonard, inspirado no escritor David Foster Wallace, que foi amigo de Eugenides, é menos interessante do que seu modelo real, por ser retratado apenas exteriormente.

O interesse do romance, afinal, é principalmente documental. Eugenides descreve um grupo social específico, o dos estudantes literários americanos às voltas com a *French Theory* (Barthes, Derrida etc.), em alta naquele momento. Pessoalmente, esses acadêmicos são mal resolvidos sexualmente, em razão de um puritanismo encruado; sentem-se desafiados pelo feminismo e pela falta de respostas religiosas; estão enredados nas drogas e são vítimas do mal do século, a depressão. Quanto à *French Theory*, passados trinta anos da época em que se situa o romance (década de 1980), já poucos leitores se interessam por aquilo que foi, nos Estados Unidos, apenas uma moda universitária que não afetou a sociedade americana como um todo. Se o romance fosse francamente paródico, o que não é, poderia ser mais consistente, em termos literários.

Esses romances retratam o amor no século XXI? Em que medida a concepção do amor, por esses romancistas contemporâneos, se encaixa nas condições históricas e ideológicas de nosso tempo?

Reparação parece, à primeira vista, um romance tradicional. O próprio estilo de McEwan, que em livros anteriores era mais arrojado, parece mais convencional. Mas *Reparação* nada tem de passadista ou de tradicional. O desenrolar da trama e as reflexões das personagens estão impregnados de toda a experiência trágica do século xx, de modo que essa história só poderia ser contada na conclusão daquele século, quando sua narradora, já idosa, se desvenda no final do livro. O remorso que ela carrega é, de certa maneira, o de todos os homens de um século em que ninguém pôde se considerar inocente. Antes de se tornar romancista, Briony purga sua culpa como enfermeira de guerra.

O passado não poderia ter sido escrito em época anterior, porque seu enredo e suas personagens evidenciam a fratura do sujeito contemporâneo entre a concepção do "amor eterno" e a experiência de um tempo fragmentado, desconjuntado e aleatório. Suas experiências com drogas, que interferem em sua vivência do amor e seus problemas de memória, são igualmente típicas de nosso tempo. A cena em que Rímini inala cocaína, sobre o vidro partido do porta-retratos com a foto de Sofía, é emblemática como uma dupla perda do sujeito consciente. Certos episódios, como o da amante envelhecida e esportiva, sugerem outros problemas contemporâneos: a fixação no corpo que pretende deter a passagem do tempo, anulando a memória e simulando o amor numa atividade sexual compulsiva. O romance de Alan Pauls é uma história sem saída, num mundo indeciso entre a memória paralisante e a invenção de uma nova maneira de viver e amar.

Segundo declarações de Vargas Llosa, em *Travessuras da menina má* ele desejava escrever um romance de amor "fora de toda a ideologia romântica do século xix". De fato, por sua trama internacional que inclui várias metrópoles em momentos-chave da política e da revolução dos costumes do século xx, o romance não poderia ser situado em outro século. Entretanto, por ser uma narrativa linear de aventuras picarescas e pelo tipo de personagem feminina que as protagoniza, ele não é assim tão novo. A *chilenita* aventureira e ambiciosa que o narrador apaixonado persegue obsessivamente é semelhante a Moll Flanders, de Defoe, anterior ao romantismo. Por outro lado, a "mulher fatal" que faz sofrer seu amante, subjugando-o até levá-lo à desgraça, é um arquétipo literário. No século XIX, ela se tornou um tipo característico, como Carmen, de Mérimée, "La Belle Dame sans merci", de Keats, e tantas outras *niñas malas*. Afora os contextos variados da ação (Lima, Paris, Londres, Tóquio, Madri), o amor descrito por Vargas Llosa não é moderno, nem muito original. Não encontraremos, nesse romance, dados que evidenciem uma nova forma de viver o amor em nossos tempos. Resta-nos reconhecer que Vargas Llosa é um narrador habilidoso. Graças a um estilo fluente, que não evita os lugares-comuns, ele prende a atenção do leitor, administrando bem os suspenses e as surpresas.

Se compararmos a trama de *O museu da inocência* com as dos romances anteriormente citados, situados na mesma época em países ocidentais, ela é arcaica. Temos aí vários elementos tradicionais da história de amor: a diferença social que separa os amantes; a valorização da virgindade; o tabu do adultério; a ignorância a respeito dos sentimentos da amada, fugidia e enigmática; a "loucura" progressiva do apaixonado. O próprio escritor, em entrevista,[29] disse que seu romance se "parece com, e é para ser lido como um romance clássico do século XIX". Isso se deve ao arcaísmo da sociedade turca com relação à Europa, que ela pretendia imitar sem sucesso. Na mesma entrevista, Pamuk explicou: "Meu personagem representa toda a humanidade, mas não representa toda a humanidade porque é um homem turco de classe alta vivendo em Istambul nos anos 1970. Ele é restrito por sua história cultural".

Entretanto, a história é escrita por um romancista cosmopolita do século XXI, e tem características literárias deste século. A fusão entre o imaginário e a realidade, no fato de Pamuk ter criado um Museu da Inocência real em Istambul, com objetos cotidianos da época da história de Kemal e Füsun, é uma iniciativa típica de nosso tempo. O turismo cultural tem incentivado a ampliação e a criação de museus de toda espécie, motivados talvez por uma sensação geral de perda de referências e por uma nostalgia de tempos menos agitados do que o nosso. O museu de Pamuk tem a ver com um ramo da historiografia que surgiu e se desenvolveu no século XX, a história da cultura material. Conscientemente ou não, as razões alegadas pelo escritor para reunir objetos cotidianos considerados de pouco valor, ou mesmo kitsch, são as mesmas que movem os historiadores da cultura material: registrar os usos e gostos do homem comum em determinada época. A peculiaridade do Museu da Inocência é ter por base uma ficção, e a originalidade de *O museu da inocência* é resultar num museu. A "inocência" é a dos tempos passados, nos quais o amor-paixão ainda tinha lugar.

De todos esses romances, *Os enamoramentos* é o que suscita maiores reflexões sobre nossa época. Vivemos um tempo de fragilidade sentimental, em que só o enamoramento é possível, pois o amor exigiria uma teimosia, uma paciência e uma fidelidade que não conhecemos mais. María se enamora e se desenamora; Luisa esquece o marido morto. Javier, entretanto, parece desmentir essa fragilidade do sentimento amoroso. Afinal, ele ama Luisa sem arrefecimento, e esse sentimento o leva até o crime. Mas será que esse sentimento era realmente amor, e não inveja e egoísmo? E quem nos garante que, casados no fim do romance, Javier e María tenham refeito o "casal perfeito" ideal de María, e que esse casamento durará?

Nossa época sofre também de uma fragilidade ética. É uma época de relativismos, na qual o crime também se banalizou. "Num passado ainda não remoto, quase recente", diz María, um crime causava horror e revolta, às vezes era até mesmo justificado "em nome de Deus e da justiça". Hoje, nada é tão importante, nem nos comportamentos, nem nos sentimentos.

Comparado às obras que lhe servem de referência, o romance de Javier Marías é cético. *Macbeth* não é uma história de amor, mas uma história de crimes motivados pela busca do poder. Do drama de Shakespeare, Javier só destaca a frase referente à incerteza sobre a boa hora para morrer. Em *Os três mosqueteiros*, personagens e narrador estão convencidos de que seu crime é cometido em nome de Deus e da justiça. María se esquiva de delatar Javier porque Deus e a justiça lhe parecem, atualmente, duvidosos. A história do coronel Chabert, no comentário de Derville, é um crime social para o qual concorre a história: o fim da epopeia napoleônica e a ascensão da burguesia na Restauração, tendo como seu principal valor o dinheiro. O crime de Javier fica indeciso entre as duas versões de que dispõe o leitor, e nenhuma das duas tem motivações tão grandiosas quanto as dos crimes literários evocados. Nas palavras da narradora:

> "Nossa época é estranha", pensei. "De tudo se permite falar e se ouve todo mundo, tenha feito o que tiver feito, e não só para que se defenda, mas como se o relato de suas atrocidades tivesse em si interesse." E me veio um pensamento que eu mesma estranhei: "Essa é uma fragilidade nossa essencial. Mas contrariá-la não está ao meu alcance, porque eu também pertenço a esta época, e não passo de um simples peão".[30]

O romance de Eugenides tem como epígrafe (tipo de texto que Genette classifica como *paratexto*) a máxima de La Rochefoucauld: "As pessoas jamais se apaixonariam se não tivessem ouvido falar do amor". Já no remoto século XVII, La Rochefoucauld havia percebido a força do *modelo* no enamoramento e nas expectativas dos amantes. Modelos literários arcaicos, como os que referimos no início deste capítulo, modelos românticos ainda mais fortes, que viriam depois. No século XX, os grandes modelos de amor foram fornecidos pelo cinema, que continua a propô-los no século XXI. Enquanto nos romances românticos eram as convenções sociais que levavam heróis e heroínas ao crime ou ao suicídio, nos filmes, desde *Love Story*, que teve grande sucesso em 1970, é a doença (principalmente o câncer) que separa os amantes. Outros filmes, como *Outono em Nova York* (2000), exploraram o mesmo modelo, com recepção menos calorosa. Atualmente, o filme *A culpa é das estrelas* (2014), adaptado do best-seller homônimo de John Green, tem trama semelhante e grande êxito junto aos amantes do gênero lacrimoso. A série *Crepúsculo* (2008) trouxe outro tipo de obstáculo à relação amorosa: a personagem humana que se apaixona por vampiros ou lobisomens. Esse gênero fantasioso, caro aos adolescentes atuais, nada mais é do que a retomada (com "efeitos especiais") de *A bela e a fera*, conto de fadas francês do século XVIII.

Na boa literatura do século XXI, o malogro amoroso é, de certa forma, mais trágico do que nos romances românticos e nos filmes sentimentais, porque evidencia a falência de todos os modelos, a descrença generalizada na autenticidade e na duração do sentimento amoroso. O desenlace tradicional do romance de amor era a união dos amantes ou a morte. Dos romances que examinamos, o de Vargas Llosa e o de Pamuk terminam com a morte da protagonista, mas elas não morrem em função do amor. Em *Reparação*, o reencontro dos amantes só acontece como uma ficção dentro da ficção. A reunião final do casal em *O passado* é a manutenção do desastre. O Amor com maiúscula tornou-se impossível na era do ceticismo generalizado.

12. A autoficção e os limites do eu[1]

O termo *autofiction* foi criado por Serge Doubrovsky em 1977, na quarta capa de seu livro *Le Fils* [O filho]. Nos anos 1980, a França foi inundada de livros cujo assunto era o próprio autor, suas experiências, pensamentos e sentimentos. Não eram diários, porque não registravam os acontecimentos dia a dia, em ordem cronológica. Não eram autobiografias, porque não narravam a vida inteira do autor, mas apenas alguns momentos desta. Não eram confissões, porque não tinham nenhum objetivo de autojustificação e nenhum caráter purgativo.

Alguns narravam a infância do escritor, eram acertos de contas com a família. Um bom exemplo desse tipo é *La Honte* [A vergonha] (1997), de Annie Ernaux, que narra um episódio de sua infância: "Meu pai quis matar minha mãe num domingo de junho, no começo da tarde". Outros chamaram a atenção por seu caráter despudorado, como *A vida sexual de Catherine M.* (2001), de Catherine Millet. Ou então eram narrativas de doenças, perdas e lutos pessoais, como *À l'Ami qui ne m'a pas sauvé la vie* [Ao amigo que não salvou minha vida] (1990), de Hervé Guibert, ou *L'Enfant éternel* [O filho eterno] (1997), de Philippe Forest.

A autoexposição em relatos mais ou menos fictícios teve tanto sucesso que os cônjuges de várias personalidades do mundo editorial, jornalístico ou televisivo trouxeram a público suas querelas domésticas, rivalizando com os tabloides sensacionalistas. Vários críticos atribuíram esse tipo de literatura ao individualismo de nossa época, adepta dos blogs e das *selfies*. Sinceras ou oportunistas, as autoficções se tornaram tão numerosas que diversos críticos apontaram a tendência *umbilical* (*nombriliste*) dessa literatura, seu caráter autocentrado e provinciano, que seria um dos sintomas da "decadência da cultura francesa" e uma das causas da perda de sua relevância internacional.

A universidade, sempre sequiosa de novos temas de pesquisa, apoderou-se logo do assunto. Em 1989, Vincent Colonna defendeu uma tese de doutorado posteriormente editada em livro: *Autofictions et autres mythomanies littéraires* (2004). Vários universitários franceses passaram a se dedicar ao gênero, produzindo textos teóricos e promovendo colóquios. Um grupo criou um site especializado: <www.autofiction.org>.

Em 2005, *Le Magazine Littéraire* lançava um debate:

> Um ensaio de Philippe Vilain acaba de relançar o debate acerca da autoficção: trata-se de um gênero literário novo, ou de um simples avatar moderno do romance autobiográfico? Sobretudo, que valor estético devemos atribuir-lhe, e segundo quais critérios? Em intervalos regulares, a autoficção vem comparecendo diante do temível tribunal dos letrados: sinal de nossa época narcisista e voyeurista, descartável como a televisão-realidade e a proliferação das confissões íntimas? Recolhimento voluntário da grande literatura para dentro do pequeno eu e suas preocupações miúdas? Ou um gênero novo substituindo o romance, que já teve seu tempo?[2]

Podemos arriscar algumas respostas. O individualismo e o narcisismo são, certamente, características de nossa época. Entretanto, o "cuidado de si", tal como postulado pelos filósofos gregos e retomado por Foucault, não se restringe ao "pequeno eu"; cuidar de si é o primeiro passo para servir à *polis*, é também cuidar dos outros. Falar de si mesmo por escrito é comunicar-se com um leitor virtual, o qual, por sua vez, pode buscar, na individualidade do escritor, as semelhanças com ele mesmo e as respostas que lhe faltam em sua existência individual. Portanto, a autoficção não é necessariamente egoísta e descartável.

A autoficção pertence a uma longa e respeitável tradição. Em sua obra *Os ensaios* (1580), Montaigne advertia o leitor: "Sou eu mesmo a matéria de meu livro". Em *As confissões* (1765), Rousseau declarava logo de início: "Quero mostrar aos meus semelhantes um homem em toda a verdade de sua natureza, e esse homem serei eu". Em *Confissões de um comedor de ópio* (1821), Thomas de Quincey apresenta o livro como "o registro de um notável período de minha vida". E assim por diante, pelos séculos seguintes. Portanto, a autoficção não é um gênero novo, apenas a variante moderna de um gênero antigo. E, finalmente, a autoficção não substitui o romance na terceira pessoa, que continua sendo mais praticado do que ela.

Depois de algumas décadas de intensa teorização filosófica, linguística, literária e psicanalítica em torno da "questão do sujeito", da "morte do autor" e do caráter imaginário do ego, a escrita do eu é ainda possível? Samuel Beckett já não acreditava nisso: "O inominável. A última pessoa. Eu" (*Companhia*, 1980). Ora, ainda na França, um fato notável é que vários escritores famosos por terem sido os representantes do nouveau roman, na década de 1960, dedicaram seus últimos anos à narração de episódios de suas vidas: Nathalie Sarraute (*Infância*, 1983), Marguerite Duras (*O amante*, 1984), Alain Robbe-Grillet (*Le Miroir qui revient* [O espelho que volta], 1985), Claude Simon (*L'Acacia*, 1989). É claro que esses escritores não acreditavam mais na possibilidade de dizer a verdade sobre si mesmos e sobre suas existências. Alguns deles até incluíam, em suas narrativas de vida, referências às suas obras de pura ficção. Essas obras tardias não são transcrições de suas memórias, mas estas servem de matéria para suas escrituras, sem nenhuma preocupação (ou ilusão) de fidelidade aos fatos.

A autoficção é um gênero novo? A definição fornecida pela *Encyclopaedia Universalis* é sucinta: "Autoficção: gênero literário reunindo o romance e as memórias, biografia romanesca". Nem todos os autores e teóricos aceitam essa definição. Para uns, a autoficção não é necessariamente memorialística, pois ela pode ser um registro imediato da experiência. Para outros, a biografia é um gênero reservado às pessoas ilustres, narrando uma vida inteira, o que não é o caso da autoficção. Também há os que reivindicam o caráter absolutamente verdadeiro dos fatos narrados, e os que, pelo contrário, consideram que a autoficção é a invenção de um eu totalmente fantasioso.

Philippe Gasparini, em seu livro *Autofiction: Une aventure du langage* (2008), definia algumas das características obrigatórias do gênero: identidade explícita do nome do autor com o nome da personagem-narrador; uma escrita visando à verbalização imediata; a reconfiguração do tempo linear, por seleção, fragmentação, inversão cronológica, mistura de épocas; objetivo expresso, pelo narrador, de narrar fatos reais e de revelar sua verdade interior. A última condição, como já vimos, é discutível.

Um dos problemas das laboriosas definições da autoficção é que elas deixam de lado o instrumento de toda literatura: a linguagem verbal. A linguística, que teve notável desenvolvimento no século passado, demonstrou insistentemente que a linguagem é um sistema de signos que representam a realidade, mas na verdade não a abraçam, apenas a referem. Esta é uma injunção da linguagem verbal: ela é uma representação convencional, portanto sempre infiel, não realista.

Roland Barthes vai ainda mais longe em suas considerações sobre a relação da literatura com o mundo real:

> O real não é representável, [...] mas somente demonstrável. [...] não se pode fazer coincidir uma ordem pluridimensional (o real) e uma ordem unidimensional (a linguagem). [...] Que não haja paralelismo entre o real e a linguagem, com isso os homens não se conformam, e é essa recusa, talvez tão velha quanto a própria linguagem, que produz, numa faina incessante, a literatura.[3]

Em se tratando da referência ao eu do enunciador, a irrealidade é ainda maior, pois, como mostrou Benveniste, os pronomes pessoais não têm referente fixo, dependem do contexto de fala para que seu referente seja identificado. Na linguagem escrita, logo que o enunciador diz "eu", ele se desdobra em dois: aquele que enuncia no mundo real e aquele outro que passa a existir por escrito. "Eu é um outro", disse Rimbaud já há muito tempo.

Se aceitarmos esses postulados da linguística e da teoria literária, a discussão sobre o caráter verdadeiro dos fatos narrados na autoficção se torna ociosa. Toda e qualquer narrativa, mesmo aquelas que se pretendem mais coladas ao real, têm algo de ficcional. A ordem de exposição, os pormenores ressaltados ou omitidos, a ênfase dada a determinados fatos, o ângulo pelo qual eles são vistos e expostos, tudo isso dá à narrativa que se pretende mais verídica um caráter potencialmente ficcional. A psicanálise lacaniana conhece bem essa injunção da narrativa verbal. Ela chama esse discurso de *imaginário*, e é sobre ele que o psicanalista concentra sua atenção, sabendo que o *real* não pode ser alcançado diretamente, e só se manifesta nas repetições ou nas breves aberturas fornecidas pelos lapsos ou pelos sonhos.

Quando narramos nossa vida ou algum acontecimento dela, alimentamos autoficções. São elas que garantem nossa estabilidade como sujeitos individuais, que nos permitem dar um sentido a nosso passado e planejar nosso futuro. Entretanto, esse sujeito individual e esses sentidos, passados ou futuros, são sempre provisórios, sempre imaginários, no sentido psicanalítico. E quando essa narrativa pretende ser literária, a distância entre o discurso e a realidade é ainda maior. Portanto, definir a autoficção literária em função de sua veridicidade é uma falácia.

Uma coisa temos de reconhecer: o termo *autofiction* foi uma bela invenção. Embora elástico e poroso em sua definição, ele substitui com eficácia as perífrases anteriormente utilizadas: "biografia romanceada", "ficção autobiográfica", "romance inspirado em fatos reais". E pode ser aplicado tanto a textos contemporâneos como a textos de épocas passadas.

A autoficção envolve questões éticas. É impossível narrar a própria vida sem incluir outras pessoas. E se o autor não se importa com a autoexposição, outras pessoas retratadas por ele podem sentir-se mal representadas ou mesmo ofendidas. Em casos extremos, os ofendidos podem recorrer à Justiça. Na França, o fato de as personagens de várias obras de autoficção poderem ser identificadas como figuras conhecidas da sociedade provocou, por parte destas, clamorosos processos judiciais.

A legislação francesa se apoia em dois princípios potencialmente contraditórios: o direito à livre expressão e o direito à privacidade. Cabe portanto aos juízes definir qual desses direitos foi mais ferido, isto é, qual dos litigantes foi mais prejudicado. Entram aí, necessariamente, julgamentos da obra em questão. Até que ponto ela é ficção, portanto literatura? Se a obra é reconhecida como literária, prevalece o direito à livre expressão. Os juízes assumem, assim, a função de críticos literários.

Em 2013, Christine Angot e seu editor foram condenados a

pagar 40 mil euros a Élise Bidoit, ex-mulher do companheiro da escritora, pelo uso reiterado de episódios de sua vida no romance *Les Petits*. No mesmo ano, o já enxovalhado Dominique Strauss-Kahn, ex-diretor do Fundo Monetário Internacional, levou aos tribunais o livro *Belle et Bête*, de uma de suas ex-amantes, Marcela Iacub. O resultado do julgamento foi bom para ambos: a autora teve de pagar 50 mil euros a Strauss-Kahn por danos morais, foi obrigada a inserir no livro uma menção à condenação e o livro teve um sucesso de vendas ainda maior do que antes do processo.

Maurice Nadeau, editor e crítico longevo que acompanhou toda a evolução da literatura francesa e internacional no século xx, desdenhava desse tipo de escrita. Na entrevista que me concedeu em 2001,[4] ele dizia: "O que a literatura busca, hoje, é o sujeito, o indivíduo, o corpo. Para que esse tipo de relato seja literatura, é preciso que seja mais do que um relato, é preciso que fale aos outros, numa certa linguagem". Essa simples observação de um grande leitor define o essencial para que um relato pessoal se torne literatura: "Falar aos outros": o texto literário não é monológico, inclui outras vozes e se destina a outros ouvidos. "Numa certa linguagem": o texto literário é linguagem submetida a uma forma, isto é, o texto literário é arte.

Um exemplo de autoficção bem-sucedida é a obra do norueguês Karl Ove Knausgård. Se destacarmos alguns aspectos dessa obra, veremos por que ela é boa literatura e por que alcançou repercussão internacional. Em 3 mil páginas, divididas em seis volumes, o escritor narra os acontecimentos de sua existência cotidiana, presente e passada, de modo não cronológico. No Brasil, até agora, foram publicados três volumes.[5] O primeiro trata da morte do pai e da morte em geral; o segundo, da vida madura do autor, de seus relacionamentos amorosos e de sua formação como escritor; o terceiro, de sua infância. Essa longa narrativa tem a principal característica reconhecida da autoficção: a coincidência do nome do autor com o nome da personagem-narrador. No primeiro volume, o narrador se apresenta: "Hoje é dia 27 de fevereiro de 2008. São 23h43. Eu, Karl Ove Knausgård, nasci em dezembro de 1968, portanto, no instante em que escrevo, tenho trinta e nove anos de idade".[6]

Se recolocarmos os acontecimentos desses três volumes em ordem cronológica, veremos que eles não têm nada de extraordinário. Constituem a vida de um homem nórdico de classe média, na virada do século XX para o XXI. Nascido numa cidadezinha norueguesa, durante sua infância e adolescência esse homem teve relações difíceis com o pai, na idade adulta teve uma ligação amorosa duradoura, mudou-se repentinamente para Estocolmo, encontrou um novo amor, casou-se e teve filhos. Sua particularidade é que ele sempre quis ser escritor. Fez cursos de escrita criativa, frequentou meios literários, publicou dois romances e depois teve um bloqueio criativo. Até resolver escrever sobre sua própria vida, narrando de modo pormenorizado suas lembranças e as experiências cronologicamente concomitantes com a escrita do livro, num estilo voluntariamente simples. O título *Minha luta*, polêmico pela lembrança da *Minha luta* de Hitler, refere-se a uma batalha mais modesta, a de sua existência como escritor: "A vida que eu vivia não era minha. Eu tentava fazer com que se tornasse minha, essa era a minha luta".

"Minha vida daria um romance!", diz ou pensa muita gente. Entretanto, na maioria dos casos daria um mau romance, aborrecido ou inverossímil. A prova disso são os blogs em forma de diários publicados na internet. Por que a leitura das centenas de páginas de Knausgård não cansa o leitor e, pelo contrário, o prende de um modo que um crítico chamou de "hipnótico"? Primeiramente, pela enunciação da obra. Os acontecimentos e pensamentos dizem respeito a uma personagem que se chama Karl Ove Knausgård, mas o narrador a trata objetivamente, expondo suas fraquezas, seus escrúpulos comportamentais, suas dúvidas quanto a seu valor como homem e como escritor. Essa é uma das exigências para que uma autoficção seja literatura: não é a fala de um eu vaidoso e autocomplacente, mas de um eu que se busca e se autoquestiona com honestidade. Escusado dizer que essa "honestidade" não deve ser atribuída ao escritor. Não sabemos nem nos interessa saber se o homem Knausgård é sincero ou modesto. Como qualquer qualidade de um texto literário, essa impressão de honestidade é criada pelo discurso. E ela é simpática para o leitor.

Além disso, embora tratando de suas próprias experiências, o narrador Knausgård não é autocentrado. Pelo contrário, é extraordinariamente atento e receptivo, tanto às outras personagens de seu relato quanto ao mundo em geral, às paisagens, aos climas, aos objetos. O assunto de *Minha luta* não são apenas ele mesmo e sua vida. O livro contém inúmeras digressões motivadas por livros lidos, obras vistas e músicas ouvidas. Essa também é uma maneira de partilhar com o leitor suas experiências. Não há bom escritor sem abertura ao mundo que o cerca. É ela que lhe garante a adesão do outro a que se destina o texto, o leitor. Para transpor suas experiências e pensamentos à arte das palavras, Knausgård buscou uma forma, porque é a forma que transforma a linguagem comum em literatura. Ele tem plena consciência disso: "A forma o afasta de você mesmo, cria uma certa distância até do seu próprio eu, e essa distância é a condição para a proximidade em relação aos outros".[7]

O que mais chama a atenção na escrita de Knausgård são a riqueza e a precisão de suas descrições. Os fatos narrados são entremeados de descrições minuciosas de objetos que o leitor contemporâneo conhece. E mais, trata-se de objetos cotidianos que não são habitualmente reconhecidos como dignos de nota: roupas e calçados de uso globalizado, sacolas de plástico com logotipos, artigos de limpeza, refrigerantes de marcas conhecidas, ingredientes culinários, fraldas infantis, lenços umedecidos etc. Alguns exemplos:

> Enchi um balde com água, peguei um frasco de água sanitária, outro de desinfetante e um saponáceo cremoso Jif, e comecei pelos corrimãos [...]. O cheiro e o frasco azul da água sanitária me levaram de volta aos anos 1970, para ser mais preciso, ao armário debaixo da pia da cozinha, onde ficavam os produtos de limpeza. Não existia Jif naquele tempo. Mas Ajax em pó, sim, numa caixa de papelão vermelha, branca e azul. Desinfetante também. E já existia água sanitária Klorin [...]. Havia uma marca chamada Omo.[8]

> Muitas das mulheres que andavam pela calçada pareciam-se umas com as outras, estavam na casa dos cinquenta anos, usavam óculos, tinham corpos gorduchos, usavam casacos e carregavam sacolas com o logotipo da Åhléns, da Lindex, da NK, da Coop e da Hemköp.

No ensaio "O efeito de real" (1968), Roland Barthes estudou certos pormenores aparentemente insignificantes nas descrições dos romances realistas do século XIX, e observou que eles têm a função de autenticar o relato, fornecendo-lhes uma concretude referencial que o signo verbal não tem, por ser apenas uma representação do real. Knausgård registra pormenorizadamente ações banais, como abrir ou fechar a porta, tirar ou vestir o casaco, e refere objetos que não terão função no relato, mas que, justamente por serem muito comuns, contribuem para que o leitor se sinta dentro do livro como dentro da realidade. Em sua obra, os "efeitos de real" não são apenas ocasionais e secundários, mas proliferam até ocupar o primeiro plano do relato.

Esse "realismo" tem características próprias. Ele é obtido numa linguagem simples e direta, mais referencial do que metafórica.

O que Knausgård busca é "a fisicalidade das coisas", num mundo inundado de imagens virtuais. Mas é difícil escapar das imagens. Mais de um século de cinema, com suas imagens marcantes, condicionou o olhar do homem do século XXI, inclusive o do próprio Knausgård:

> Por mais que eu tenha me esforçado para olhar em outra direção, a imagem desse grupo me acompanhou, a maneira bergsoniana como estavam sentados nos móveis de jardim brancos para a refeição, em meio a casas rurais brancas e austeras e prédios comerciais vermelhos e modernos, em meio à paisagem verde e ondulante de Sömerland.

A reação do escritor contra o excesso de imagens que cercam o homem contemporâneo é concentrar seu olhar em pormenores do mundo natural aos quais ninguém dá mais atenção:

> Depois do jantar fui dar mais uma caminhada pela floresta. Parei em frente a um carvalho e fiquei observando as folhas da copa durante muito tempo. Arranquei uma bolota e continuei andando enquanto eu a girava entre os dedos e examinava todos os ângulos e recônditos. Todos os pequenos desenhos regulares naquela diminuta parte retorcida em formato de cesta onde a bolota repousa. As listras de verde-claro em meio à escuridão ao longo da superfície lisa. A forma perfeita. Podia ser um dirigível, podia ser uma baleia. Claro, é uma pequena obra de jubarte, pensei, e então sorri.

A observação detalhada de pequenos objetos confere a estes um estranhamento poético semelhante àquele obtido pelo poeta Francis Ponge em *Le Parti-pris des choses* [O partido das coisas] (1942), o qual, não por acaso, é referido por Knausgård algumas linhas depois do trecho acima citado. Quanto aos objetos de marcas comerciais conhecidas, além de serem "efeitos de real", também denunciam a invasão de nossa vida cotidiana por elas. No episódio da limpeza da casa do pai, esses artigos higiênicos criam um forte contraste com a sujeira orgânica da velhice e do alcoolismo, que nosso tempo não suporta ver. Não são, como na pop art, estetizações do mundo industrializado ou da publicidade.

Seu olhar se volta, também, para os vastos panoramas. As descrições de *Minha luta* incluem numerosas paisagens. Estas têm um caráter plástico, assemelham-se a pinturas. Aliás, o autor declara: "Eu queria ter sido pintor, como eu queria ter tido esse talento, porque era apenas na pintura que essa sensação podia ser expressa".[9] O que é particular, nas paisagens da obra, é que elas são "pintadas" de modo sucinto, o que lhes confere a concretude de objetos visuais. Suas descrições são despidas de atributos subjetivos, seus adjetivos são comuns e genéricos. Buscam a comunicação direta da imagem, como na pintura: "uma faixa amarelada", "um retângulo azul", "uma sombra cinzenta" etc. A influência da pintura figurativa em sua escrita é declarada:

> Desliguei a TV e passei a folhear um livro de arte que peguei da estante acima do sofá. Era sobre Constable, eu acabara de comprar. Óleos sobre tela, estudos de nuvens, paisagens, marinhas.
>
> Bastava eu bater os olhos nas imagens e eles se enchiam de lágrimas, tal era o arrebatamento que algumas das pinturas me causavam [...]. O sentimento de inexauribilidade. O sentimento de beleza. O sentimento de presença [...]. Acima, uma faixa de céu azul. Abaixo, névoa esbranquiçada. Depois as cascatas de nuvens. Brancas onde a luz do sol batia, verde-claras nas partes mais ensombrecidas, verde-escuras e quase negras nas áreas mais densas e distantes do sol. Azul, branco, turquesa, verde-claro, verde-escuro. Era só isso. [...]. Mas, no exato instante em que eu voltava a olhar para a pintura, todos os pensamentos desapareciam na onda de energia e

beleza que se erguia dentro de mim. *Sim, sim, sim,* eu ouvia então. *É aí. É para esse lugar que devo ir.* Mas para o que eu tinha dito sim? Para onde eu deveria ir?[10]

A arte moderna desprezou as representações naturalistas, considerando-as ultrapassadas. Daí a perplexidade do escritor: "Para onde eu deveria ir?". Na verdade, muitos artistas plásticos contemporâneos "voltaram" ao realismo, evidentemente um realismo diverso daquele da pintura antiga. O artista "realista" atual não acredita mais na representação imediata da realidade, mas sabe que aquilo que ele apresenta ao espectador é uma "realidade" *mediada* por inúmeras imagens anteriores, fornecidas pela própria pintura e pela fotografia. É algo correspondente a esse novo tipo de realismo que Knausgård pratica. O que ele deseja não é o pensamento abstrato, mas o mundo concreto:

> A grande importância que a pintura e em parte também a fotografia tinham para mim estava ligada a esse aspecto. Nelas não havia nenhuma palavra, nenhum conceito, e quando eu as via, aquilo que eu vivenciava, aquilo que as tornava tão importantes para mim também era desprovido de conceitos.[11]

A descrição, na obra de Knausgård e outros romancistas contemporâneos, parece ter razões que ultrapassam as análises marxistas como as de Franco Moretti, que atribui esses "preenchimentos" da narrativa do século XIX à normalização da vida burguesa, à racionalização do capitalismo.[12] No século XXI, o interesse pelo cotidiano é mais do que um comprazimento da burguesia com seu conforto doméstico, é a prisão dos consumidores num interior saturado de objetos padronizados. É também uma fuga do mundo que o capitalismo tardio tornou inóspito fora de casa, em razão da violência urbana, criminosa ou política. Em seu apego aos objetos, Knausgård revela ainda um interesse renovado pelas pequenas coisas excluídas da sociedade do espetáculo, repleta de grandes imagens.

A forma literária buscada por ele é também uma reação ao excesso de narrativas formatadas da mesma maneira, na televisão, nos jornais, nos milhares de livros publicados:

> Nos últimos anos eu tinha cada vez mais perdido a fé na literatura. Eu lia e pensava, isso tudo foi inventado. Talvez fosse porque estivéssemos completamente rodeados por ficções e narrativas. Aquilo tinha inflacionado. [...] Ou seja, a consciência via sempre o mesmo. E esse mesmo, que era o mundo, estava sendo produzido em série. [...] A única coisa que para mim ainda tinha valor, que ainda era repleta de significado, eram diários e ensaios, a literatura que não dizia respeito à narrativa, não versava sobre nada, mas consistia apenas em uma voz, uma voz única e pessoal, uma vida, um rosto, um olhar que se podia encontrar. O que é uma obra de arte, senão o olhar de uma outra pessoa? Não um olhar acima de nós, tampouco um olhar abaixo de nós, mas um olhar exatamente na mesma altura do nosso.[13]

Parece uma contradição que alguém "saturado de narrativas" escreva e publique uma narrativa de vida tão longa como *Minha luta*. Mas era das narrativas "produzidas em série" que o escritor estava cansado. A sua é fora de série. Assim como busca um olhar "na mesma altura" que o dos leitores, ele procura narrar os acontecimentos e diálogos no mesmo ritmo que o dos leitores. A larga extensão do texto procura fazer com que a leitura ocupe o mesmo espaço de tempo que aquilo que é narrado. Os fatos e as palavras rememoradas são transcritos com uma minúcia que se quer integral, "como um ouvido absoluto da memória".

Ora, sabemos que não é assim que opera nossa memória do

passado. Lembramo-nos de fatos e diálogos em suas linhas gerais, com um ou outro gesto ou palavra relevantes. Como é possível lembrar-se de tudo com tantos pormenores, sobretudo quando se trata de pequenos episódios da infância, que "não devem ter mais peso do que o pó levantado por um pedestre que passa, ou então do que as plumas de um dente-de-leão espalhadas pela boca que as sopra"?[14] A memória "absoluta" de Knausgård suscita a questão da verdade do que é narrado. E como sempre, na literatura, o que está em jogo não é a verdade, mas a verossimilhança. Os relatos do escritor criam essa verossimilhança de várias formas: pela similitude com os relatos orais, supostos mais verdadeiros do que os escritos, pela abundância de "efeitos de real" e pelo ritmo lento como o da existência.

O enorme sucesso da obra parece confirmar que Knausgård encontrou uma voz e um olhar na "mesma altura" que o dos leitores atuais. Esses leitores desejam que o narrador seja uma pessoa reconhecível, que a vida narrada se pareça com a existência deles, que o texto literário lhes revele como essa outra pessoa age, sente e pensa. Em nossa época de incertezas filosóficas e existenciais, os leitores buscam o registro de experiências particulares, as únicas que restam aos indivíduos num mundo caótico que ultrapassa seu conhecimento e sua compreensão. Esse individualismo tem seu preço: a ausência, na obra de Knausgård, de considerações ideológicas e políticas. Seus valores são a natureza, o amor, a amizade e a arte, valores que só podem ser plenamente cultivados em sociedades nas quais os problemas básicos da existência são razoavelmente bem resolvidos, como as escandinavas.

O êxito artístico de *Minha luta* demonstra, por comparação, que as autoficções literárias se dividem em duas categorias: aquelas que são apenas escritas do eu, sem se abrir para o leitor; e aquelas que são trabalho de linguagem, *imaginativo* e não *imaginário*. O eu é sempre o herói das autoficções; mas elas podem ser apenas o cultivo narcisista do eu, obras de autoexibição, de autojustificação, de ressentimento ou de vingança, sem nenhuma sublimação artística, isto é, nenhuma imaginação, nenhuma invenção e nenhuma autocrítica. Nesse caso, elas só interessam ao próprio autor e são tediosas para os outros. Elas são apenas *auto*, e não *ficções*. *Minha luta* é a fala do eu transposta numa forma original de ficção.

As qualidades reconhecidas da obra de Knausgård não pouparam o autor dos problemas éticos do gênero, do descontentamento de muitos de seus próximos, retratados na obra, e do arrependimento consequente do autor. Mesmo sem ter sido processado, ele se sentiu muito mal com relação a seus familiares, e teme até mesmo a reação de seus filhos, quando estes tiverem idade para ler sua obra. Em entrevista publicada em *Le Nouvel Observateur* em 2014, ele declarou: "Se eu soubesse o que ia acontecer, não o teria feito". O que teria sido uma pena para seus milhares de leitores.

13. A ficção distópica

Entre os vários fins anunciados no fim do século XX, figurava o fim das ideologias e das utopias. Ora, se tomarmos a palavra "ideologia" no sentido de conjunto de ideias relativas ao papel do homem do mundo, estas não terminaram nem poderiam terminar, porque ter ideias acerca do mundo e de si mesmo é próprio do homem em qualquer tempo. Nossa época viu o enfraquecimento de determinadas ideologias, mas tem visto também surgir ou ressurgir outras tantas. A contrapelo das experiências históricas do século XX, o século XXI abriga neofascistas e neonazistas repaginados como punks. Ressurgiram, com força, as ideologias religiosas: o islamismo de variadas tendências, o evangelismo milenarista, as seitas esotéricas. E várias ideologias particularistas se afirmaram: o feminismo, o transgenerismo sexual, o comunitarismo, o ecologismo, o vegetarianismo etc.

Na verdade, as ideologias que perderam terreno foram as dos grandes sistemas políticos vigentes até a queda do Muro de Berlim: o marxismo, bem ou mal representado pela União Soviética, e o liberalismo democrático, representado bem ou mal pelos

Estados Unidos. Com o fim da Guerra Fria, essa polarização ideológica se esfumou e o economicismo capitalista triunfou, aliando-se de forma surpreendente a outras ideologias, como o comunismo capitalista da China, o capitalismo islâmico dos Emirados Árabes etc.

As utopias que se consideravam terminadas são as da modernidade: as que se baseavam no progresso, na revolução, no advento de um futuro de justiça social e paz entre as nações. De fato, neste início do século XXI, esses objetivos não se concretizaram. Nenhuma das ideologias políticas evitou que o mundo continuasse em guerra, muito pelo contrário. O progresso tecnológico foi posto a serviço da matança, tanto nos exércitos das nações democráticas quanto nas ações terroristas dos que a elas se opõem.

Quanto à literatura, não é de hoje que ela apresenta o homem e a sociedade em estado catastrófico e possivelmente terminal. A distopia já predominava na literatura desde o fim do século XIX. Flaubert e Dostoiévski, para citar apenas dois, já anunciavam a melancolia e a desesperança do romance moderno. E as principais obras narrativas do século XX não são otimistas, muito pelo contrário. Grandes escritores do século passado manifestaram, em suas obras, um desencanto e uma descrença radicais, que hoje vemos como proféticos. Kafka, Beckett, Thomas Bernhard, Maurice Blanchot, Robert Walser, Elias Canetti, Orwell, Huxley, Pasolini, Coetzee foram alguns dos precursores da literatura mais sombria de nossa época. Certos títulos de Beckett serviriam para caracterizá-la: *Fim de partida* (1957), *Pra frente o pior* (1982), *Catástrofe* (1982).

Num de seus últimos ensaios, Haroldo de Campos caracterizou a poesia contemporânea como "pós-utópica".[1] Inspirando-me livremente em sua reflexão, falarei aqui de uma ficção "pós-utópica", que representa ou imagina a sociedade de modo calamitoso, e não apenas crítico, como a maioria dos romances realistas atuais.

Tomarei como exemplos desse tipo de ficção algumas obras de romancistas contemporâneos.

O francês Michel Houellebecq[2] é um perfeito representante da ficção distópica. Enquanto o estilo de Foster Wallace foi chamado de "realismo histérico", o de Houellebecq pode ser classificado como "realismo cínico". Seus romances mostram a realidade contemporânea de maneira totalmente disfórica. Agudo observador das mudanças sociais e de suas consequências psicológicas, ele propõe ao leitor uma visão desencantada e fria do presente.

Seu primeiro romance, *Extensão do domínio da luta*,[3] focalizava a vida de medíocres profissionais da informática em disputa cotidiana por dinheiro, sexo e reconhecimento social. O protagonista é um anti-herói absoluto: feio, anônimo, depressivo e derrotado, sexual e socialmente. O romancista começou a ganhar visibilidade com seu segundo romance, *Partículas elementares*,[4] no qual põe em cena personagens igualmente mal resolvidas, às voltas com múltiplas questões de nosso tempo: a pedofilia nos internatos, a cirurgia plástica, as comunidades alternativas, a clonagem de animais, os problemas sexuais que oscilam entre a adesão neurótica e a impotência. A personagem principal termina seu triste percurso existencial trabalhando num projeto de raça geneticamente modificada, desprovida de personalidade e de desejo sexual, que acarretará o fim da espécie humana.

Seu terceiro romance, *Plataforma*,[5] trata do turismo sexual tailandês e mundial e apresenta a prostituição como solução viável para os problemas sexuais. Seu quarto romance, *A possibilidade de uma ilha*,[6] retoma os temas da clonagem e das dificuldades sexuais e amorosas. A personagem principal sonha com a possibilidade de ser feliz, adere a uma seita e acaba por se suicidar. A conclusão do romance é: "A felicidade não era um horizonte possível".

Nessa data, Houellebecq já era um autor conhecido mundialmente e bastante comentado por admiradores e detratores.

Entretanto, sua verdadeira consagração, na França e no mundo, veio com seu quinto romance, *O mapa e o território*.[7] A vendagem desse romance atingiu cifras astronômicas. Mais extenso e mais bem realizado do que os anteriores, o livro é protagonizado por Jed Martin, um pintor bem-sucedido, o que permite ao autor abordar a questão da arte contemporânea no mercado. Pessoas reais aparecem como personagens: Jeff Koons, Damien Hirst e o próprio Houellebecq, que, na trama, acaba sendo assassinado. O uso feito pelo autor de textos copiados de várias fontes, principalmente da internet, foi objeto de contestação por plágio.

Seu sexto romance, *Submissão*,[8] teve repercussão mundial e tradução imediata em vários países, inclusive no Brasil. Com um enredo de antecipação, a obra narra a falência dos partidos políticos franceses de esquerda e de direita e a eleição, em 2022, de um governo islâmico. O herói é um professor universitário que estava em crise, assim como a universidade. Surpreendentemente, os princípios islâmicos são aplicados e adotados com êxito em toda a sociedade. Como seus romances anteriores, este encontrou leitores de posições políticas opostas: fascistas que o leram como um alerta contra a imigração, progressistas que o consideraram como crítica política, e islamitas que o viram como uma ofensa. A postura irônica do romancista permite qualquer dessas leituras. Do ponto de vista literário, esse é o mais fraco de seus romances.

Atualmente, Houellebecq já é uma "personagem" na vida real. Suas declarações públicas são tão polêmicas quanto aquelas expressas em seus romances. A pessoa física do autor coincide, cada vez mais, com o "baixo astral" de sua temática e de suas personagens: feio, sujo, descabelado, desdentado, deprimido. Seus numerosos detratores acusam-no de fazer uso dessa imagem e censuram sua editora pelo marketing pesado que precede e acompanha o lançamento de cada uma de suas obras. Houelle-becq é considerado contraditório, isto é, perfeitamente inserido no contexto que ele denuncia em seus romances: a sociedade do espetáculo e o mercado globalizado. Seu aparecimento em dois filmes acentuou essa visão.

Vários críticos literários atacaram seus romances, dizendo que seu estilo é canhestro, raso e cheio de lugares-comuns. De fato, o estilo de Houellebecq é simples, direto, caracterizado por frases curtas e coordenadas, quase desprovidas de metáforas. Mas o romancista sabe o que faz. Sabe que esse é o estilo que convém à matéria pobre e fosca de que ele trata. Além disso, a justaposição de frases anódinas, diz ele, produz um efeito de absurdo. E é isso que ele pretende apontar no mundo contemporâneo. Para Houelle-becq, o que o escritor tem a dizer é mais importante do que a forma de sua escrita.

Não é fácil desconsiderar e descartar Houellebecq. Primeira-mente, porque ele é um ótimo escritor, isto é, o criador de uma temática e de um estilo que respondem à expectativa de bons lei-tores atuais. Em seguida, porque renomados especialistas de ou-tras áreas, economistas, historiadores e sociólogos exprimiram publicamente a opinião de que seus romances são as análises mais lúcidas de nossa sociedade.

Uma longa conversa de Houellebecq com o filósofo Alain Fin-kielkraut, acerca de *O mapa e o território*,[9] esclarece suas ideias e seu projeto romanesco. Ele aí reafirma, por exemplo, que Maio de 68 foi um momento de entusiasmo provocado pela passagem do rá-dio de pilha à máquina de lavar roupa, isto é, pelo aparecimento de novos aparelhos domésticos. Como sua personagem Jed Martin, Houellebecq considera que o desaparecimento e a substituição cada vez mais rápida dos produtos industriais impossibilitam o surgimento do sempre anunciado "produto perfeito". "O produto perfeito", diz, "está no passado." Sobre a França, ele observa que seu único futuro é o turismo chique. Sobre a política, afirma: "Os movimentos econômicos são muito mais fortes que a vontade política ou outra qualquer". Interrogado sobre a inserção de pessoas reais em seu romance, responde que as usa quando elas têm um papel social. "E que papel social é o seu?", pergunta-lhe o entrevistador. E ele responde: "Eu dou à minha época um arrepio de liberdade".

Outro escritor francês distópico, menos conhecido mas igualmente digno de atenção, é Antoine Volodine.[10] Suas palavras, numa entrevista, poderiam ter sido ditas por Houellebecq: "Sou daqueles que sabem que tudo está fodido [sic]".[11] Antigo professor de russo, com dezenas de obras publicadas, Volodine chegou à consagração em seu país ao receber o Prêmio Médicis 2014, outorgado a seu romance *Terminus radieux* [Terminal radioso]. Esse romance retoma a temática de suas obras anteriores, com maior fôlego e melhores resultados. Por isso ele nos basta para caracterizar sua ficção.

Volodine imagina que, num futuro indeterminado, a Rússia já tenha passado por várias mudanças. Depois da derrocada da União Soviética, experimentou o capitalismo, que também terminou mal, voltou ao comunismo e, finalmente, sofreu o colapso de todos os sistemas e, ainda pior, a explosão de suas centrais nucleares. Alguns sobreviventes dessa terrível catástrofe, contaminados pela radiação assim como toda a natureza, vagam por estepes e tundras estéreis, sem objetivo preciso e sem saber se estão vivos ou mortos. É claro que Volodine tem em mente o desastre de Chernobyl.

A personagem principal, Kronauer, chega a uma comunidade que ainda funciona como um colcoz soviético, dirigido por um chefe autoritário, Soloviei, misto de comissário do povo e xamã, que tem três filhas mutantes. O colcoz se chama "Terminal radioso", numa clara paródia do futuro radioso outrora prometido pelo comunismo. E aqui *radieux* também remete às vítimas da radiação. No centro da comunidade, um enorme poço abriga o núcleo ainda ativo de uma antiga central nuclear, continuamente alimentado com toda espécie de restos, orgânicos e inorgânicos. O poço é velado por uma velha centenária, Mémé Oudgoul, antiga heroína da Segunda União Soviética. Como o chefe Solovieï, ela viveu todas as fases da história russa dos últimos séculos.

A narrativa é frequentemente interrompida pela leitura dos textos escritos por Solovieï. O chefe mantém um enorme arquivo sob forma de cilindros gravados, vigiados por Mémé Oudgoul, que diz a respeito deles:

> Veja tudo isso. Solovieï os chama de suas obras completas. Ele graceja, mas vejo que ele é apegado a elas. Às vezes, também, ele diz que é um tesouro, o único exemplo no mundo de poesia pós-xamânica. Pois bem, na verdade isso não se parece com nada, e politicamente é mais nauseabundo e subversivo do que outra coisa. Isso não se destina a nenhum público. São obras completas para nenhum público.

O funcionamento da comunidade é precário, e Kronauer ali é vítima de todo tipo de violência. Apesar de extremamente sombria, a história é narrada como um conto de fadas: o chefe parece um ogro, suas filhas são "princesas" e a velha é uma espécie de Baba Yaga, bruxa do folclore do Leste Europeu. Outros sobreviventes, antigos soldados mortos-vivos, atravessam os vastos territórios num trem que ainda funciona, em busca de um campo de concentração onde pelo menos teriam chance de sobreviver. Mas os habitantes do campo os rejeitam brutalmente, por causa da superlotação. Esse trem fantasma rolando sem rumo é uma das imagens mais fortes do romance.

No universo pós-tudo de Volodine, o campo de concentração

é o paraíso socialista sonhado. Mathias Boyol, um dos passageiros do trem fantasma, explica:

> Ninguém ignora que o campo é o único lugar não imaginário onde a vida vale a pena ser vivida, talvez porque a consciência de viver aí se enriquece com a consciência de agir em companhia dos outros, num esforço coletivo de sobrevida, esforço que na verdade é vão e penoso, mas cuja nobreza é desconhecida do outro lado das cercas de arame farpado, e também porque a consciência de viver é satisfeita ao ver que enfim, à sua volta, as classes foram abolidas. Alhures, no exterior, é preciso esperar períodos de desastres ou de guerras para que um sentimento equivalente apareça. [...] Ninguém ignora que o campo é mais inconfortável, mas mais fraternal do que as terras que compõem o resto do mundo.

Ao longo do romance, bandos de corvos observam os acontecimentos. No final, as filhas de Solovieï são recobertas pelas penas negras das aves: "E, enquanto a camada de penas se torna mais espessa, atapetando de trevas as últimas ervas moribundas deste mundo, elas se preparam para o futuro imediato. Imediato ou longínquo. O futuro. Onde, aconteça o que acontecer, não haverá nada".[12]

Antoine Volodine insiste em dizer que sua obra não é ficção científica. E criou o termo "pós-exotismo" para caracterizá-la. O "pós-exotismo" seria, segundo ele, "uma literatura estrangeira escrita em francês", ou uma espécie de "realismo socialista mágico". Qualquer que seja seu gênero, a ficção de Volodine é original e cativante. As paisagens apocalípticas criadas por ele são descritas de forma poética, e o leitor é seduzido por suas personagens e histórias. O universo do escritor é um mundo arrasado, que concentra todas as frustrações e os medos da humanidade atual diante de um futuro incerto. Não por acaso, Volodine tem, entre seus maiores leitores, os jovens europeus, que nele encontram um novo tipo de romance de aventuras, mais próximo dos "filmes-catástrofe" ou da série televisiva *The Walking Dead* do que da velha literatura. Entretanto, a prosa poética de Volodine e o sentido alegórico-político de sua narrativa impedem que seu romance possa ser classificado como literatura de entretenimento.

Tão desencantado quanto Houellebecq, Volodine se revela, porém, um saudoso das revoluções socialistas, não de suas práticas, mas de seus princípios. Os restos de ideologia comunitária que persistem nas falas de algumas de suas personagens são farrapos nostálgicos de um ideal perdido.

O angolano Gonçalo M. Tavares[13] é um escritor prolífico e polígrafo que já alcançou reconhecimento internacional, comprovado por numerosas traduções e prêmios. Entre as "séries" em que seus livros são reunidos, naquela qualificada por ele de "livros pretos" está uma tetralogia intitulada *O reino*, composta de quatro narrativas: *Um homem: Klaus Klump*,[14] *A máquina de Joseph Walser*,[15] *Jerusalém*[16] e *Aprender a rezar na era da técnica*.[17] Segundo o próprio autor, são "livros feitos para desencantar, cujos temas apontam os limites da violência e do mal".

Um homem: Klaus Klump tem como cenário uma cidade não identificada, invadida por tropas inimigas. Klaus Klump é editor e, de início, não se importa muito com o estado de sítio. Ele parece incapaz de ter qualquer sentimento. Mas, quando sua mulher é violentada por um soldado, ele passa para o lado dos resistentes, tornando-se um guerrilheiro tão feroz quanto os soldados invasores. A guerra, com suas consequências de desordem, violência, tortura, fome e desregramento sexual, lembra o grande número de cidades que, no século XX e no presente, viveram ou vivem essa situação. Os nomes das personagens evocam os das populações da

Alemanha e do Leste Europeu que experimentaram a guerra e os campos de concentração. Tavares desenvolve sua narrativa mesclando o plano das ideias e o plano das ações. Os dois planos são sombrios. Em situação de guerra, impera o instinto de sobrevivência, que se sobrepõe a qualquer princípio moral. O estilo do escritor é composto de frases curtas e incisivas, sua visão do homem é objetivamente negativa.

Em *A máquina de Joseph Walser*, o cenário é semelhante. Em meio à guerra, Joseph Walser se mantém indiferente. Não lhe interessam os humanos que o cercam, só lhe interessa uma máquina que ele opera e repara, máquina cujo ritmo é o mesmo que o do seu coração, e uma coleção de objetos que ele mantém em segredo. Walser tem um comportamento metódico, admira a exatidão técnica e abomina o erro. A exatidão da máquina é a repetição que afasta o caos:

> Só as repetições acalmavam, só as repetições permitiam a cada indivíduo voltar a encontrar-se humano no dia seguinte. Repetições de actos e de pequenos gestos, de palavras ou frases banais [...] tudo isso permitia a cada um sobreviver no meio da confusão, resistir no meio da desordem.[18]

Nessa narrativa, Tavares reflete sobre os efeitos perversos da tecnologia sobre o homem, que passa a funcionar a frio, em função de objetivos concretos que tanto podem ser artefatos úteis como máquinas de guerra. Para Tavares, "nenhuma máquina é pacífica".

Jerusalém é o mais complexo e bem-acabado dos livros da "tetralogia do mal". E também o mais soturno. Nessa narrativa, o médico Theodor Busbeck pretende criar uma ferramenta para compreender a ocorrência do mal na história. O gráfico por ele traçado tem por objetivo descobrir se a história está se tornando cada vez mais cruel ou se a crueldade é uma ocorrência cíclica, que se repete regularmente. Também pretende prever qual grupo humano será vítima dessa crueldade, e quem serão os carrascos. Alguns críticos lembraram, a respeito desse livro, a tese da "banalidade do mal", de Hannah Arendt. De fato, Busbeck se assemelha a Eichmann, descrito por Arendt, pela maneira metódica e fria como ele manipula o horror.

A temática filosófica de Tavares se amplia nessa narrativa. Além do mal sempre presente, a intriga trata dos diversos tipos de internamento a que os homens estão sujeitos, e dos limites indecisos entre a loucura e a sanidade. A mulher de Busbeck sofre de transtornos mentais e vive num hospício, o asilo Georg Rosenberg, onde se liga a outro paciente e tem um filho deficiente.

Por meio de relatos curtos, o autor entrelaça a vida de várias personagens, todas sujeitas à solidão, à incomunicabilidade, à violência. Como nos livros anteriores, os instintos são mais fortes do que a razão, a fome e o sexo determinam os atos humanos mais abjetos. *Jerusalém* é ainda um livro sobre a memória e o esquecimento. O esquecimento é inevitável para o prosseguimento da vida, mas a memória do mal é imprescindível para evitar sua repetição. O autor cita, nesse sentido, o salmo bíblico que diz: "Se eu me esquecer de ti, Jerusalém, que seque a minha mão direita", parodiado muitas páginas depois: "Se eu me esquecer de ti, Georg Rosenberg, que seque a minha mão direita".[19]

No quarto livro da série, *Aprender a rezar na era da técnica*, o protagonista é o cirurgião Lenz Buchmann, talvez a mais odiosa personagem de Tavares. Inspirado na figura forte de seu pai já morto, Buchmann tem como único objetivo o poder. Ambicioso, ele despreza a humanidade "inferior" e se compraz humilhando pobres, prostitutas e mulheres em geral. Como médico e cirurgião, acredita dominar a vida e a morte, sem sentir a menor empatia ou compaixão para com seus pacientes.

Curar indivíduos, para ele, é pouco; ele planeja curar a própria cidade, submetendo-a a seus princípios, baseados na razão e na força. Seu argumento é que, na natureza, impera a lei do mais forte. Para tanto, ingressa no Partido e faz carreira política. Mas quando está prestes a alcançar seus objetivos, é acometido de uma doença fatal. Num estilo cortante e frio como um bisturi, Tavares narra a ascensão e a queda de Buchmann.

A obra de Tavares é ampla, variada e de gênero indefinido, mescla de ficção e reflexão filosófica. Seu objetivo é mostrar o perigo dos discursos totalitários, que são moralistas mas desprovidos de ética. Numa entrevista, ele declarou: "Desconfio dos discursos morais e políticos. Se estudássemos as grandes frases morais de pessoas com poder, ao longo da história, veríamos que são muitas vezes prefácios a grandes tragédias".[20]

Dois dos melhores romancistas brasileiros atuais publicaram obras que podem ser chamadas de pós-utópicas ou distópicas: Ricardo Lísias e Bernardo Carvalho. Diferentemente dos autores acima citados, que trabalham com os significados ideológicos e políticos de suas narrativas, os dois brasileiros trabalham diretamente com a linguagem em que esses significados se encarnam, as linguagens estereotipadas que se manifestam na mídia, no mundo corporativo e na fala de seus adeptos. Em 1966, Roland Barthes já dizia: "Nada é mais essencial a uma sociedade do que a *classificação* de suas linguagens. Mudar essa classificação, deslocar a fala, é fazer uma revolução".[21]

Por coincidência (ou não), os dois romancistas colocam, no centro de seus romances, o mito (no sentido barthesiano) da China atual. Em *O livro dos mandarins*, Ricardo Lísias narra a história de um executivo ambicioso que pretende ser enviado a Pequim como representante do banco em que trabalha, para tratar de negócios com petróleo. A fim de ser selecionado, ele estuda mandarim e lê os escritos de Mao Tsé-tung. Infelizmente, em vez de ser enviado à China, é mandado para o Sudão, onde os negócios chineses prosperam. No Sudão ele se vê às voltas com as sudanesas que sofreram excisão do clitóris. Ao voltar para o Brasil, ele cria uma empresa de consultoria financeira que, de fato, é um bordel com prostitutas sudanesas.

A intriga é inverossímil, mas fundamentada em fatos e tendências da história contemporânea. Não é a intriga o que mais interessa nesse romance, mas a paródia da linguagem corporativa na qual a história é contada. Partindo de uma cuidadosa pesquisa do idioleto das grandes corporações, especialmente as financeiras, Lísias consegue utilizá-lo de forma humorística e crítica. A comicidade do romance começa pelo nome das personagens. Todas têm o mesmo nome: Paulo, o executivo; Paula, a secretária; Paulinho, o sobrinho da secretária; Paul, o chefe de Londres etc., indicando que não têm individualidade. São intercambiáveis, meros peões no tabuleiro das finanças internacionais. No decorrer do romance, esses nomes vão diminuindo, até o desaparecimento.

Paulo é um admirador de Fernando Henrique Cardoso e está satisfeito com o primeiro governo de Luiz Inácio Lula da Silva. Os planos de Paulo, para se tornar o perfeito executivo, incluem o domínio da linguagem empresarial. Uma das coisas mais importantes, diz ele, é "compreender as palavras e saber usá-las com precisão":

> No livro para futuros executivos que o homem Paulo vai escrever mais para a frente, quando estiver sossegado em Pequim, um dos principais capítulos será sobre palavras. Desenvolva alguma intimidade com elas. Saiba usá-las adequadamente e nunca deixe de dar atenção até às mais insignificantes. Além disso, meça cuidadosamente uma por uma. Saiba para quem dirigi-las. Também esteja

sempre acompanhado por palavras de sentido positivo e, nos textos de sua equipe, prefira os termos que destaquem os resultados e a produtividade do trabalho.

E a "carta de intenções" redigida por ele é modelar:

Depois da aula de mandarim, ontem à noite, profissional brilhante definiu a linha geral: em cada página, três palavras-chave no mínimo. Se possível, uma figura e um ideograma, para o leitor usar os dois lados do cérebro e, variando entre dez e quinze parágrafos, uma informação histórica ou um dado cultural. O importante, dica do Paul, será destacar bem a experiência da Petrobras. Profissional brilhante vai, ainda, resumir sua história no banco e, discretamente, revelar que sabe inglês muito bem e que se comunica perfeitamente em espanhol. Nesse trecho, destacará a iniciativa de estudar mandarim. [...] O texto final terá exatamente quarenta páginas. Oitenta, se adicionarmos a versão em inglês que ele mesmo vai providenciar.[22]

O objetivo paródico de Lísias é claro, pelo menos para quem conhece os cursos de *Master in Business Administration* (MBA), nos quais se aprendem esses macetes de linguagem. No decorrer da narrativa, os sucessivos malogros do "profissional brilhante" confirmarão, de modo cruel, a ironia do narrador. O romance de Lísias é uma crítica indireta das mazelas do capitalismo neoliberal — o lucro a qualquer preço, a ambição sem limites, as demissões sumárias, o proxenetismo, assim como suas consequências psicológicas: a decepção e o vazio.

Sua crítica não é, porém, desprovida de esperança. Os romances e novelas anteriores do autor, que têm por tema a violência dos sequestros, os moradores de rua, as ditaduras latino-americanas e a loucura que ronda as pessoas no mundo atual, mostram que ele é um autor profundamente ético e desejoso de um mundo melhor. Entretanto, seu engajamento em causas políticas e sociais não é explícito numa "mensagem", mas exercido com as armas sutis da ficção.

Reprodução, de Bernardo Carvalho, tem em comum com a obra de Lísias a referência ao mito econômico da China e a crítica de uma situação social evidenciada na linguagem das personagens. A história começa num aeroporto brasileiro. O aeroporto internacional é o espaço pós-moderno por excelência: um não lugar onde passageiros anônimos vagam em busca de uma porta para algum lugar, um local fortemente policiado no qual todos são suspeitos de algum crime, terrorista ou alfandegário. Nesse lugar um passageiro, identificado apenas como o "estudante de chinês", quer embarcar para Pequim, encontra na fila sua professora de mandarim, que é brutalmente sequestrada por um policial, e acaba detido como suspeito por um delegado que o interroga.

O que é original, nesse romance, é que sua intriga, complexa, se esclarece pouco a pouco através da fala dos protagonistas. Depois de poucas páginas em que o narrador fornece alguns dados sobre a personagem (está desempregada do mercado financeiro e sofreu uma desilusão amorosa), as 50 páginas seguintes são ocupadas por seu monólogo. Da mesma forma, a segunda parte do romance, que ocupa 73 páginas, é o discurso de uma nova personagem, uma delegada implicada na história. E na terceira parte, a primeira personagem retoma seu discurso, ao longo de 25 páginas. Isso suscita a velha questão do realismo no romance. É sabido que a linguagem verbal não pode representar exatamente o real, ela só pode referir-se a ele. Ora, reproduzir uma fala é a forma mais perfeita de realismo, já que a linguagem de uma personagem pode ser a mimese exata de um acontecimento discursivo.

Na verdade, esse "realismo" só ocorre nos depoimentos policiais gravados e transcritos. Na literatura, o verismo é sempre um "efeito de real". A fala do "estudante de chinês" é um pastiche do discurso típico de um brasileiro de classe média. Ele se considera "um cara hiperinformado", com "opinião própria", porque navega na internet, lê os colunistas dos jornais e revistas, ouve rádio e vê televisão. Ele acredita que a China vai dominar o mundo e que só a língua chinesa (que ele não conseguiu aprender, apesar de seus esforços) prevalecerá. À medida que seu discurso se desenvolve, sua ideologia se revela.

Na tentativa de se justificar, ele alinha, sem se dar conta (o que é próprio da ideologia), toda espécie de lugar-comum preconceituoso: "Não, nenhum preconceito, Deus me livre, sou brasileiro", bordão ideológico que ele vai repetir *ad nauseam*. Racista, classista e homofóbico, ele acha que todas as igrejas são venais, que os índios estão extintos, que a "arte é um crime", que ler romance é uma perda de tempo, e por aí vai. A competência de Bernardo Carvalho na transcrição desse tipo de fala constituída de lugares-comuns é notável, pela vivacidade e pelo encadeamento do discurso. O "estudante de chinês" se explica ao delegado, mas este não fala no texto, e o leitor é habilmente levado a deduzir suas perguntas e observações pelo que o interrogado lhe diz.

Perplexas diante da hiperinformação negativa que absorvem, as personagens expressam conclusões apocalípticas. "E de que adianta salvar o mundo do homem, se não é pra salvar o homem? Está vendo? É um círculo vicioso, não tem saída", diz o "estudante de chinês". "O mundo está calado"; "Todo mundo vai acabar internado um dia"; "Só resta fazer o pior possível. Esculhambar com tudo o que existe", diz a delegada.

Apesar da estereotipia de seus discursos, ambos fazem aflorar problemas reais da realidade: a seca, o trânsito, o fanatismo das multidões, a corrupção política, a superlotação dos presídios, as ciclovias à beira de esgotos, o lixo etc. Mas o que eles dizem a respeito desses problemas é a mera reprodução de informações superficiais. E aqui chegamos à palavra que dá título ao romance. A reprodução é não apenas a dos humanos que superlotam a Terra e a dos vírus que os atacam, mas é também a norma dos comportamentos, das opiniões e dos próprios discursos que tratam desses assuntos.

O tema principal do romance é a questão da linguagem. O próprio das línguas é a repetição, independentemente de qualquer verdade. As diferentes línguas criam mal-entendidos, que provocam desde litígios pessoais até guerras. O romance todo trata da questão das línguas, as que desapareceram, as que dominaram o mundo, as que vão dominá-lo. Numa argumentação sumária, mas não desprovida de fundamento, a delegada explica como, ao perderem suas línguas, os indígenas americanos perderam seu poder de conservar as florestas, e o resultado é o desastre ecológico: "É só juntar uma coisa com outra. Linguística e ambientalismo".

Com ironia e humor, Bernardo Carvalho reproduz o mundo atual de maneira original e poderosa. E esse mundo, como o dos outros autores distópicos, não permite muitas esperanças: "E quem não fica deprimido com o mundo do jeito que está? Lendo jornal, o deprimido pelo menos tem uma razão objetiva pra se deprimir e o velho pra não achar que vai perder alguma coisa, morrendo".[23]

Esses escritores distópicos se abstêm de oferecer soluções para os graves problemas que afligem a humanidade. Mas não é de hoje que a literatura se abstém de fornecer respostas. Desde o início da modernidade, a literatura tem um objetivo eminentemente crítico. A literatura não é resposta ao mundo, é pergunta dirigida a ele. Novamente Barthes:

A interrogação da literatura é então, num único e mesmo movimento, ínfima (com relação às necessidades do mundo) e essencial (já que é essa interrogação que a constitui). Essa interrogação não é: *qual é o sentido do mundo?* nem mesmo, talvez: *o mundo tem um sentido?* mas somente: *eis o mundo: existe sentido nele?* A literatura é então verdade, mas a verdade da literatura é ao mesmo tempo a própria impotência de responder às perguntas que o mundo se faz sobre suas infelicidades, e o poder de fazer perguntas reais, perguntas totais, cuja resposta não esteja pressuposta, de um modo ou de outro, na própria forma da pergunta: empresa que nenhuma filosofia, talvez, tenha conseguido levar a bom termo, e que pertenceria, pois, à própria literatura.[24]

Se isso já era válido para a alta modernidade, torna-se ainda mais adequado à modernidade tardia, quando a pluralidade, a dispersão e a falsificação dos sentidos do mundo o tornam quase incompreensível. As obras dos escritores aqui arrolados nos dizem: "Eis o estado do mundo", ou "Eis para onde vai o mundo". Eles cumprem, cada um à sua maneira, a função de mostrar a realidade atual e de formular, implicitamente, "perguntas reais, perguntas totais" acerca de seu sentido. A resposta cabe aos leitores, que não encontrarão nas obras literárias nenhuma autoajuda formulada como mensagem, conselho ou receita, mas um poderoso estímulo à sua própria percepção do real e à reflexão decorrente.

14. A literatura exigente

Entre as várias correntes da prosa atual, existe uma que poderíamos chamar de literatura exigente. Esse tipo de literatura prolonga a experimentação praticada na alta modernidade sem, no entanto, repeti-la; ela já assimilou as conquistas do século passado. Seus autores não se conformam com os limites genéricos anteriores à modernidade, mesclam todos os gêneros livremente. A estrutura narrativa não segue o tempo linear da intriga, mas mistura vários segmentos temporais. O enunciador passeia livremente entre a narrativa e as digressões filosóficas ou poéticas. A tendência para a fragmentação, tanto da intriga como do ponto de vista do narrador, que já se anunciava nas obras da modernidade, é agora levada ao extremo, sem preocupação com uma coerência totalizadora. É uma experimentação exercida menos na própria linguagem verbal do que na disposição do discurso, e a dificuldade de sua leitura decorre mais dos subentendidos desse discurso do que do vocabulário ou da sintaxe empregados. São obras que procuram dizer algo a respeito de nosso tempo que não é dito na linguagem atual dos meios de comunicação.

Um de seus melhores representantes é o alemão W. G. Sebald (1944-2005), autor de *Austerlitz*. Nesse romance, como nos anteriores — *Os emigrantes* (1992) e *Os anéis de Saturno* (1995) —, Sebald inovou a prosa literária, num gênero complexo que ilustra as maiores tendências da literatura contemporânea: história, testemunho, memória, experiência, viagens, distopia, espectrologia. Assim, ele poderia figurar em outros capítulos deste livro. Se eu o situo aqui é pelo fato de ele representar uma nova forma narrativa, exigente na composição e na linguagem.

Na temática, o desafio enfrentado e vencido por Sebald foi a ficcionalização dos crimes de seu país no século XX, considerados por muitos como irrepresentáveis artisticamente, devido ao grau de horror atingido pelas práticas nazistas. A forma criada por Sebald para encarar esse passado foi uma "escrita elíptica" ou oblíqua, feita de farrapos de memória e fragmentos de reflexão, que desenham uma história individual despedaçada pela história. Ele caracterizou sua obra como "ficção documental", mas essa caracterização é muito modesta para defini-la. *Austerlitz* é muito mais do que um documento, é um réquiem pelas vítimas do nazismo, que ainda pairam como almas perdidas na Europa de hoje. Contrariando o suposto progresso da história, Sebald retroage no tempo para manter presentes, na memória dos homens, os terríveis acontecimentos do século XX.

Sua personagem, Jacques Austerlitz, recupera, pouco a pouco, a memória de seu passado de menino judeu cuja mãe morreu em Auschwitz. Adotado por uma família inglesa e agora um professor deprimido, ele viaja por vários países europeus, buscando os vestígios de sua história pessoal e da história europeia, ambas construídas sobre escombros e cemitérios. A fragilidade das lembranças e o apagamento dos rastros das pessoas desaparecidas criam uma ficção fantasmagórica, mais impactante para o leitor do que seria um simples relato dos eventos evocados. O estilo digressivo de Sebald, suas frases longas dispostas sem abertura de parágrafo exigem, do leitor, uma leitura atenta e capaz de captar as sugestões e os não ditos. O tempo de *Austerlitz* é um momento póstumo, depois que tudo foi destruído. A própria língua é comparada a uma velha cidade em permanente decomposição.

O texto de Sebald é acompanhado de fotografias em branco e preto, que não são ilustrações do que é narrado, mas vestígios enigmáticos. O próprio Austerlitz fala de seu interesse pelas fotografias:

> No trabalho de fotógrafo, sempre me encantou o instante em que as sombras da realidade parecem surgir do nada sobre o papel em exposição, tais como recordações [...] que nos ocorrem no meio da noite e que tornam a escurecer rapidamente caso se tente agarrá-las, à maneira de uma prova fotográfica deixada muito tempo no banho de revelação.

A inserção de fotografias no romance foi inaugurada pelo surrealista André Breton, em *Nadja* (1928), com o mesmo objetivo de captar as sombras da realidade: "Cuidado!", diz Nadja. "Tudo desaparece. É preciso que algo reste de nós." Entretanto, o que a fotografia fixa está sempre ligado à consciência da morte: a imagem dos vivos que vão morrer, o reflexo daqueles que já morreram. Assim como Nadja, que sentia a presença dos mortos sob o chão de Paris, Austerlitz vive cercado de fantasmas:

> Sinto cada vez mais como se o tempo não existisse em absoluto, somente diversos espaços que se imbricam segundo uma estereometria superior, entre os quais vivos e mortos podem ir de lá para cá como bem quiserem e, quanto mais penso nisso, mais me parece que nós, que ainda vivemos, somos seres irreais aos olhos dos

mortos e visíveis somente de vez em quando, em determinadas condições de luz e atmosfera.

A personagem de Sebald é um especialista em arquitetura, e as reflexões sobre os monumentos europeus têm um papel relevante no romance. O encontro de Austerlitz (homônimo de uma estação ferroviária de Paris) com seu interlocutor se dá numa estação de Antuérpia, que é o primeiro monumento comentado no romance. Vários edifícios grandiosos serão citados ao longo da obra, sempre ligados à ideia de destruição: "Os edifícios superdimensionados lançam previamente a sombra de sua própria destruição e são concebidos desde o início em vista de sua posterior existência como ruínas"; "como se a história da arquitetura e da civilização da era burguesa apontasse na direção da catástrofe que se delineava".[1]

De várias maneiras, os monumentos europeus estão ligados à morte. As ruínas deixadas pela Segunda Guerra Mundial atestam sua fragilidade. O narrador lembra os inúmeros trabalhadores anônimos que sofreram para construí-los. As estações ferroviárias foram usadas no transporte dos prisioneiros para os campos de concentração. Até mesmo a nova Biblioteca Nacional da França, fria e inóspita, é vista como uma imensa tumba de documentos. Impossível não lembrar a frase de Walter Benjamin: "Nunca houve um monumento de cultura que não fosse também um monumento de barbárie".[2]

Muito já foi dito e muito resta a dizer sobre os romances de Sebald. Sua leitura não é amena, mas através de seus deslocamentos temáticos e estruturais o romancista conduz o leitor a uma reflexão e a uma compaixão condizentes com a memória fragmentada dos sobreviventes do século XX. Sobre sua importância na literatura contemporânea, basta lembrar o que disse dele Susan Sontag:

A grandeza literária ainda é possível? Diante da implacável desistência da ambição literária, e a ascendência atual do tépido, da tagarelice e da crueldade sem sentido como temas ficcionais, com o que se pareceria, hoje, uma empresa nobre? Uma das únicas respostas possíveis […] é o trabalho de W. G. Sebald.[3]

Outro escritor que aposta na inteligência e na cultura dos leitores é o francês Pascal Quignard,[4] que é também músico e professor. Depois de publicar mais de uma dezena de romances, dos quais o mais famoso é *Todas as manhãs do mundo* (1991),[5] desde 2002 ele tem se dedicado a uma escritura fragmentária, que mescla reflexões filosóficas, estéticas e científicas, trechos narrativos, citações e poemas. Esses escritos se abrigam sob o título geral de *Dernier Royaume* [Último reino], cujo último volume, o nono, é de 2014.[6] O abandono do gênero romance foi causado, segundo ele, por um desejo de "desprogramar a literatura" e voltar a escrever algo como *Os ensaios* de Montaigne, obra livre e eclética. Quignard é herdeiro da escrita fragmentária do romantismo alemão (Novalis em especial), praticada por escritores da alta modernidade, como Fernando Pessoa no *Livro do desassossego*.

Escritor erudito, ele se move livremente entre a pré-história, os gregos, os romanos, os poetas orientais, falando de música, de artes plásticas e de literatura com a mesma desenvoltura com que fala de animais e plantas, em blocos de palavras que compõem pequenos ensaios-poemas, como este:

A lagarta ignora a borboleta da qual ela constrói a casca de metamorfose.
A aranha fia sua teia de predação sem conhecer a presa.
Da mesma maneira, a música seu canto.
A língua, seu livro.[7]

Quignard se considera mais leitor do que escritor. Sua obra é largamente citacional, embora, muitas vezes, não se possa distinguir o que é citação do que é sua leitura da citação. Essa mistura de referências nos é oferecida como uma recuperação e uma renovação: "Estou copiando frases que caíram, elas mesmas, no tempo, e que a idade desacostumou".[8] Reflexão sobre as ruínas, nesse romântico tardio.

Para Quignard, o escritor não é um marginal, porque "quem define a marginalidade é a moral corrente"; o escritor é hoje um "dissidente", diz ele em *Les Ombres errantes* [As sombras errantes]. Ler Quignard é acompanhar um pensamento errante que passeia da mais remota Antiguidade até os dias atuais e vice-versa, porque para ele "as obras de arte são todas contemporâneas umas das outras". Sua obra não é apenas ensaística; é uma obra intelectual, mas sobretudo artística, por sua linguagem precisa, poética, uma linguagem que, segundo sua própria definição de poesia, diz aquela palavra que nos faltava: "O poema é o nome encontrado. Fazer corpo com a língua é o poema. Para fornecer uma definição precisa do poema, talvez seja preciso aceitar dizer simplesmente: o poema é o oposto exato da palavra na ponta da língua".[9] O objetivo de Quignard é, segundo ele, "dar à luz uma forma intensiva, inerente, omnigenérica, cissípara, curto-circuitante".[10] Não é preciso dizer que a leitura de seus últimos textos é trabalhosa, mas oferece grandes momentos de gozo ao leitor exigente.

No Brasil, vários escritores podem ser incluídos nessa tendência da prosa atual. São autores de obras de gênero inclassificável, misto de ficção, diário, ensaio, crônica e poesia. São livros que não dão moleza ao leitor; exigem leitura atenta, releitura, reflexão e uma bagagem razoável de cultura, alta e pop, para partilhar as referências explícitas e implícitas. A linhagem literária reivindicada por esses autores é constituída dos mais complexos escritores da alta modernidade: Joyce, Kafka, Beckett, Blanchot, Borges, Thomas Bernhard, Clarice Lispector, Pessoa... Os autores dessas novas obras nasceram todos por volta de 1960, a maioria deles passou por ou está na universidade, como pós-graduandos ou professores, o que lhes fornece uma boa bagagem de leituras e de teoria literária; alguns são também artistas plásticos, o que acentua o caráter transgenérico dessa produção. E diga-se desde já: se para alguns leitores são excelentes escritores, para outros são aborrecidos e incompreensíveis.

Tratarei aqui de apenas alguns deles, não porque sejam os únicos, mas porque ilustram, de modo exemplar, essa tendência. Alguns traços gerais os irmanam. O principal deles é a desconfiança. Desconfiam do sujeito como "eu", do narrador, da narrativa, das personagens, da verdade e das possibilidades da linguagem de dizer a realidade. Pertencem ainda e cada vez mais àquele tempo que Stendhal chamou, já no século XIX, de "era da suspeita", e que Nathalie Sarraute consagrou ao caracterizar o romance experimental do século XX. Nossa época, diz ela, "revela no autor e no leitor um estado de espírito particularmente sofisticado. Não apenas eles desconfiam da personagem de romance, mas, através dela, desconfiam um do outro" (*L'Ère du soupçon*, 1956). Segundo ela, autores e leitores estariam cansados dos "sentimentos de confecção", das "emoções convencionais" e das "reminiscências literárias".

Mais de meio século depois dessas considerações de Sarraute, a maioria dos escritores atuais parece não sofrer com tais suspeitas. Mas esses a que me refiro são todos desconfiados. Um exemplo entre muitos:

> Escrevo sendo filmado e esquadrinhado pela medida opressiva de duzentos olhares e duzentas vozes, então um frio horror se aloja no meu peito. É o terror da falsidade. A desconfiança permanente por

ocupar um lugar tão frágil, pois o que pode uma nascente no meio do asfalto? [Juliano Garcia Pessanha, *Instabilidade perpétua*].[11]

Desconfiam do "eu":

Não procurem nada atrás de meus escritos, "eu" se existir, está todo neles, bem à tona. Sim, o eu é uma das nossas mais caras ficções — carecemos dela apaixonadamente; [...] o eu é incrivelmente diviso, um tanto suspenso de si, eu sou quem não sou, mesmo e outro [Evando Nascimento, *Retrato desnatural*].[12]

Desconfiam do narrador:

O narrador está calado. Até quando não sabemos. [...] E então, de que se faria a palavra sem corpo do narrador? De que se faria, ou ao que se daria esta palavra? [...] À memória desmaterializada dos homens e das gentes que circulam no mercado de ações? [André Queiroz, *Outros nomes, sopro*].[13]

O narrador pode ser apenas uma língua sem corpo: "Esta pessoa denegada, quase toda ausente, que depende da gramática para se manter, manifestando-se pela língua crescida e projetada que só o sufocamento pode produzir" (Carlos de Brito e Mello, *A passagem tensa dos corpos*).[14]

Desconfiam das histórias: "Não há mais história para se contar. Não há mais memória de guardados em restos de fazenda e de tecidos de terceira linha. Desfiados, os tecidos. Desmoronados, os resíduos e as partes deste si" (André Queiroz).[15] Ou: "Não, gente demais já morreu e histórias demais, de quem mais ninguém se lembra, enchem o vento agora, feito um marulho sem mar" (Nuno Ramos, *Ó*).[16] Ou: "Existe uma história, se toda metáfora e toda memória são insatisfatórias?" (Julián Fuks, *Procura do romance*).[17]

Desconfiam da literatura como instituição e repetição de fórmulas: "A tagarelice da literatura, esse nomear segundo — menos preciso e carregado de vaidade, [...] esta literatice" (André Queiroz).[18] "Podemos agora renomear o mundo, isso outrora se designava como literatura" (Evando Nascimento).[19] Desconfiam da escrita como representação:

> Toda a interminável noite da escrita está no fim. [...] Ó cão, os signos são todos perecíveis! E as palavras não passam de cascas de coisas que eram que foram que vieram se esfarelando na ladeira das eras até se tornarem o que são — esta fala: gargarejo, cacareco [Alberto Martins, *A história dos ossos*].

Os exemplos poderiam multiplicar-se, mas passemos a outro traço comum. São textos que, em vez de descrever grandes paisagens, concentram-se frequentemente em coisas minúsculas: restos, resíduos, cantos, cacos, lixo. Darei apenas dois exemplos:

> No grosso era areia batida que se cobria aos sábados e domingos de milhares de saquinhos de polvilho, copos de plástico, garrafas de cerveja, brinquedos destocados, restos de jornal, vidros de loção, chaves, isqueiros, cortadores de unha, alianças e mais um sem-número de objetos que aproveitavam o fim de semana para mudar de dono [Alberto Martins].[20]

Ou:

> Sem conseguir escolher se a vida é bênção ou matéria estúpida, examinar então, pacientemente, algumas pedras, organismos secos, passas, catarros, pegadas de animais antigos, desenhos que vejo nas nuvens [...] olhando a um só tempo do alto e de dentro para o

enorme palco, como quem quer escolher e não consegue: matéria ou linguagem? [Nuno Ramos].

Não por acaso, os mais sensíveis ao apelo sensorial desses detritos são os escritores também artistas plásticos, como os dois últimos citados. Num mundo excessivamente carregado de coisas pretensamente úteis e funcionais, podemos cultivar "um desejo de desperdício e falta de função". Diz Nuno Ramos: "O interessante é que não sejam ruínas mas pequenas células de inutilidade ou de utilidade incompreensível, em meio à avalanche de propósitos, à avareza minuciosa incrustada na fração circular de cada dia".

Perpassam, nessas enumerações de restos e detritos, tanto a preocupação ecológica quanto a memória de tantas ruínas históricas e culturais sobrevoadas pelo anjo de Klee (via Walter Benjamin), familiar a todos esses escritores. Mas as preocupações apenas perpassam, porque eles também não acreditam na literatura de mensagem, na literatura engajada. Apenas registram, com lucidez e desgosto, o estado lamentável de nossa "civilização". Atentando para seus restos, eles rejeitam o excesso de informação, de consumo, de imagens: a "face regressiva da tecnologia" como instrumento de guerra, a "fantasmagoria ininterrupta" da televisão, nosso "eterno presente aflito" (Nuno Ramos).

Às vezes, é possível arrancar desses restos

o pequeno infinito da epifania, dessa minúcia preciosa que nada poderá reproduzir (textura da cortina, mancha de mofo, borda da manteiga, beijo plissado, luz às três da tarde, samba, sandália), porque a memória depende de treino, de atenção ao que parece único, e encontra nisso sua função mais elevada: frear a multiplicação desordenada do que acontece simultaneamente [Nuno Ramos].[21]

E o resultado dessa atenção é poesia:

Ah língua da infância, muda de lembranças — por toda parte só areia, imensas e monótonas dunas de areia. Aqui a vida desistiu de existir e o tempo se reduz a um prolongamento do nada. Uma luz impenetrável incide sobre lagartos e pedras. Delas é que mais me aproximo. De dia entalam no calor do sol. À noite estalam sob rajadas de areia fria. Areia no vento é lixa — lâmina que penetra nas frinchas, incha, rabisca. Depois o vento sopra e seca áspero as feridas [Alberto Martins].[22]

A reflexão implícita nas obras desses escritores é complexa, mas seus textos são despojados, sem pirotecnias verbais como as dos modernistas. O trabalho da linguagem é de outro tipo. É a procura de dizer o que ainda não foi dito, com vocabulário e sintaxe conhecidos, "normais". Em geral, eles preferem dizer menos a dizer mais, pressupondo que tanto já foi dito e redito que o leitor entende por meias palavras. Do mesmo modo, quando narram, evitam explicar as implicações psicológicas dos fatos para não cair em clichês, coisa que eles temem mais do que tudo. Os fatos e sentimentos são dados a partir de índices. Assim, em Nuno Ramos, na narrativa da venda da casa paterna, depois de acontecimentos só rapidamente referidos como "terríveis", todo o afeto, o luto, a perda, a dor e a revolta estão contidos na pergunta irada: "Esta casa? Esta casa aqui?".[23]

Ao contrário da "angústia da página branca" de que se queixavam os antigos escritores à espera da inspiração, os escritores de hoje lutam com o excesso de informação que nos oprime:

Quando se começa, nunca se está diante da folha ou da tela em branco, no papel, pano ou cristal líquido, a folha lívida e lisa já está cheia de clichês, montoeira de inutilidades que é preciso limpar para iniciar o trabalho, e o principal clichê foi o que acabei de mencionar [Evando Nascimento].[24]

Vivemos em "um universo inteiro hipernomeado de sentido, hipersaturado de narrações" (Juliano Garcia Pessanha).[25]

Apesar das desconfianças na narração e na descrição, esses escritores por vezes narram e descrevem cenas lembradas ou imaginadas. Em muitos deles, as cenas ocorrem em hospitais, cemitérios ou campos de batalha. A morte é um tema constante em suas obras, não apenas porque ela é o tema humano por excelência, tratado em toda a história da literatura, mas porque, em nosso tempo, ela está onipresente nos noticiários, nas imagens e até mesmo na recusa em aceitá-la. Nesses escritores, o sentimento de que estamos numa época terminal da humanidade se mistura à reflexão sobre a morte individual.

Entre os mortos e ausentes evocados nessas narrativas, avulta a figura do pai. "O pai sumido" de Nuno Ramos, os ossos do pai em Alberto Martins, a agonia do pai em André Queiroz, a "passagem tensa" do corpo paterno em Carlos de Brito e Mello, o pai protetor da infância em Julián Fuks. A morte do pai, experimentada na existência ou ficcionalizada, é um Leitmotiv de nossa época. A geração a que pertencem esses escritores é composta de órfãos: órfãos dos grandes modelos literários e artísticos, órfãos da proteção do Estado, órfãos de ideologias e, já há muito tempo, órfãos de Deus. A carta ao pai, de Kafka, às vezes referida nesses textos, é o atestado de nascimento dessa tribo de órfãos. Encontramo-la igualmente em obras de outra feitura, como o belo *Ribamar*, de José Castello.[26]

Apesar desses traços comuns, cada um desses escritores "difíceis" tem uma forte marca autoral. Carlos de Brito e Mello narra uma história fantástica, num romance de enredo e estrutura surpreendentes. Evando Nascimento é o mais ensaístico de todos; fala de arte, de política, contém sua própria teoria e sua própria crítica, restando muito pouco a dizer ao "amável crítico" que ele interpela ironicamente. André Queiroz ainda está às voltas com aquilo que se chamou, na França dos anos 1970, de *écriture*. Escreve (e bem) sob a égide de Beckett e Blanchot. Julián Fuks, na procura de seu impossível romance, parece recuperar algumas das preocupações do nouveau roman: a desconfiança em todos os elementos da narração, a desconstrução sistemática do enredo, a descrição minuciosa das coisas e dos próprios passos da personagem, como um autodetetive em busca de indícios que avivem a memória pouco confiável. Alberto Martins justapõe dois relatos aparentemente muito diversos, o primeiro, loquaz e delirante, o segundo, seco como os ossos, a areia e as pedras. Nuno Ramos sabe passar da reflexão grave e trágica a um "elogio do bode", até concluir com um conto engraçadíssimo, "No espelho".

Esses escritores, tão conscientes da triste situação do mundo atual e das dificuldades de seu ofício, em geral não são muito chegados ao humor. Mas há um humor negro em Carlos de Brito e Mello, e muita ironia nos outros. E não se julgue que, por sua temática catastrófica, eles sejam apocalípticos e desesperançados.

> Quem retorna à casa arruinada por um furacão ou uma bomba tem a vida que não viveu a seus pés, talvez melhor e mais autêntica do que a antiga. Toda catástrofe abre os seres, tornando-os essencialmente relacionais. [...] E em meio às lágrimas recolhemos a madeira de nossa nova casa, abrimos os braços ao consolo de um novo amor e sabemos do céu e dos homens o que não sabíamos antes [Nuno Ramos].[27]

Maurice Blanchot dizia que estamos hoje escrevendo e lendo "sob a vigilância do desastre"; mas também devemos considerar que, afinal, "o desastre já ultrapassou o perigo".[28] O próprio ato de escrever é um ato vital, um gesto de amor à vida e um voto de confiança nos outros homens, os possíveis leitores.

E para quem escrevem esses escritores exigentes? Certamente

para um número restrito de leitores, tão inteligentes e refinados quanto eles, leitores que só podem aparecer numa parcela educada da população. Eles sabem que não entrarão nas listas dos mais vendidos, como aqueles que satisfazem os anseios de entretenimento dos leitores médios, estes mesmos tão poucos num país iletrado como o nosso. Mas sabem que encontrarão aqueles poucos que lhes interessam.

Enquanto a maioria dos escritores ainda se aproveita das técnicas narrativas do século XIX, esses escritores exigentes assimilaram as vanguardas do século XX e desejam, agora, sair da modernidade para encontrar maneiras de dizer mais apropriadas para o século XXI.

> Como no século 21 criar algo de novo, se o século 20 tudo inventou? ou ainda: como fazer algo distinto da modernidade sem romper com ela? se rompo com a modernidade, permaneço moderno ou modernista, pois a sua grande linhagem, desde pelo menos os românticos, se fundou em gestos de ruptura [...] como criar sem romper nem se alinhar? A única solução talvez seja simplesmente diferir [Evando Nascimento].[29]

Aos poucos, esse tipo de literatura vai encontrando aqueles a quem se destina, porque leitura é questão de treino. Os leitores que hoje ainda gostam de histórias com começo, meio e fim, recheadas de peripécias e surpresas vividas por personagens que "parecem vivas", foram treinados há muito tempo por escritores que inventaram essa maneira de contar histórias e hoje são lidos com facilidade. Os escritores exigentes procuram novos modos de contar e de se contar, mais condizentes com a complexidade do mundo atual. E eles desafiam os leitores a experimentar novas maneiras de ler. Suas obras pertencem àquele segmento cultural que o sociólogo Pierre Bourdieu chamou, desdenhosamente, de "a distinção".[30] Melhor seria chamá-lo de "a resistência" (ou "a dissidência"), pois eles vão na contramão do discurso fácil da informação e do entretenimento.

A análise sociológica do gosto, efetuada por Bourdieu, visava a comprovar o óbvio: que as escolhas artísticas da classe dominante são diferentes das escolhas feitas pelas classes populares. Em vez de considerar que aquelas escolhas são "classistas", e de condená-las por isso, não seria mais eficiente, politicamente, considerar que a injustiça reside no acesso à arte mais sofisticada, facultado à elite econômica e negado ao povo? Marcel Proust, entre outros, considerava vão escrever "para o povo". Porque ele era classista? Muito pelo contrário, porque era um democrata. Em *Contre Sainte-Beuve* ele escrevia:

> Por que acreditar que um eletricista tem necessidade de que escrevas mal e fales da Revolução Francesa para te entender? Antes, é justo o contrário. Como os parisienses apreciam ler sobre viagens à Oceania, e os ricos apreciam os relatos da vida dos mineiros russos, o povo prefere ler coisas que não se relacionam com a vida dele. No mais, por que estabelecer essa barreira? Um operário [...] pode ser baudelairiano.[31]

Justamente, o ensino público republicano francês da época de Proust facultava a todos o acesso a Baudelaire. Hoje, isso já é menos evidente, e um Baudelaire tende a ser estudado apenas por uma elite que pode pagar boas escolas privadas. Isso, sim, é uma distinção classista.

Conclusão intempestiva

Um livro sobre a literatura contemporânea não pode ter conclusão, porque o contemporâneo é o inacabado, o inconcluso. O contemporâneo é aquele momento inapreensível que logo vai se transformar em passado e, ao mesmo tempo, já traz as marcas do futuro. Por isso, nunca somos exatamente coetâneos de nosso momento histórico. Aliás, estamos sempre mais próximos do passado que nos formou do que do presente, pois este já anuncia um futuro ainda desconhecido para nós.

O filósofo Giorgio Agamben, inspirando-se em Nietzsche e Walter Benjamin, chama o contemporâneo de "o intempestivo":

O compromisso que está em questão na contemporaneidade não tem lugar simplesmente no tempo cronológico: é, no tempo cronológico, algo que urge dentro dele, que o transforma. E essa urgência é a intempestividade, o anacronismo que nos permite apreender o nosso tempo na forma de um "muito cedo" que é também um "muito tarde", de um "já" que é, também, um "ainda não". E, do mesmo modo, reconhecer nas trevas do presente a luz que, sem nunca poder nos alcançar, está perenemente em viagem até nós.

A própria ideia de contemporaneidade exige a consciência de um tempo passado, porque só com relação a este podemos chamar o nosso de tempo presente:

> O contemporâneo não é apenas aquele que, percebendo o escuro do presente, nele apreende a resoluta luz; é também aquele que, dividindo e interpretando o tempo, está à altura de transformá-lo e colocá-lo em relação com outros tempos, de nele ler de modo inédito a história, de citá-la segundo uma necessidade que não provém de maneira nenhuma de seu arbítrio, mas de uma exigência à qual ele não pode responder.[1]

Falar da literatura contemporânea é fazer um recorte artificial na temporalidade, por várias razões. A primeira é que, como série cultural, a literatura nunca está cronologicamente ajustada às outras séries. Ela se desenvolve no interior de uma história própria, cujos marcos são ligeiramente defasados com relação aos acontecimentos históricos e às outras séries culturais das épocas em que ocorreram ou ocorrem. O escritor e seu leitor não dialogam apenas com o mundo em que vivem, mas também com todo o passado da literatura, que eles têm em mente ao escrever ou ao ler. As obras literárias citam o passado e profetizam o futuro, em doses não quantificáveis. Além disso, a obra literária só se concretiza na leitura e, como esta presentifica a obra, ela é sempre contemporânea do leitor. O que é contemporâneo é o modo de ler as obras do passado, e a persistente atualidade das obras antigas é uma medida de seu valor.

Para o historiador ou crítico de literatura, falar da literatura de seu próprio tempo é um risco, porque não temos suficiente distância de nosso objeto, e a imagem que dele podemos dar é sempre parcial e incompleta. Na apresentação de um número da revista *Littérature* dedicado ao tema "Ficções contemporâneas", Tiphaine Samoyault observa: "O contemporâneo é, de fato, o que se subtrai a qualquer avaliação que não seja subjetiva e que escapa a toda classificação, a toda tipologia. [...] Falamos de coisas que só encontrarão seu sentido quando o presente se tiver tornado passado".[2]

Alguns dos temas deste livro já se tornaram passado. A literatura "pós-moderna", por exemplo. O próprio termo "pós-moderno", que tanto excitou os espíritos na virada do século, tem sido menos usado na área da estética e foi adotado vulgarmente na mídia apenas como um indicador cronológico, ou como sinônimo de hipermoderno. O "fim da literatura", como o "bug do milênio", foi apenas um sobressalto do fim do século XX. A produção e a edição de obras literárias, cada vez mais abundantes e dos mais variados gêneros, têm desmentido as previsões apocalípticas.

O livro de papel, considerado no fim do século passado como um objeto perempto, não apenas tem resistido à concorrência das novas tecnologias como foi beneficiado por elas em sua produção e distribuição, tornando-se o objeto mais comercializado na internet. O e-book, que teoricamente deveria substituir o livro impresso, não tem tido o êxito previsto por seus inventores, e recentemente tem perdido terreno em benefício do livro tradicional.

O "fim da literatura" foi tão anunciado e comentado que se transformou num tópos ensaístico, já fatigado e fatigante. Como os escritores parecem não ter tomado conhecimento dessa discussão, e continuam escrevendo abundantemente, teóricos mais recentes têm proposto que se pense "a literatura depois de seu fim". Uma série de encontros realizados na França produziu um livro intitulado *Fins de la littérature: esthétiques et discours de la fin* [Fins da literatura: estéticas e discursos do fim]. Dominique Viart, organizador dessa coletânea de ensaios, afirma:

Acredito que depois desse tempo de sideração que foi o de certa lucidez diante do "desaparecimento da literatura", o qual ocasionou um breve período de ironia, de escrita lúdica e de montagens virtuosas que se chamou de "pós-modernidade", assistimos doravante a uma reformulação do gesto literário.[3]

Apesar de apontarem que os "discursos do fim" são antigos e recorrentes na história da literatura, os ensaístas que colaboram nesse volume reconhecem que nossa época fornece-lhes razões mais fortes, na medida em que o mundo tem experimentado transformações mais intensas e mais rápidas do que nos séculos anteriores.

A globalização econômica, a informática, os progressos da genética, as migrações humanas, o acirramento das guerras religiosas e culturais, o aquecimento global, tudo isso tem tido consequências na vida dos homens sobre a Terra, e a literatura, como sempre fez, tem registrado essa nova situação. Graças aos avanços dos meios de comunicação, os acontecimentos mundiais, de que somos informados em tempo real, dão-nos a impressão de que o mundo vai de mal a pior. Mas talvez essa impressão resulte justamente dessa hiperinformação, imediata e visual, pois o que conhecemos das eras passadas não nos leva a crer que elas foram muito melhores. Diz a lenda que a chegada do ano 1000 provocou o "grande medo" do fim do mundo. Mesmo tendo alguns historiadores contestado essa afirmação, o medievalista Georges Duby observou que o ano 980 foi, na Europa, uma época de profunda depressão, causada pela selvageria das invasões bárbaras, pela fome e pelo deslocamento de populações, pela destruição das instituições, a tal ponto que o uso da escrita se perdeu quase que totalmente.[4] Afinal, como disse Borges de um antepassado seu: "Couberam-lhe, como a todos os homens, maus tempos para viver".[5]

A grande diferença em relação à época atual é que, na Idade Média, os homens acreditavam estar indo em direção da vida eterna, e a partir do Iluminismo tinham como horizonte um mundo mais racional e mais justo. Atualmente, não sabemos mais para onde estamos indo. A falta de projeto paira sobre uma realidade violenta. O que é certo é que, em nossa época, a ciência e a tecnologia têm progredido numa velocidade que o cérebro humano parece incapaz de acompanhar, gerando incerteza e medo. Os benefícios da tecnologia em nossa vida cotidiana são rapidamente assimilados e considerados naturais, enquanto seus usos bélicos, sobretudo depois da fissão nuclear e das armas químicas, nos assustam. Os progressos da ciência, no domínio da genética e da robótica, geram inquietações éticas. O aquecimento global, ameaçando a própria vida na Terra, mais do que uma inquietação, é um fato aterrorizante.

De tudo isso a literatura contemporânea tem tratado, e tem privilegiado os aspectos negativos desse "admirável mundo novo", em narrativas realistas ou alegóricas. A melhor literatura de nosso tempo é crítica. A crítica foi uma invenção da modernidade, visando a um futuro melhor. Agora, na modernidade tardia, a literatura manteve a atitude crítica, mas abandonou a pretensão de vaticinar o futuro. Pelo caráter crítico, explícito ou implícito, de suas narrativas, os escritores contemporâneos continuam cumprindo aquela função que, no auge do romantismo, Victor Hugo atribuía ao poeta: "Teu papel é advertir e continuar pensativo".[6] Entretanto, há uma contradição entre a atitude crítica e o abandono de uma concepção linear e progressiva do tempo, na medida em que, sem um projeto de futuro, a crítica perde parte de sua eficácia. É o que observava Octavio Paz:

O fim da modernidade, o ocaso do futuro, se manifesta na arte e na poesia como uma aceleração que dissolve tanto a noção de futuro como a de mudança. O futuro se converte instantaneamente em passado; as mudanças são tão rápidas que produzem a sensação de imobilidade [...]. Não podemos agora perceber [as mudanças porque elas] desaparecem com a mesma celeridade com que aparecem. Na realidade, não são mudanças, são variações de modelos anteriores [...]. A essa falsa celeridade é preciso adicionar a proliferação.[7]

O tempo decorrido e a disponibilidade da informação em variados suportes têm permitido uma visão ampla da literatura ocidental dos últimos séculos. A web fornece uma quantidade de dados a respeito dela maior e mais rapidamente acessível do que em qualquer época do passado. E a "nuvem" da internet já abriga mais livros que qualquer biblioteca real. O peso imponderável da biblioteca virtual, assim como o reconhecimento da grandeza e da durabilidade das obras de seus predecessores, provoca, nos escritores atuais, certa melancolia: o sentimento de que o melhor já foi feito, e de que estamos agora numa época posterior à grande literatura. E a consciência de que o destino de todo e qualquer livro novo é ir parar num canto dessa nuvem, que cresce incessantemente, agrava essa melancolia.

A narrativa em prosa tem superado qualquer outro gênero de escrita. O gosto pelas histórias, próprio do homem em todos os tempos, tem sido fartamente satisfeito por centenas de romances impressos a cada ano, em todos os países. As crianças e os jovens, que sempre gostaram de histórias, são atendidos por um florescente nicho do mercado editorial, a literatura infantojuvenil. A narrativa de ficção continua tendo um grande número de praticantes e de leitores. Quanto aos leitores, o que se observa é uma nítida diferença quantitativa entre aqueles mais cultos, que compram os livros de qualidade literária, e aqueles leitores médios, que se contentam com histórias sentimentais, fantásticas ou policiais estereotipadas. A lista dos "mais vendidos", sobretudo no

Brasil, o comprova. É raro um romance de qualidade, brasileiro ou estrangeiro, figurar nessa lista, preenchida geralmente por traduções de best-sellers norte-americanos. Para consolo dos amantes dos livros, esses leitores médios pelo menos leem, pois o número daqueles que não leem nada supera, de muito, o de leitores cultos e médios.

A demanda pela narrativa também tem sido atendida pelo cinema, pela televisão e pela internet. Filmes, novelas e séries assumem prioritariamente um componente da narrativa, que é o enredo, poupando o receptor das páginas "chatas" dos livros, isto é, das páginas de descrição ou de reflexão. O caráter visual desses veículos narrativos dispensa as descrições que, nos livros, "atrasam" as peripécias e os desenlaces da trama. Tudo está ali em exposição: os ambientes, as roupas, as caras dos protagonistas. Na verdade, os receptores são dispensados daquele exercício antigo que a narrativa escrita permitia e incentivava: o exercício da imaginação. Em compensação, as imagens cinematográficas têm um forte impacto e, no melhor dos casos, reconfiguram e ampliam a faculdade imaginativa.

Pouco a pouco, porém, os receptores parecem sentir falta das narrativas escritas. Embora os filmes inspirados em romances satisfaçam os amantes de narrativas, também acontece, hoje em dia, que depois de ver o filme os espectadores queiram ler o romance original. Entre o cinema e a literatura, mais do que uma competição, tem havido trocas criativas. Se os filmes e as séries de televisão são frequentemente adaptações de narrativas escritas, há muito o cinema tem influenciado a literatura. Os chamados "clássicos" do cinema constituem atualmente, tanto para os escritores como para todas as pessoas, um repertório de imagens tão importante quanto o conjunto das grandes obras literárias do passado. Tendo primeiro influenciado a narrativa norte-americana do século XX, o cinema aparece fartamente, na literatura contemporânea, como tema, como alusão, como referência, e como inspirador de técnicas: ritmo narrativo, cortes, flashbacks.

A fotografia também aparece na ficção contemporânea, como tema ou como linguagem visual anexada à verbal. Nossa época vai deixar, para o futuro, um número incalculável de imagens fotográficas. Os escritores contemporâneos refletem, frequentemente, sobre a função das fotos em nossa existência. Mais do que conservadoras da memória, as fotos antigas lhes parecem estranhas, fantasmagóricas, mais evocativas da morte do que da vida. Quando elas são incorporadas a uma narrativa, em vez de funcionarem como ilustrações, evidenciam a diferença entre a memória das formas retratadas e a memória das palavras escritas. Ambas as memórias são infiéis, mas somente com palavras podemos apontar essa infidelidade e refletir a esse respeito.

Através dos autores contemporâneos referidos neste livro, observamos algumas tendências atuais da literatura de ficção. A primeira e mais evidente dessas tendências é a abolição dos gêneros literários na prática de gêneros híbridos. Outras características podem ser notadas, não por sua novidade, mas por sua intensificação. A intertextualidade, por exemplo. Citações, pastiches, paródias e outras formas de metaliteratura sempre foram praticados pelos escritores, pois a literatura sempre nasceu da literatura anterior e dela se alimentou. O que é novo, na literatura contemporânea, é a existência de livros que se nutrem quase que exclusivamente de obras anteriores, de livros que ficcionalizam a própria literatura ou a biografia dos escritores canônicos. Se o objetivo dos modernistas foi a *ruptura* com a literatura do passado, a prática de muitos escritores atuais tende a ser uma *releitura* ou uma *reescritura* do passado da literatura.

Outra vertente cara aos escritores e leitores contemporâneos é aquela das narrativas de vida: testemunhos, biografias e autoficções. O romance tem-se apropriado, cada vez mais, da história do século XX, numa espécie de balanço. Numerosos romances europeus têm por tema a Segunda Guerra Mundial, enquanto na América Latina a ficção tem centrado seu interesse nas diversas ditaduras impostas em nossos países ao longo do século passado. Nos romances norte-americanos verifica-se a mesma tendência a rever o passado do país, na contramão da versão oficial do "sonho americano". Não se trata de "romances históricos" ou de "história romanceada", no sentido de uma reconstituição panorâmica e documentada de uma época, mas de obras nas quais se narram experiências particulares de personagens fictícias, implicadas nos momentos mais sombrios daquela que Hobsbawm chamou de "a era dos extremos".

A literatura de ficção, como certa corrente da historiografia contemporânea, se interessa pelas vidas de homens e mulheres comuns naqueles períodos conturbados, fixados pela historiografia tradicional em grandes relatos documentais. A particularidade da ficção, com relação à história da vida cotidiana, é a liberdade de inventar não apenas personagens, mas também seus pensamentos e sentimentos. As novas mídias estocam uma enorme quantidade de informação histórica, mas elas são efêmeras: as pessoas as utilizam de modo rápido e fragmentado, e os próprios sistemas são logo superados por outros, tornando-se obsoletos. Os romances contemporâneos enfocados nos trágicos acontecimentos do século passado reativam, no leitor, uma memória que tende a esmorecer com o tempo e, a partir dela, suscitam uma reflexão que deve servir ao presente e ao futuro.

O gosto atual pela biografia e pela autoficção tem a mesma raiz: a busca de parâmetros existenciais, éticos e estéticos num mundo "desmoronado" ao longo do século passado e desprovido dos modelos anteriormente fornecidos pela religião ou pela ética coletiva. A impossibilidade de compreender o mundo como uma totalidade tem feito com que as pessoas se concentrem em seu cotidiano e apreciem, na literatura atual, a representação da vida corrente, dos pormenores banais, dos sentimentos comuns.

Outro gênero de testemunho é a narrativa de viagem, que continua atraindo um vasto público, reunido periodicamente em festivais. Esse gênero antiquíssimo teve origem quando as longas viagens eram difíceis e raras, e a curiosidade dos que não as realizavam era grande. Uma indagação a ser feita é: Por que, numa época em que as viagens a locais longínquos se tornaram banais, e os documentários filmados nos mostram esses lugares e seus habitantes "ao vivo", ainda há pessoas dispostas a ler relatos de viagem? A resposta pode ser: Justamente por causa da banalização e da padronização das viagens de turismo, determinados leitores buscam, para além das descrições, a experiência pessoal e única do viajante escritor. Esses leitores querem encontrar um olhar sobre o alhures que não seja o de uma câmera ou de um celular, mas um "olhar reflexivo", e "visões comentadas" que só a linguagem verbal pode fornecer.

Em vários gêneros e subgêneros vigentes, o que se nota é a primazia da experiência vital, ao mesmo tempo padronizada e fragilizada nas sociedades contemporâneas. Assim, na maioria dos romances atuais, o que prevalece é um novo realismo, isto é, uma crença renovada na possibilidade de a linguagem representar o real. Como observou o linguista Roman Jakobson, num ensaio erudito e bem-humorado,[8] o "realismo" é sempre uma convenção, e o que se chama vulgarmente de estilo realista é o estilo adotado para descrever o real nos romances do século XIX. O estilo realista atual traz as marcas do jornalismo informativo em sua busca de neutralidade, e do jornalismo policial na sua crueza. Há uma convenção tácita de que quanto mais sórdida for a realidade referida, mais realista é o escritor.

Diálogos transcritos segundo antigas convenções ainda são utilizados por grande parte dos romancistas atuais, mas as réplicas tendem a ser mais rápidas, como na comunicação eletrônica. As experimentações modernistas já não atraem os escritores, que em sua maioria preferem a linguagem simples dos relatos, evitando as metáforas, as invenções verbais e os brilhos estilísticos. "Literário" tornou-se um adjetivo pejorativo para qualificar um estilo, e o estilo ornamentado é considerado kitsch.

É curioso observar, a esse respeito, uma grande diferença entre a literatura e as artes visuais contemporâneas. "Arte contemporânea" é um qualificativo de estilo, "literatura contemporânea" é apenas um indicativo temporal. Enquanto aquilo que se chama de "arte contemporânea" tem se afastado do público, repetindo o gesto de ruptura modernista de um Duchamp, deixando o espectador perplexo ou chocado, a maior parte da literatura narrativa contemporânea tem se reaproximado dos leitores, voltando a contar histórias num estilo comunicativo. Salvo raríssimas exceções, os escritores de ficção não têm retomado o experimentalismo das vanguardas modernistas, que dificultava a comunicação com os leitores.

Parece que os artistas visuais contemporâneos, ao criarem uma obra, realizam um projeto exclusivamente pessoal, ou destinado a outros artistas, a curadores e galeristas, sem pensar muito no espectador, enquanto os escritores dialogam sempre com os leitores. A afirmação de que é arte o que o espectador considerar como arte não vale para a arte da palavra, provavelmente porque, enquanto as artes visuais abandonaram qualquer código estético anterior, a literatura tem como instrumento um código forte e relativamente estável, compartilhado pelo escritor e por seu leitor: a linguagem verbal. Mesmo em suas experiências extremas, a linguagem verbal sempre comunica, isto é, cria significação, e quando é violentada torna-se simplesmente incompreensível, *in-significante*. Até mesmo Roland Barthes, que durante certo tempo defendeu a escritura de vanguarda, acabou por dizer, em 1978:

Entretanto, pouco a pouco, afirma-se em mim um desejo crescente de legibilidade. Desejo que os textos que recebo sejam "legíveis". Como? Por um trabalho da Frase, da Sintaxe [...]. Uma ideia extravagante me vem (extravagante por ser humanista): "Nunca se dirá quanto amor (pelo outro, o leitor) existe no trabalho da frase".[9]

São questões para serem pensadas: Em razão de seu instrumento, a linguagem verbal, servir prioritariamente à comunicação entre os homens, seria a literatura atual mais "humanista" do que as artes visuais? Outra questão: As funções da linguagem, definidas por Roman Jakobson em 1960,[10] continuam valendo para a literatura contemporânea? A definição do linguista, segundo o qual a literatura é voltada mais para a própria mensagem do que para o emissor ou para o referente, servia bem à literatura das vanguardas. A literatura atual apela para as outras funções (referencial, emotiva, metalinguística) tanto quanto para a função estética.

Em suma, a literatura de hoje apresenta mais mutações temáticas do que mudanças formais. Na falta de utopias teleológicas, é uma literatura do agora, do *kairós*, do momento. As mutações temáticas decorrem do que acontece no mundo de hoje, enquanto na forma não se veem mudanças radicais como as pretendidas e efetuadas pelos escritores modernos.

De qualquer modo, a literatura ainda não acabou. Pelo contrário, dá mostras de grande vitalidade e variedade. Ela está em mutação, como sempre esteve, com a diferença de que hoje essa mutação não tem um programa ou um rumo, como acontecia quando ainda era regida por academias ou, mais tarde, por manifestos de vanguarda. A literatura está sempre mudando porque ela é uma instituição que reinventa constantemente suas regras, e essas regras são estabelecidas na própria atividade dos escritores. No momento atual, em que todas as atividades humanas parecem desprovidas de paradigmas e de programas, as características que a definem são, mais do que nunca, precárias e instáveis. E é por isso que precisamos conservar não os modelos, mas os valores que a sustentaram no passado.

Inserida na profusão de práticas culturais da atualidade, a literatura corre o risco de perder suas características mais valiosas e de abrigar qualquer tipo de texto escrito, impresso ou eletrônico. Para que ela mantenha um mínimo de especificidade, é preciso que suas qualidades básicas sejam reafirmadas. O que define um texto literário não é sua temática ou sua autoria, mas a forma como o tema é tratado. Por mais respeitáveis que sejam as causas ilustradas e defendidas num texto, não são elas que o tornam literário. Considerar um texto como "literatura" porque ele tem um valor político é uma atitude ética, mas não estética. Valorizar um texto porque ele provém de um país emergente, de uma comunidade racial, social ou sexual é o mesmo que valorizá-lo (ou condená-lo) em função de uma ideologia ou de uma religião. Ora, quaisquer que sejam sua proveniência e sua temática, um texto merece o qualificativo de literário pela força de sua linguagem, pela capacidade de dizer as coisas de maneira antes insuspeitada, numa forma que, ao ser lida, nos surpreende por sua exatidão, nos emociona por dizer algo do mundo ou de nós mesmos em que não tínhamos pensado ou não conseguíamos expressar tão bem.

O que garante a sobrevivência da literatura não é a sua defesa teórica, nem a sua promoção por instituições e, ainda menos, o seu gerenciamento pela indústria cultural. É o desejo de escrever e o prazer de ler. A possibilidade de escrever e publicar nunca esteve ao alcance de tantas pessoas como em nossa época, e se isso inflaciona a quantidade de escritos banais, também aumenta a chance de aparecer, entre eles, algo digno de nota. Quanto à fruição, ainda não foi inventada outra prática melhor e mais completa de autoconhecimento, de conhecimento dos outros e de reflexão sobre o mundo do que a leitura de um romance ou de um poema. Enquanto permanecer vivo o desejo humano de contar e ouvir histórias, de buscar uma formulação verbal mais significativa do que as que nos cercam e nos anestesiam no cotidiano, "essa estranha instituição chamada literatura"[11] continuará existindo.

Notas

APRESENTAÇÃO [pp. 7-13]

1. Leyla Perrone-Moisés, *Altas literaturas*. São Paulo: Companhia das Letras, 1998.

1. O "FIM DA LITERATURA" [pp. 17-26]

1. Em inglês, inventou-se até um neologismo para designar essa tendência: *endism*.

2. Jacques Derrida, *Demeure*. Paris: Galilée, 1998, pp. 17, 21, 29. As traduções das citações são da autora, exceto quando indicado de outro modo. Citações consecutivas da mesma obra terão suas páginas indicadas pela ordem em que aparecem no texto.

3. Jacques Derrida, *Acts of Literature*. Org. de Derek Attridge. Londres: Routledge, 1992, p. 72.

4. Robert Escarpit, "La Définition du terme 'littérature'". In: *Le Littéraire et le Social*. Paris: Flammarion, 1970, pp. 265, 272.

5. Jean-Paul Sartre, "Qu'est-ce que la littérature?". In: *Situations II*. Paris: Gallimard, 1948, pp. 72, 96, 97, 110, 104, 106, 113.

6. Note-se que, em outros textos mais ligados a circunstâncias políticas

precisas, Sartre defendeu uma forma de engajamento mais primária do que esse sugerido em *Que é a literatura?*.

7. Maurice Blanchot, *O livro por vir*. São Paulo: Martins Fontes, 2005, pp. 285-6, 359.

8. Octavio Paz, *Los hijos del limo*. Barcelona: Seix Barral, 1986, p. 211.

9. Roland Barthes, *La Préparation du roman I et II*. Paris: Seuil; Caen: IMEC, 2003, pp. 49, 361, 353.

10. "A abolição da cultura pela civilização: a perda da importância da leitura e da escrita na sociedade contemporânea", artigo reproduzido e traduzido em *Rascunho*, Curitiba, maio 2003, p. 14.

11. George Steiner, *Nenhuma paixão desperdiçada*. Trad. de Maria Alice Máximo. Rio de Janeiro: Record, 2001, p. 31.

12. William Marx, *L'Adieu à la littérature: histoire d'une dévalorisation. XVIIIᵉ-XXᵉ siècle*. Paris: Minuit, 2005.

2. A LITERATURA NA CULTURA CONTEMPORÂNEA [pp. 27-37]

1. Iouri Tynianov, "Le Fait littéraire". In: *Formalisme et histoire littéraire*. Trad. de C. Depretto-Genty. Lausanne: L'Âge d'Homme, 1991, pp. 212, 230, 221.

2. Octavio Paz, op. cit., p. 211.

3. Theodor Adorno e Max Horkheimer, *Dialética do esclarecimento*. Trad. de Guido Antonio de Almeida. Rio de Janeiro: Zahar, 1985, pp. 113-56, 114, 144.

4. Hannah Arendt, *Entre o passado e o futuro*. 7. ed. Trad. de Mauro W. Barbosa. São Paulo: Perspectiva, 2013, pp. 264, 252, 264-5, 253, 257, 259, 277.

5. Umberto Eco, *Sobre a literatura*. Trad. de Eliana Aguiar. Rio de Janeiro: Record, 2003, p. 213.

6. Susan Sontag, *Ao mesmo tempo*. Trad. de Rubens Figueiredo. São Paulo: Companhia das Letras, 2008, pp. 228-9.

7. Jonathan Franzen, *Como ficar sozinho*. Trad. de Oscar Pilagallo. São Paulo: Companhia das Letras, 2012, p. 224.

8. Susan Sontag, op. cit., pp. 239-40.

9. Claudio Magris, "O romance é concebível sem o mundo moderno?". In: Franco Moretti (Org.), *A cultura do romance*. Trad. de Denise Bottmann. São Paulo: Cosac Naify, 2009, p. 1027. (Coleção O Romance, v. 1).

3. EXISTE UMA LITERATURA PÓS-MODERNA? [pp. 38-49]

1. Haroldo de Campos, "Poesia e modernidade: da morte da arte à

constelação. O poema pós-utópico". In: *O arco-íris branco: ensaios de literatura e cultura*. Rio de Janeiro: Imago, 1997, p. 143.

2. Walter Truett Anderson, na introdução da coletânea *The Fontana Post-modernist Reader* (Londres: Fontana, 1996, pp. 6-7).

3. Octavio Paz, op. cit., p. 218. A crítica do marxismo, em Octavio Paz, não é uma recusa de suas propostas, mas a observação do não cumprimento de seu programa.

4. Ibid., pp. 216, 215-7.

5. Linda Hutcheon, "Conclusion: A Poetics or a Problematics?". In: *A Poetics of Postmodernism*. Londres: Routledge, 1988, pp. 222-31.

6. Umberto Eco, *Postscript to The Name of the Rose* [Pós-escrito a *O nome da rosa*]. Nova York: Harcourt, 1984. Citado em Walter Truett Anderson, op. cit., pp. 31, 33. Eco refuta o termo, mesmo quando aplicado à sua própria obra romanesca (ver "Como escrevo", em Umberto Eco, *Sobre a literatura*, op. cit.).

7. Susan Sontag, op. cit., p. 227.

8. Umberto Eco, *Sobre a literatura*, op. cit., p. 208.

9. Entrevista em *Le Nouvel Observateur*, n. 2376, p. 32, 20 maio 2010.

10. Roland Barthes, *Essais critiques*. Paris: Seuil, 1964, p. 160. [Ed. bras.: "Ensaios críticos". In: *Crítica e verdade*. São Paulo: Perspectiva, 1970, p. 74.]

4. A LITERATURA COMO HERANÇA [pp. 50-9]

1. Harold Bloom, *The Western Canon*. Nova York: Harcourt, 1994, p. 42.

2. Danièle Sallenave, *Le Don des morts*. Paris: Gallimard, 1991, p. 65 e quarta capa.

3. Jacques Derrida e Bernard Stiegler, *Ecographies*. Paris: Galilée, 1996, pp. 34, 100.

4. Jacques Derrida e Elisabeth Roudinesco, *De quoi Demain...*. Paris: Fayard/Galilée, 2001, p. 18.

5. Roland Barthes, *La Préparation du roman I et II*, op. cit., p. 308.

6. Pascal Quignard, *Les Ombres errantes*. Paris: Grasset, 2002, pp. 133-4. (Dernier Royaume, v. I).

7. Pierre Michon, *Corps du roi*. Paris: Verdier, 2002, pp. 13, 16, 14, 58, 67, 68.

8. Id., *Vidas minúsculas*. Trad. de Mário Laranjeira. São Paulo: Estação Liberdade, 2004, p. 38.

9. A citação de Pasolini é a seguinte: "Privado de vida pessoal, de casa, de pátria, de partido etc., ele fez da literatura sua única razão de viver, e a seriedade com a qual ele considera o mundo literário dá um aperto no coração" (p. 20).

5. A CRÍTICA LITERÁRIA [pp. 60-9]

1. *The New York Review of Books, Le Monde des Livres*, assim como os brasileiros *Aliás*, de *O Estado de S. Paulo*, e *Ilustríssima*, da *Folha de S.Paulo*, alargaram sua temática. Jornais ou suplementos exclusivamente literários ainda subsistem em alguns países. É o caso de *The Times Literary Supplement*, do suplemento cultural *Babelia*, de *El País*, da *Quinzaine littéraire* e, entre nós, do *Rascunho* e do *Suplemento Literário de Minas Gerais*.

2. Italo Calvino, *Por que ler os clássicos*. Trad. de Nilson Moulin. São Paulo: Companhia das Letras, 1994, p. 11.

3. Michel Butor, *Répertoire III*. Paris: Minuit, 1968, p. 16.

4. Roland Barthes, *Essais critiques*, op. cit., p. 256. [*Crítica e verdade*, op. cit., p. 162.]

6. O ENSINO DA LITERATURA [pp. 70-82]

1. Frank Kermode, *Um apetite pela poesia: ensaios de interpretação literária*. Trad. de Sebastião Uchoa Leite. São Paulo: Edusp, 1993.

2. Robert Alter, *The Pleasures of Reading in an Ideological Age*. Nova York: W. W. Norton, 1989.

3. George Levine, *Aesthetic & Ideology*. Nova Jersey: Rutgers University Press, 1994.

4. Peter Widdowson, *Literature*. Londres: Routledge, 1999, p. 2.

5. Antoine Compagnon, "Après la Littérature". *Le Débat*, Paris, n. 110, pp. 136-54, 2002.

6. Em 2006, publiquei uma análise desses "parâmetros curriculares": "Literatura para todos" (*Literatura e Sociedade*, São Paulo, Departamento de Teoria Literária e Literatura Comparada da USP, n. 9, pp. 17-29).

7. Tzvetan Todorov, *A literatura em perigo*. Trad. de Caio Moreira. Rio de Janeiro: Difel, 2009.

8. Roland Barthes, *Aula*. São Paulo: Cultrix, 1980, p. 18.

9. Michel Jarrety, "Propositions pour un enseignement littéraire". *Europe*, Paris, n. 863, p. 201, 2001.

10. Antoine Compagnon, *Literatura para quê?* Trad. de Laura Taddei Brandini. Belo Horizonte: Ed. da UFMG, 2009, p. 47.

11. Roland Barthes, *Aula*, op. cit.

12. Ver Nuccio Ordine, *A utilidade do inútil* (trad. de Luiz Carlos Bombassaro; Rio de Janeiro: Zahar, 2016).

7. A NOVA TEORIA DO ROMANCE [pp. 85-112]

1. André Breton, "Manifesto do surrealismo", 1924. Valéry negou, posteriormente, que tivesse feito tal declaração, mas ela permaneceu na lembrança de todos, porque estava perfeitamente enquadrada na opinião vanguardista acerca do romance.

2. Georg Lukács, *Teoria do romance*. Trad. de José Marcos Mariani de Macedo. São Paulo: Duas Cidades; Ed. 34, 2000, pp. 17, 60, 160, 158-9.

3. Lucien Goldmann, *Sociologia do romance*. Trad. de Álvaro Cabral. Rio de Janeiro: Paz e Terra, 1976.

4. Ferenc Fehér, *O romance está morrendo?* Trad. de Eduardo Lima. Rio de Janeiro: Paz e Terra, 1997.

5. Publicado na revista *Akzente*, fascículo v, Berlim, 1954. Tradução francesa em Theodor Adorno, *Notes sur la littérature* (Paris: Flammarion, 1984), p. 43.

6. Nathalie Sarraute, *L'Ère du soupçon*. Paris: Gallimard, 1956.

7. Alain Robbe-Grillet, *Por um novo romance*. Trad. de Teixeira Coelho Netto. São Paulo: Documentos, 1969.

8. Um índice suplementar da importância internacional desses escritores é o Nobel de Literatura, concedido a vários deles. Não se trata, aqui, de referir esse prêmio como garantia de valor. Todos sabem que o Nobel tem critérios geopolíticos, além dos literários, e que ao longo dos anos foi concedido a não merecedores e negado a merecedores (como Jorge Luis Borges, por exemplo). Mas é sem dúvida o mais importante por ser internacional e, além disso, o mais vultoso e o mais noticiado.

9. Claude Simon, *Quatre Conférences*. Paris: Minuit, 2012, pp. 81, 97, 123.

10. Em *Geografia do romance*. Trad. de Carlos Nougué; Rio de Janeiro: Rocco, 2007, pp. 9-33, 14, 33.

11. Nascido em 1929.

12. Milan Kundera, *A arte do romance*. Trad. de Teresa Bulhões Carvalho da Fonseca. São Paulo: Companhia das Letras, 2009, pp. 14, 81, 46, 150.

13. Id., *Os testamentos traídos*. Trad. de Teresa Bulhões Carvalho da Fonseca e Maria Luiza Newlands Silveira. Rio de Janeiro: Nova Fronteira, 1994.

14. Id., *A cortina*. São Paulo: Companhia das Letras, 2006. Citado a partir da edição francesa (*Le Rideau, essai en sept parties*. Paris: Gallimard, 2005), pp. 19, 23, 29, 115, 182.

15. Nascido em 1936, Prêmio Nobel em 2010.

16. Mario Vargas Llosa, *A verdade das mentiras*. Trad. de Cordélia Magalhães. São Paulo: Arx, 2004, pp. 16, 24, 22, 30, 380, 381, 382, 20.

17. Id., "É possível pensar o mundo moderno sem o romance?". In: Franco

Moretti (Org.), *A cultura do romance*. Trad. de Denise Bottmann. São Paulo: Cosac Naify, 2009, pp. 19-32, 21, 22, 23, 24, 26, 28, 31, 32. (Coleção O Romance, v. 1).

18. Nascido em 1952, Prêmio Nobel em 2006.

19. Orhan Pamuk, *O romancista ingênuo e o sentimental*. Trad. de Hildegard Feist. São Paulo: Companhia das Letras, 2011, pp. 9, 16, 23, 53.

20. Nascido em 1940, Prêmio Nobel em 2003.

21. J.M. Coetzee, *Mecanismos internos: ensaios sobre literatura (2000-2005)*. Trad. de Sergio Flaksman. São Paulo: Companhia das Letras, 2011, pp. 11, 306, 318.

22. Nascido em 1935.

23. Recolhidos em *À la Réflexion* (trad. de Marc Amfreville; Paris: Payot & Rivages, 2003). Citarei a partir dessa tradução. Ver também *A arte da ficção* (trad. de Guilherme da Silva Braga; Porto Alegre: L&PM, 2009).

24. David Lodge, *À la Réflexion*, op. cit., pp. 57, 66, 67, 68, 69, 71.

25. Susan Sontag, op. cit., pp. 220-40, 221, 227, 228, 229, 235, 240.

26. Nascido em 1959.

27. Jonathan Franzen, op. cit., pp. 210, 215, 216, 219, 220, 221, 224, 225, 226, 227, 271-2, 273.

28. Karl Ove Knausgård, *A morte do pai*. Trad. de Leonardo Pinto Silva. São Paulo: Companhia das Letras, 2013. (Série Minha Luta, v. 1).

29. David Lodge, *À la Réflexion*, op. cit., p. 328.

8. METAFICÇÃO E INTERTEXTUALIDADE [pp. 113-24]

1. E-Dicionário de termos literários de Carlos Ceia, 2010. Disponível em: <www.edtl.com.pt>.

2. William Gass, "Philosophy and the Form of Fiction" [1970]. In: *Fiction and the Figures of Life*. Boston: Godine, 1971.

3. Linda Hutcheon, *Narcissistic Narrative: The Metafictional Paradox*. Ontário: Wilfrid Laurier University Press, 1980, p. 1.

4. Jacques Lacan, *Écrits II*. Paris: Seuil, 1971, p. 233.

5. Ver, entre outros, "Dialogismo e intertextualidade", em meu livro *Texto, crítica, escritura* (3. ed. ampl.; São Paulo: Martins Fontes, 2005, pp. 61-8).

6. Gérard Genette, *Palimpsestes: la littérature au second degré*. Paris: Seuil, 1982, pp. 11-2.

7. Para definir as várias formas que pode tomar a intertextualidade, ver a

preciosa síntese efetuada por Tiphaine Samoyault em *L'Intertextualité: mémoire de la littérature* (Paris: Armand Colin, 2005).

8. Ibid., p. 111.

9. Enrique Vila-Matas, *Bartleby e companhia*. Trad. de Josely Vianna Baptista e Maria Carolina de Araújo. São Paulo: Cosac Naify, 2005, p. 10.

10. Gilles Deleuze, *Crítica e clínica*. Trad. de Peter Pál Pelbart. São Paulo: Ed. 34, 1997, p. 83.

11. Enrique Vila-Matas, *Bartleby e companhia*, op. cit., p. 159.

12. O escritor brasileiro Raduan Nassar poderia ser agregado à lista. Depois de duas obras bem recebidas pela crítica, *Lavoura arcaica* (1975) e *Um copo de cólera* (1978), o escritor abandonou a literatura para se dedicar a outros afazeres.

13. Maurice Blanchot, op. cit., p. 285.

14. Enrique Vila-Matas, *Bartleby e companhia*, op. cit., pp. 146, 127, 128, 177.

15. Id., *O mal de Montano*. Trad. de Celso Mauro Paciornik. São Paulo: Cosac Naify, 2005.

16. Id., *Doutor Pasavento*. Trad. de José Geraldo Couto. São Paulo: Cosac Naify, 2010.

17. Id., *Dublinesca*. Trad. de José Rubens Siqueira. São Paulo: Cosac Naify, 2011, p. 48.

9. OS ESCRITORES COMO PERSONAGENS DE FICÇÃO [pp. 125-48]

1. Versão ampliada do artigo "Os heróis da literatura", publicado em *Estudos Avançados* (São Paulo, v. 25, n. 71, 2011).

2. Roland Barthes, *La Préparation du roman I et II*, op. cit., pp. 312-3.

3. Thomas Carlyle, "The Hero as Man of Letters", "The Hero as Poet". In: *On Heroes, Hero-Worship, and the Heroic in History* [1841]. Citarei a partir da Sterling Edition das *Complete Works* de Carlyle, disponíveis em Project Gutenberg: <www.gutenberg.org>.

4. Johann Gottlieb Fichte, *Über das Wesen des Gelehrten* [Sobre a natureza do homem de letras]. Berlim: In der Himburgischen Buchhandlung, 1806.

5. Walter Benjamin, *Charles Baudelaire: um lírico no auge do capitalismo*. Trad. de José Carlos Martins Barbosa e Hemerson Alves Baptista. São Paulo: Brasiliense, 1994, pp. 67-94. (Obras Escolhidas, v. III).

6. Jorge Luis Borges, "Flaubert y su destino ejemplar". In: *Discusión*. Buenos Aires: Emecé, 1957.

7. Rainer Maria Rilke, *Cartas a um jovem poeta*. Trad. de Paulo Rónai. São Paulo: Globo, 2005, p. 26.

8. Stefan Zweig, *Le Combat avec le démon: Kleist — Hölderlin — Nietzsche*. Paris: Belfond, 1983, p. 8.

9. Tzvetan Todorov, *Les Aventuriers de l'absolu*. Paris: Robert Laffont, 2006, quarta capa e p. 242.

10. Roland Barthes, *La Préparation du roman I et II*, op. cit., p. 359.

11. François Dosse, *Le Pari biographique: écrire une vie*. Paris: La Découverte, 2005, pp. 13, 448.

12. Julian Barnes, *O papagaio de Flaubert*. Trad. de Léa Viveiros de Castro. Rio de Janeiro: Rocco, 1988.

13. Pierre Michon, *Rimbaud, o filho*. Trad. de Juremir M. da Silva. Porto Alegre: Sulina, 2000.

14. Id., *Rimbaud le fils*. Paris: Gallimard, 1991, pp. 81, 82, 13, 17, 56, 69, 70, 109.

15. J. M. G. Le Clézio, *A quarentena*. Trad. de Maria Lucia Machado. São Paulo: Companhia das Letras, 1997, p. 274.

16. José Saramago, *O ano da morte de Ricardo Reis*. Lisboa: Caminho, 1984.

17. Walter Benjamin, "Sur le concept d'histoire". In: *Écrits français*. Paris: Gallimard, 1991, p. 442.

18. Antonio Tabucchi, *Requiem: uma alucinação*. Trad. de Wander de Melo Miranda. São Paulo: Cosac Naify, 2015.

19. Id., *Noturno indiano*. Trad. de Wander de Melo Miranda. Rio de Janeiro: Rocco, 1991.

20. Id., *Os três últimos dias de Fernando Pessoa: um delírio*. Trad. de Roberta Barni. Rio de Janeiro: Rocco, 1996.

21. Leonid Tsípkin, *Verão em Baden-Baden*. Trad. de Fátima Bianchi. São Paulo: Companhia das Letras, 2003, pp. 166, 206.

22. J.M. Coetzee, *O mestre de Petersburgo*. Trad. de Luiz Roberto Mendes Gonçalves. São Paulo: Companhia das Letras, 2003, pp. 237, 239, 241.

23. Colm Tóibín, *O Mestre*. Trad. de José Geraldo Couto. São Paulo: Companhia das Letras, 2005.

24. David Lodge, *Author, Author*. Londres: Viking, 2004.

25. Michael Cunningham, *As horas*. Trad. de Beth Vieira. São Paulo: Companhia das Letras, 1999.

26. Alicia Giménez Bartlett, *A casa de Virginia W*. Trad. de Joana Angélica d'Ávila Melo. Rio de Janeiro: Ediouro, 2005, pp. 194, 161.

27. Um deles foi traduzido no Brasil: *Oscar Wilde e os assassinatos à luz de velas* (trad. de Débora S. G. Isidoro; São Paulo: Ediouro, 2009).

28. Também publicados no Brasil: *A sombra de Allan Poe* (Rio de Janeiro: Ediouro, 2007) e *O último Dickens* (Rio de Janeiro: Record, 2012).

29. Adrien Goetz, *Le Coiffeur de Chateaubriand*. Paris: Grasset, 2010.

30. Digo "os melhores" porque os romancistas cujas obras evoquei são, em sua maioria, reconhecidos como excelentes. Seus romances receberam uma impressionante quantidade de prêmios literários e três deles (Saramago, Coetzee e Le Clézio), o Prêmio Nobel.

31. O próprio Barthes já voltara atrás, manifestando seu interesse pelos "biografemas" (*Sade, Fourier, Loyola* — 1971). E seu último curso deveria terminar por um devaneio em torno das fotos do "álbum Proust", que poderia tê-lo levado a um romance semelhante ao *Rimbaud, o filho*, de Pierre Michon.

32. Mais recentemente, a imprensa especializada francesa notou a abundância de romances cujos heróis são personalidades do passado e indagou: "O gênero do *biopic* está invadindo a literatura francesa?" (*Le Nouvel Observateur*, Paris, 21 ago. 2014). *Biopic* é a abreviação de *Biographical motion picture*. Para o equivalente literário, poderia ser criado o termo *bioficção*, com a abreviação internacional *biofic*.

10. ESPECTROS DA MODERNIDADE LITERÁRIA [pp. 149-69]

1. "Atrelado ao moderno, o pós-moderno é sua continuação e sua extenuação" (Jim Valkama, *Le Moderne et son autre*. Paris: Gagal, 2007).

2. Jacques Derrida, *Spectres de Marx*. Paris: Galilée, 1993.

3. A palavra francesa *hantologie*, neologismo derivado do verbo *hanter* ("assombrar"), implica um trocadilho com *ontologie*, irrecuperável em português.

4. Jacques Derrida, *Spectres de Marx*, op. cit., pp. 27, 162.

5. J. M. G. Le Clézio, *A quarentena*, op. cit., pp. 9, 362, 274.

6. Posfácio a Marie-Françoise Plissart, *Droit de regards* (Paris: Minuit, 1985). Roland Barthes também trata dessa relação em *La Chambre claire*.

7. Jacques Derrida, *Spectres de Marx*, op. cit., pp. 46, 180.

8. Pierre Michon, *Le Roi vient quand il veut: propos sur la littérature*. Paris: Albin Michel, 2007, p. 135.

9. Id., *Rimbaud le fils*, p. 37.

10. Id., *Le Roi vient quand il veut: propos sur la littérature*, op. cit., p. 9.

11. Guy Goffette, *Verlaine d'ardoise et de pluie*. Paris: Gallimard, 1996, pp. 50, 48, 107.

12. Veja-se a orelha da edição brasileira do livro: "Tsípkin mesclou à saga de seu ídolo lances de uma quase espectral viagem que ele próprio, autor

narrador, empreendeu aos santuários dostoievskianos de São Petersburgo, em pleno inverno".

13. Leonid Tsípkin, op. cit., pp. 204-5.

14. A repressão comunista se fará sentir para além do livro de Tsípkin, na medida em que este não pôde ser publicado na Rússia e só por um milagre chegou à Inglaterra, onde foi editado em 1987, após a morte do autor.

15. Leonid Tsípkin, op. cit., p. 206.

16. Jacques Derrida, *Spectres de Marx*, op. cit., p. 28.

17. J.M. Coetzee, *O mestre de Petersburgo*, op. cit., p. 237.

18. Jacques Derrida, *Spectres de Marx*, op. cit., p. 150.

19. A dedicatória escrita por Saramago em meu exemplar do romance acentua o aspecto fantasmal: "Para Leyla Perrone-Moisés, esta história de poetas e fantasmas, num país poético e fantasmal [...]. São Paulo, 28-4-88".

20. Pp. 11, 80, 81, 118, 119, 274-5, 333, 334. Citarei aqui a partir da edição portuguesa de 1984 (José Saramago, op. cit.).

21. "Onde a terra acaba e o mar começa", *Os lusíadas*.

22. Antonio Tabucchi, *Requiem: uma alucinação*, op. cit., pp. 9, 81, 108, 100, 96, 106, 99, 100, 102.

23. Id., *Os três últimos dias de Fernando Pessoa: um delírio*, op. cit., p. 19.

24. Id., *Requiem: uma alucinação*, op. cit., p. 5.

25. Pseudônimo de Rui Manuel Pinto Barbot Costa, romancista português que já confrontara o "espectro" de Eça de Queirós, em *As batalhas do Caia* (1995).

26. Mário Cláudio, *Boa noite, senhor Soares*. Rio de Janeiro: 7Letras, 2009, pp. 28, 31, 79, 80, 51.

27. Jacques Derrida, *Spectres de Marx*, op. cit., pp. 178, 38.

11. A VOLTA DO ROMANÇÃO [pp. 170-203]

1. Ver Alexandre Gefen e Tiphaine Samoyault (Orgs.), *La Taille des romans* (Paris: Classiques Garnier, 2013).

2. Roberto Bolaño, *Os detetives selvagens*. Trad. de Eduardo Brandão. São Paulo: Companhia das Letras, 2006.

3. Jonathan Littell, *As benevolentes*. Trad. de André Telles. Rio de Janeiro: Alfaguara, 2007.

4. Tom Wolfe, *A fogueira das vaidades*. Trad. de Lia Wyler. Rio de Janeiro: Rocco, 1989.

5. David Foster Wallace, *Graça infinita*. Trad. de Caetano W. Galindo. São Paulo: Companhia das Letras, 2014.

6. Jonathan Franzen, *Liberdade*. Trad. de Sergio Flaksmann. São Paulo: Companhia das Letras, 2011.

7. Garth Risk Hallberg, *Cidade em chamas*. Trad. de Caetano W. Galindo. São Paulo: Companhia das Letras, 2016, pp. 17, 987, 408.

8. O lançamento do romance, com a informação de que o autor recebeu 2 milhões de dólares de adiantamento, demonstra que o "romanção" se transformou numa *commodity*.

9. Hoje em dia, diríamos: "concorrer com o Facebook".

10. Não contente com os "efeitos de real" no texto, Hallberg introduz, em seu romance, "interlúdios" visuais: fac-símiles de textos datilografados (alguns com manchas de uso) e manuscritos, um fanzine, recortes de jornal, anúncios, bilhetes etc.

11. Donna Tartt, *O pintassilgo*. Trad. de Sara Grünhagen. São Paulo: Companhia das Letras, 2014.

12. Hallberg ainda cede a esses facilitadores de leitura na parte final de *Cidade em chamas*.

13. Ou a história árabe mais antiga de Leila e Madjun (Madjun = louco de amor), do século VII, que inspirou as narrativas europeias do século XVII, inclusive a tragédia de Shakespeare.

14. Denis de Rougemont, *História do amor no Ocidente*. Trad. de Paulo Brandi. Rio de Janeiro: Rocco, 2003.

15. Roland Barthes, *Fragmentos de um discurso amoroso*. Trad. de Márcia Valéria Martinez de Aguiar. São Paulo: Martins Fontes, 2003, p. xvi.

16. Milan Kundera, *A insustentável leveza do ser*. Trad. de Tereza Bulhões de Carvalho. São Paulo: Companhia das Letras, 2008.

17. Gabriel García Márquez, *O amor nos tempos do cólera*. Trad. de Antônio Callado. Rio de Janeiro: Record, 1985.

18. Ian McEwan, *Reparação*. Trad. de Paulo Henriques Britto. São Paulo: Companhia das Letras, 2002.

19. Alan Pauls, *O passado*. Trad. de Josely Vianna Baptista. São Paulo: Cosac Naify, 2007, p. 478.

20. Mario Vargas Llosa, *Travessuras da menina má*. Trad. de Ari Roitman e Paulina Wacht. Rio de Janeiro: Alfaguara, 2006.

21. *Tia Júlia e o escrevinhador*, de 1977, narrava uma história de amor, mas ela era apenas uma entre outras histórias.

22. Orhan Pamuk, *O museu da inocência*. Trad. de Sergio Flaksman. São Paulo: Companhia das Letras, 2011.

23. Javier Marías, *Os enamoramentos*. Trad. de Eduardo Brandão. São Paulo: Companhia das Letras, 2012, pp. 260, 237, 114, 113-4.

24. Jeffrey Eugenides, *A trama do casamento*. Trad. de Caetano W. Galindo. São Paulo: Companhia das Letras, 2012.

25. Alan Pauls, op. cit., pp. 62, 441.

26. Tiphaine Samoyault, op. cit., pp. 117, 71-2.

27. Javier Marías, op. cit., pp. 131, 135, 144, 154, 207, 139, 142, 281, 342, 261.

28. Jeffrey Eugenides, op. cit., pp. 11, 438, 197, 199.

29. *Folha de S.Paulo*, 10 jun. 2011.

30. Javier Marías, op. cit., p. 242.

12. A AUTOFICÇÃO E OS LIMITES DO EU [pp. 204-19]

1. Versão ampliada do artigo "Knausgård e a arte da ficção", publicado na revista eletrônica *Peixe-elétrico*, n. 2, 2015. Disponível em: <www.peixe-eletrico.com>.

2. "L'autofiction en procès?", *Le Magazine Littéraire*, n°. 440, Paris, 2005, p. 26.

3. Roland Barthes, *Aula*, op. cit., pp. 22-3.

4. Leyla Perrone-Moisés, "O guardião do templo". *Folha de S.Paulo*, 13 maio 2001. Mais!, pp. 12-4.

5. Karl Ove Knausgård, *A morte do pai*, op. cit.; *Um outro amor*. Trad. de Guilherme Braga. São Paulo: Companhia das Letras, 2014. (Série Minha Luta, v. 2); *A ilha da infância*. Trad. de Guilherme Braga. São Paulo: Companhia das Letras, 2015. (Série Minha Luta, v. 3). O quarto volume da série (*Uma temporada no escuro*) tem lançamento previsto para junho de 2016.

6. Id., *A morte do pai*, op. cit., p. 33.

7. Id., *Um outro amor*, op. cit., pp. 69, 555.

8. Id., *A morte do pai*, op. cit., pp. 418-9.

9. Id., *Um outro amor*, op. cit., pp. 133, 545, 434, 195-6, 430.

10. Id., *A morte do pai*, op. cit., pp. 241-3.

11. Id., *Um outro amor*, op. cit., p. 129.

12. In: Franco Moretti (Org.), op. cit., pp. 840 ss.

13. Karl Ove Knausgård, *Um outro amor*, op. cit., p. 556

14. Id., *A ilha da infância*, op. cit., pp. 436, 435.

13. A FICÇÃO DISTÓPICA [pp. 220-37]

1. Haroldo de Campos, op. cit.

2. Nascido em 1956.

3. Michel Houellebecq, *Extensão do domínio da luta*. Porto Alegre: Sulina, 2011.

4. Id., *Partículas elementares*. Porto Alegre: Sulina, 1999.

5. Id., *Plataforma*. Rio de Janeiro: Record, 2002.

6. Id., *A possibilidade de uma ilha*. Rio de Janeiro: Record, 2006.

7. Id., *O mapa e o território*. Rio de Janeiro: Record, 2012.

8. Id., *Submissão*. Rio de Janeiro: Objetiva, 2015.

9. Programa *Répliques*, da rádio France Culture, em 16 abr. 2010.

10. Nascido em 1950.

11. Entrevista na revista *Transfuges* (Paris, n. 80, pp. 31-9, 2014).

12. Antoine Volodine, *Terminus radieux*. Paris: Seuil, 2014, pp. 133, 258, 614.

13. Nascido em 1970.

14. Gonçalo M. Tavares, *Um homem: Klaus Klump*. São Paulo: Companhia das Letras, 2007.

15. Id., *A máquina de Joseph Walser*. São Paulo: Companhia das Letras, 2010.

16. Id., *Jerusalém*. São Paulo: Companhia das Letras, 2006. Prêmio José Saramago 2005, Prêmio Portugal Telecom 2007.

17. Id., *Aprender a rezar na era da técnica*. São Paulo: Companhia das Letras, 2008. Prêmio Melhor Livro Estrangeiro na França 2010.

18. Id., *A máquina de Joseph Walser*, op. cit., p. 108.

19. *Jerusalém*, op. cit., pp. 154, 181.

20. *Jornal de Letras, Artes e Ideias*, Lisboa, 2005.

21. Roland Barthes, *Crítica e verdade*. São Paulo: Perspectiva, 1970, p. 209.

22. Ricardo Lísias, *O livro dos mandarins*. São Paulo: Alfaguara, 2009, pp. 37, 40.

23. Bernardo Carvalho, *Reprodução*. São Paulo: Companhia das Letras, 2013, pp. 53, 21, 48, 79, 90, 100, 115, 146.

24. Roland Barthes, *Crítica e verdade*, op. cit., p. 74.

14. A LITERATURA EXIGENTE [pp. 238-52]

1. W. G. Sebald, *Austerlitz*. Trad. de José Marcos Mariani de Macedo. São Paulo: Companhia das Letras, 2008, pp. 86, 182, 23, 141.

2. Walter Benjamin, *Magia e técnica, arte e política*. Trad. de Sergio Paulo Rouanet. São Paulo: Brasiliense, 1985, p. 225. (Obras Escolhidas, v. 1).

3. *The Times Literary Supplement*, 25 fev. 2000.

4. Nascido em 1948.

5. Pascal Quignard, *Todas as manhãs do mundo*. Trad. de Pedro Tamen. Rio

de Janeiro: Rocco, 1993. O romance foi adaptado para o cinema sob a direção de Alain Corneau em 1991 e recebeu numerosos prêmios.

6. Os três primeiros da série, inaugurada por *Les Ombres errantes* (op. cit.), que recebeu o Prêmio Goncourt daquele ano, após muita discussão entre os jurados.

7. Pascal Quignard, *La Barque silencieuse*. Paris: Seuil, 2009, p. 135. (Dernier Royaume, v. VI).

8. Id., *Sur le Jadis*. Paris: Grasset, 2002, p. 21. (Dernier Royaume, v. II).

9. Id., *Le Nom sur le bout de la langue*. Paris: POL, 1993, p. 73.

10. Id., *Vie secrète*. Paris: Gallimard, 1998, p. 402.

11. Juliano Garcia Pessanha, *Instabilidade perpétua*. São Paulo: Ateliê, 2009, p. 36.

12. Evando Nascimento, *Retrato desnatural*. Rio de Janeiro: Record, 2008, pp. 138, 167.

13. André Queiroz, *Outros nomes, sopro*. Rio de Janeiro: 7Letras, 2004, p. 35.

14. Carlos de Brito e Mello, *A passagem tensa dos corpos*. São Paulo: Companhia das Letras, 2009, p. 137.

15. André Queiroz, op. cit., p. 38.

16. Nuno Ramos, *Ó*. São Paulo: Iluminuras, 2008, p. 168.

17. Julián Fuks, *Procura do romance*. Rio de Janeiro: Record, 2011, p. 77.

18. André Queiroz, op. cit., p. 48.

19. Evando Nascimento, op. cit., p. 274.

20. Alberto Martins, *A história dos ossos*. São Paulo: Ed. 34, 2005, pp. 23-4, 45.

21. Nuno Ramos, op. cit., pp. 18, 170, 172-3.

22. Alberto Martins, op. cit., p. 28.

23. Nuno Ramos, op. cit., p. 268.

24. Evando Nascimento, op. cit., p. 213.

25. Juliano Garcia Pessanha, op. cit., p. 30.

26. José Castello, *Ribamar*. Rio de Janeiro: Bertrand Brasil, 2010.

27. Nuno Ramos, op. cit., p. 117.

28. Maurice Blanchot, *L'Écriture du désastre*. Paris: Gallimard, 1980.

29. Evando Nascimento, op. cit., p. 255.

30. Pierre Bourdieu, *A distinção: crítica social do julgamento*. Trad. de Daniela Kern e Guilherme Teixeira. São Paulo: Edusp; Porto Alegre: Zouk, 2007.

31. Marcel Proust, *Contre Sainte-Beuve: notas sobre crítica e literatura*. Trad. de Haroldo Ramanzini. São Paulo: Iluminuras, 1988, p. 146.

CONCLUSÃO INTEMPESTIVA [pp. 253-66]

1. Giorgio Agamben, *O que é o contemporâneo e outros ensaios*. Trad. de Vinícius Nicastro Honesko. Chapecó: Argos, 2009, pp. 65-6, 72.

2. *Littérature*, Paris, n. 151, p. 3, 2008.

3. Dominique Viart e Laurent Demanze (Orgs.), *Fins de la littérature: esthétiques et discours de la fin*. Paris: Armand Colin, 2011. Tomo I, p. 26.

4. Georges Duby, *Féodalité*. Paris: Gallimard, 1996.

5. "*Le tocaron, como a todos los hombres, malos tiempos en que vivir.*" Jorge Luis Borges, *Otras inquisiciones*. Madri: Alianza, 1976, p. 259.

6. "*Ton rôle est d'avertir et de rester pensif*" (*Châtiments*, IV, II).

7. Octavio Paz, op. cit., pp. 221-2.

8. Roman Jakobson, "Du Réalisme en art". In: *Questions de poétique*. Paris: Seuil, 1973.

9. Roland Barthes, *Œuvres complètes*. Org. de Éric Marti. Paris: Seuil, 2002, p. 514. v. V.

10. Roman Jakobson, "Linguística e poética". In: *Linguística e comunicação*. Trad. de Izidoro Blinkstein e José Paulo Paes. São Paulo: Cultrix, 1969.

11. Jacques Derrida, "Cette Étrange Institution qu'on appelle la littérature" [1989]. In: Thomas Dutoit e Philippe Romanski (Orgs.), *Derrida d'ici, Derrida de là*. Paris: Galilée, 2009.

Agradecimentos

Agradeço ao CNPq pelo auxílo concedido ao projeto que resultou neste livro. Agradeço também aos editores Otavio Marques da Costa, Leandro Sarmatz e Lucila Lombardi, pela leitura atenta dos originais e pelas sugestões oportunas.

Índice onomástico

À espera dos bárbaros (Coetzee), 100

À l'Ami qui ne m'a pas sauvé la vie (Guibert), 204

Abelardo e Heloísa, história de, 177

Acacia, L' (Simon), 207

Adieu à la littérature, L' (William Marx), 24, 26

Adieu Kafka (Pingaud), 132

Adjani, Isabelle, 190

Adorno, Theodor, 30, 87, 108-9, 130

Aesthetics & Ideology (org. Levine), 73

Agamben, Giorgio, 119, 253

Album Rimbaud (Bibliotèque de la Pléiade), 136

Aliás (suplemento de *O Estado de São Paulo*), 270n

Alighieri, Dante, 42, 54-5, 66, 86, 126

"Alquimia do verbo" (Rimbaud), 43

Altas literaturas (Perrone-Moisés), 7

Alter, Robert, 72

Amante, O (Duras), 206

Amor de perdição (Castelo Branco), 178

Amor nos tempos do cólera, O (García Márquez), 181

Andrade, Carlos Drummond de, 186

Andrade, Oswald de, 45

Anéis de Saturno, Os (Sebald), 239

Angot, Christine, 209

Ano da morte de Ricardo Reis, O (Saramago), 132, 138, 160

"Ao mesmo tempo: O romancista e a discussão moral — Conferência Nadine Gordimer" (Sontag), 102

Aprender a rezar na era da técnica (Tavares), 228, 230

"Après la littérature" (Compagnon), 75

Arendt, Hannah, 31-3, 230

Aristóteles, 8, 42

Arte do romance, A (Kundera), 92

"Arte sem futuro, Uma" (Blanchot), 22

Assis Brasil, Luiz Antonio de, 132
Assis, Machado de, 42, 58, 109, 114, 132, 178
Attridge, Derek, 99
Aula (Barthes), 78
Austen, Jane, 178, 196-7
Austerlitz (Sebald), 239-1
Author, Author (Lodge), 132, 142
Autofiction: une aventure du langage (Gasparini), 207
Autofictions et autres mythomanies littéraires (Colonna), 205

Babelia (suplemento de *El País*), 270n
Bakhtin, Mikhail, 66, 116
Balzac, Honoré de, 88, 108, 176, 178, 188, 192-4
Barnes, Julian, 132, 134
Barthes, Roland, 22, 48, 53, 67, 78-9, 102, 114, 125, 131, 147, 180, 198, 208, 213, 231, 236, 263, 275n
Bartleby e companhia (Vila-Matas), 117, 121
Bartleby, ou da contingência (Agamben), 119
Batalhas do Caia, As (Cláudio), 276n
Baudelaire, Charles, 43, 66, 125, 127, 132, 137, 153, 155, 177, 252
Bauman, Zigmunt, 62
Beckett, Samuel, 54-5, 89, 99, 122, 206, 221, 244, 250
Bela e a fera, A (conto de fadas francês), 203
Beleza salvará o mundo — Wilde, Rilke e Tsvetaeva: os aventureiros do absoluto, A (Todorov), 129
"Belle Dame sans merci, La" (Keats), 200
Belle et bête (Iacub), 210

Bello, Pepín, 119
Benevolentes, As (Littell), 171
Benjamin, Walter, 38, 66, 99, 127, 139, 241, 247, 253
Benveniste, Émile, 208
Bernhard, Thomas, 221, 244
Bettencourt, Lúcia, 132
Bíblia, 58
Bidoit, Élise, 210
Blanchot, Maurice, 21-2, 26, 120-1, 221, 244, 250
Bloom, Harold, 51, 73-4
Boa noite, senhor Soares (Cláudio), 166
Boca do Inferno (Miranda), 132
Bolaño, Roberto, 171
Borges, Antonio Fernando, 132
Borges, Jorge Luis, 66, 89, 128, 132, 244, 256, 271n
Bourdieu, Pierre, 251-2
Brandreth, Gyles, 132, 145
Brentano, Clemens von, 31
Breton, André, 85, 240
Broch, Hermann, 153
Brontë, irmãs, 178, 196
Bueno, Wilson, 132
Burns, Robert, 126
Butor, Michel, 66, 88
Buzzati, Dino, 89
Byron, Lord, 132, 190

Cães da província (Assis Brasil), 132
Calvino, Italo, 63, 89
Câmara, Ruy, 132
Camões, Luís de, 163, 276n
Campos, Álvaro de (heterônimo de Pessoa), 161, 165
Campos, Haroldo de, 38, 221
Camus, Albert, 88

Canetti, Elias, 89, 221

Cânone ocidental, O (Bloom), 51, 74

Cantos de Maldoror, Os (Lautréamont), 42

Cantos de outono: o romance da vida de Lautréamont (Câmara), 132

Capital, O (Marx), 58

Cardoso, Fernando Henrique, 232

Carlyle, Thomas, 125-7, 148

"Carmen" (Mérimée), 200

Carpentier, Alejo, 89

Carroll, Lewis, 43

Carvalho, Bernardo, 231, 234-6

Casa de Virginia W., A (Giménez Bartlett), 132, 143

Castello, José, 249

Castelo Branco, Camilo, 178

Catástrofe (Beckett), 221

Ceia, Carlos, 113

Cervantes, Miguel de, 42, 66, 100, 109, 114, 120

Chagall, Marc, 82

Chambre claire, La (Barthes), 275n

Chamie, Mário, 132

Char, René, 50

Chardin, Jean-Baptiste-Siméon, 25

Chateaubriand, François-René de, 145

Cholodenko, Marc, 153

Cidade e as serras, A (Queirós), 43

Cidade em chamas (Hallberg), 174, 176, 277n

Cláudio, Mário, 166-7

Coelho, Jacinto do Prado, 70

Coetzee, J.M., 99-100, 108, 132, 141, 159-60, 221, 275n

Cofield, James R., 55

Coiffeur de Chateaubriand, Le (Goetz), 145

Colet, Louise, 56, 134

Colonna, Vincent, 205

Combate com o demônio, O (Zweig), 128

Comédia humana, A (Balzac), 176, 193

Compagnon, Antoine, 24, 75-6, 79

Companhia (Beckett), 206

Conan Doyle, Arthur, 145

Confissões de um comedor de ópio (De Quincey), 206

Confissões, As (Rousseau), 206

Conrad, Joseph, 89, 137

Consciousness and the Novel (Lodge), 100-1

Contre Sainte-Beuve (Proust), 252

Copista de Kafka, A (Bueno), 132

Copo de cólera, Um (Nassar), 273n

Corneau, Alain, 280n

Coronel Chabert, O (Balzac), 192

Corps du roi (Michon), 54, 56-7

Cortázar, Julio, 89, 190-1

Cortina, A (Kundera), 94

Costa, Rui Manuel Pinto Barbot, 276n

Cravan, Arthur, 119

Crepúsculo (Meyer), 58, 203

"Crítica e invenção" (Butor), 66

Crowley, John, 132

Culpa é das estrelas, A (Green), 203

Cunningham, Michael, 132, 143-4

Curtius, Ernst Robert, 17

De Quincey, Thomas, 119, 206

Debord, Guy, 146

Defense of Poetry, A (Edmundson), 74

Defense of Poetry, A (Fry), 74

Defoe, Daniel, 132, 137, 200

Delahaye, Ernest, 24

Delegado Tobias (Lísias), 123-4

Deleuze, Gilles, 66, 118-9

Dernier Écrivain, Le (Millet), 24

Dernier Royaume (Quignard), 242

Derniers Jours de Charles Baudelaire, Les (Lévy), 132, 153

Derrida, Jacques, 17-8, 52, 73, 119, 150-3, 155-6, 159-60, 166, 168, 198

Desafio biográfico, O (Dosse), 133

"Desaparecimento da literatura, O" (Blanchot), 22

Descoberta do mundo, A (Lispector), 129

Désenchantement de la littérature (Millet), 24

Desonra (Coetzee), 100

Detetives selvagens, Os (Bolaño), 171

Dias e dias (Miranda), 132

Dicionário Houaiss da língua portuguesa, 11

Dickens, Charles, 145, 176, 196

Diderot, Denis, 42, 114

Divina comédia, A (Dante Alighieri), 42

Do amor (Stendhal), 177

Dom Casmurro (Machado de Assis), 62

Dom Quixote (Cervantes), 42, 66, 124, 192

Don des morts, Le (Sallenave), 51

Dos Passos, John, 87

Dosse, François, 133

Dostoiévski, Fiódor, 63, 66, 86-7, 90, 140-2, 147, 153, 157-60, 177, 221

Doubrovsky, Serge, 204

Doutor Pasavento (Vila-Matas), 122

Dublinesca (Vila-Matas), 122-3, 153

Duby, Georges, 256

Duchamp, Marcel, 41, 263

Dumas, Alexandre, 174, 188

Duras, Marguerite, 89, 206

Eco, Umberto, 33, 44, 47, 269n

Edmundson, Mark, 74

Educação sentimental, A (Flaubert), 178

"Efeito de real, O" (Barthes), 213

Eichmann, Adolf, 230

Ellis, John, 73

Em busca do tempo perdido (Proust), 190

Em liberdade (Santiago), 132

Emigrantes, Os (Sebald), 239

Enamoramentos, Os (Marías), 177, 186-7, 192-5, 201

Encyclopaedia Universalis, 207

Ends of Literature, The (Levinson), 24

Enfant éternel, L' (Forest), 205

Ensaios, Os (Montaigne), 206, 242

Ère du soupçon, L' (Sarraute), 88, 244

Ernaux, Annie, 204

Escarpit, Robert, 18-9

Espectros de Marx (Derrida), 150

Estado de São Paulo, O, 270n

Eugenides, Jeffrey, 177, 188-9, 192, 196-8, 202

Extensão do domínio da luta (Houellebecq), 222

Fabulators, The (Scholes), 101

Faulkner, William, 54-5, 87, 90, 99

Fehér, Ferenc, 87

Fellini, Federico, 190

Fielding, Henry, 94

Filósofo lendo, O (tela de Chardin), 25

Fils, Le (Doubrovsky), 204

Fim de partida (Beckett), 221

Finkielkraut, Alain, 224

Fins de la littérature: esthétiques et discours de la fin (org. Viart), 255

Fitzgerald, F. Scott, 87, 179

Flaubert, Gustave, 54, 56-7, 66, 109, 125, 128, 131-2, 134, 147, 178, 221

Foe (Coetzee), 132

Fogueira das vaidades, A (Wolfe), 171

Folha de S.Paulo, 121, 270n

Forest, Philippe, 205

Foucault, Michel, 73, 102, 147, 206

Fragmento à maneira de Rabelais, Um (Sterne), 42

Fragmentos críticos (Schlegel), 43

Fragmentos de um discurso amoroso (Barthes), 180

Franzen, Jonathan, 34, 104-7, 109-11, 173-6

Freud, Sigmund, 93, 123

Froment-Meurice, Marc, 153

Fry, Paul H., 74

Fuentes, Carlos, 66, 91-2, 94

Fuks, Julián, 132, 245, 249-50

Fukuyama, Francis, 150

Gallimard, Antoine, 171

Game of Thrones (série televisiva), 59

García Márquez, Gabriel, 89, 94, 99, 181

Gargântua (Rabelais), 42

Garrett, Almeida, 58

Gasparini, Philippe, 207

Gass, William, 113

Genet, Jean, 89

Genette, Gérard, 116, 202

Gide, André, 89

Giménez Bartlett, Alicia, 132, 143-4

Goethe, Johann Wolfgang von, 18, 94, 126, 177

Goetz, Adrien, 145

Goffette, Guy, 132, 153, 157

Goldmann, Lucien, 87

Gombrowicz, Witold, 57

Gordimer, Nadine, 100, 102

Graça infinita (Wallace), 172

Grande Gatsby, O (Fitzgerald), 179

Green, John, 203

Grigórievna, Anna, 141

Guardian, The, 173

Guerra e paz (Tolstói), 176

Guibert, Hervé, 205

Gutenberg, Johannes, 122

Habermas, Jürgen, 44

Hallberg, Garth Risk, 174-6, 277n

Hamlet (Shakespeare), 151, 168

Hardy, Thomas, 75

Harry Potter (Rowling), 58

Heath, Shirley Brice, 104-5

Hemingway, Ernest, 87

Heredia, José María, 137

"Hero as Man of Letters, The" (Carlyle), 126-7

"Hero as Poet, The" (Carlyle), 126

Heroes (série televisiva), 59

Hirsch, E. D., 73

Hirst, Damien, 223

História de Adèle H., A (filme), 190

História do amor no Ocidente (Rougemont), 179

História dos ossos, A (Martins), 246

Histórias de literatura e cegueira (*Borges, João Cabral e Joyce*) (Fuks), 132

Hitler, Adolf, 211

Hjelmslev, Louis, 114

Hölderlin, Friedrich, 119, 128, 153

Homem: Klaus Klump, Um (Tavares), 228

Homero, 17, 42, 44, 86

Honte, La (Ernaux), 204

Horácio, 42

Horas, As (Cunningham), 132, 143

Horkheimer, Max, 30

Houellebecq, Michel, 123-4, 222-5, 228

Howard, Gerald, 102

Hugo, Adèle, 183, 190

Hugo, Victor, 137, 155, 183, 190, 257

Humboldt (revista), 23

Hutcheon, Linda, 41, 113-4

Huxley, Aldous, 221

Iacub, Marcela, 210

Iluminações (Rimbaud), 136

Ilustríssima (suplemento da *Folha de S.Paulo*), 270n

Infância (Sarraute), 206

Instabilidade perpétua (Pessanha), 245

Insustentável leveza do ser, A (Kundera), 181

Isidore (Reed), 132

Jacques, o fatalista, e seu amo (Diderot), 42

Jakobson, Roman, 8, 114, 262, 264

James, Henry, 75, 142, 147, 196

Jauss, Hans Robert, 38

Jerusalém (Tavares), 228-30

Jogador, Um (Dostoiévski), 141

Jogo da amarelinha, O (Cortázar), 191

Johnson, Samuel, 126

Joubert, Joseph, 119

Joyce, James, 36, 45, 54-5, 85, 87, 90, 107-9, 122, 132, 170, 244

Kafka e a marca do corvo (Rozsas), 132

Kafka, Franz, 58, 89-90, 107, 109, 119, 128, 131-2, 221, 244, 249

Kafka, l'éternel fiancé (roman) (Raoul-Duval), 132

Kant, Immanuel, 8, 37

Kawabata, Yasunari, 89

Keats, John, 200

Kermode, Frank, 72, 75

King, Stephen, 63

Klee, Paul, 247

Kleist, Heinrich von, 128

Knausgård, Karl Ove, 110, 210-4, 216-9

Koons, Jeff, 223

Kristeva, Julia, 115

Kundera, Milan, 92-5, 108-11, 181

Kunert, Günter, 23

La Rochefoucauld, François de, 202

Lacan, Jacques, 114-5

Lafayette, Madame de, 177

Larbaud, Valery, 119

Lautréamont, Conde de, 42, 132

Lavoura arcaica (Nassar), 273n

Le Clézio, J. M. G., 132, 137, 154, 157, 275n

Le Robert (dicionário francês), 11

Leila e Madjun (história árabe), 277n

Lejeune, Philippe, 133

Leminski, Paulo, 37

Levine, George, 73

Levinson, B., 24

Lévy, Bernard-Henri, 132, 153

Liberdade (Franzen), 107, 173

Lísias, Ricardo, 123-4, 231-4

Lispector, Clarice, 89, 129, 244

Literatura europeia e a Idade Média latina, A (Curtius), 17

Literature (Widdowson), 74

Littell, Jonathan, 171, 175
Littérature (revista), 255
Littérature en péril, La (Todorov), 24, 77
Littérature, pour quoi faire?, La (Compagnon), 24
Livro do desassossego, O (Pessoa), 43, 166, 242
Livro dos mandarins, O (Lísias), 231
Livro por vir, O (Blanchot), 120-1
Lodge, David, 100-2, 109, 111, 132, 142-3
Longfellow, Henry Wadsworth, 137
Lord Byron's Novel (Crowley), 132
Lourenço, Eduardo, 65
Love Story (filme), 203
Lukács, Georg, 86-7, 108
Lusíadas, Os (Camões), 276*n*

Macbeth (Shakespeare), 187, 192, 202
Madame Bovary (Flaubert), 56, 62, 134, 192
Magazine littéraire, Le, 205
Magris, Claudio, 36
Mahfuz, Naguib, 89
Maias, Os (Queirós), 178
Makine, Andrei, 11
Mal de Montano, O (Vila-Matas), 122
Mallarmé, Stéphane, 9, 119, 125, 128, 131, 148
Manifesto Comunista (Marx & Engels), 150
"Manifesto do surrealismo" (Breton), 85
Mann, Thomas, 89
Mao Tsé-tung, 232
Mapa e o território, O (Houellebecq), 123, 223-4

Máquina de Joseph Walser, A (Tavares), 228-9
Maranhão, Haroldo, 132
Marías, Javier, 177, 186, 192, 195, 202
Martin, George R. R., 59
Martins, Alberto, 246, 248-50
Marx, Karl, 150-1
Marx, William, 24-6
McEwan, Ian, 177, 181-2, 189, 198
Mecanismos internos (Coetzee), 99
Mello, Carlos de Brito e, 245, 249-50
Melville, Herman, 55, 117-8
Memorial de Buenos Aires (Antonio Fernando Borges), 132
Memorial do fim: a morte de Machado de Assis (Maranhão), 132
Memórias Póstumas de Brás Cubas (Machado de Assis), 178
Mérimée, Prosper, 200
Mestre de Petersburgo, O (Coetzee), 132, 141, 159
Mestre, O (Tóibín), 132, 142
Metamorfose, A (Kafka), 58
Michon, Pierre, 54, 56-7, 132, 136-7, 155-7, 275*n*
Miller, Henry, 89
Millet, Catherine, 204
Millet, R., 24
Minha luta (Hitler), 211-2, 215, 217-9
Miranda, Ana, 132
Miroir qui revient, Le (Robbe-Grillet), 206
"Modernidade em ruínas, A" (Perrone-Moisés), 7
Modesta proposta (Swift), 43
Moll Flanders (Defoe), 200
Montaigne, Michel de, 191, 206, 242
Moraes, Reinaldo, 190
Moravia, Alberto, 89

Moretti, Franco, 98, 216
Morte de Virgílio, A (Broch), 153
Morte do pai, A (Knausgård), 110
"Morte do último escritor" (Blanchot), 22, 121
Mrs. Dalloway (Woolf), 143-4
Munro, Alice, 107
Museu da inocência, O (Pamuk), 109, 177, 185, 191, 200-1
Musil, Robert, 89, 99
Musique et les lettres, La (Mallarmé), 9

Nabokov, Vladimir, 89
Nadeau, Maurice, 210
Nadja (Breton), 240
Nascimento, Evando, 245-6, 248-9, 251
Nassar, Raduan, 273*n*
New York Review of Books, The, 99, 270*n*
Nietcháiev, Serguei, 141, 159
Nietzsche, Friedrich, 53, 128, 253
Nixon, Richard, 174
"No espelho" (Ramos), 250
Nora, Pierre, 48
Noturno indiano (Tabucchi), 139
Nouvel Observateur, Le, 219
Novalis, 43, 242
"Novelist Today: Still at the Crossroads?, The" (Lodge), 101

Ó (Ramos), 245
Odes (Ricardo Reis), 161-2
Ombres errantes, Les (Quignard), 243, 280*n*
Orwell, George, 58, 89, 221
Oscar Wilde e os assassinatos à luz de velas (Brandreth), 132
OuLiPo (grupo francês), 43

Outono em Nova York (filme), 203
Outros nomes, sopro (Queiroz), 245
Ovídio, 42
Oxford (dicionário inglês), 11
Özkök, Lutfi, 55

País, El, 123, 270*n*
Palimpsestos (Genette), 116
Pamuk, Orhan, 98-9, 108-9, 111, 177, 185-6, 191, 200-1, 203
Pantagruel (Rabelais), 42
Papagaio de Flaubert, O (Barnes), 132, 134
Parini, Jay, 132, 153
Partículas elementares (Houellebecq), 222
Parti-pris des choses, Le (Ponge), 214
Pasolini, Pier Paolo, 57, 221, 269*n*
Passado, O (Pauls), 177, 183, 190, 199, 203
Passagem tensa dos corpos, A (Mello), 245
Passagens (Benjamin), 99
Passos da cruz (Pessoa), 129
Paulicéia dilacerada (Chamie), 132
Pauls, Alan, 177, 183, 190, 199
Paz, Octavio, 22, 29, 38-40, 121, 257, 269*n*
Pearl, Matthew, 145
Perec, Georges, 43, 89
Pessanha, Juliano Garcia, 245, 249
Pessoa, Fernando, 43, 56, 119, 128-9, 132, 137, 139, 147, 153, 160-1, 163-7, 242, 244
Petits, Les (Angot), 210
Piglia, R., 24
Pingaud, Bernard, 132
Pintassilgo, O (Tartt), 176
Pirandello, Luigi, 89

Plataforma (Houellebecq), 222
Poe, Edgar Allan, 37, 125, 127, 145, 177
Poética (Aristóteles), 8, 42
Poliana (Porter), 58
Ponge, Francis, 214
Por um novo romance (Robbe-Grillet), 88
Porter, Eleanor H., 58
Possibilidade de uma ilha, A (Houellebecq), 222
Pra frente o pior (Beckett), 221
Practice of Writing, The (Lodge), 100
Princesa de Clèves, A (Madame de Lafayette), 177
Procura do romance (Fuks), 245
Proust, Marcel, 37, 57, 66, 85, 90, 109-10, 119, 128, 131, 179, 183, 190-1, 252, 275n

Quarentena, A (Le Clézio), 132, 137, 154
Que é a literatura? (Sartre), 19, 268n
Queirós, Eça de, 43, 178, 276n
Queiroz, André, 245-6, 249
Quellebeurre, Michel, 124
Queneau, Raymond, 43
Quignard, Pascal, 53, 242-3
Quinzaine littéraire, 270n

Rabelais, François, 42, 44, 109
Ramos, Nuno, 245-50
Raoul-Duval, Jacqueline, 132
Rascunho (jornal), 268n, 270n
Reed, Jeremy, 132
Reino, O (Tavares), 228
Reis, Ricardo (heterônimo de Pessoa), 132, 138, 161-3, 167

Reparação (McEwan), 177, 181-2, 189, 198-9, 203
Reprodução (Carvalho), 234
Requiem (Tabucchi), 132, 139, 153, 164-7
Retrato desnatural (Nascimento), 245
Ribamar (Castello), 249
Rilke, Rainer Maria, 128-30
Rimbaud, Arthur, 24, 43, 119-20, 132, 135-7, 147, 153-7, 208, 275n
Rimbaud, o filho (Michon), 132, 136, 155-6, 275n
Rimbaud, Vitalie, 136
Robbe-Grillet, Alain, 88, 206
"Romance morreu?, O" (Fuentes), 91
Romancista ingênuo e o sentimental, O (Pamuk), 98
Romeu e Julieta (Shakespeare), 177, 277n
Rosa, Guimarães, 36, 89
Roth, Philip, 99
Roudinesco, Elisabeth, 52, 269n
Rougemont, Denis de, 179
Rousseau, Jean-Jacques, 126, 206
Rozsas, Jeanette, 132
Rulfo, Juan, 119

Salinger, J. D., 89, 119
Sallenave, Danièle, 51
Samoyault, Tiphaine, 117, 192, 255, 273n
Santiago, Silviano, 132
Saramago, José, 89, 132, 138, 160-1, 163, 166, 167, 275-6n
Sarraute, Nathalie, 88, 206, 244
Sartre, Jean-Paul, 19, 21, 66, 88, 100, 268n
Schiller, Friedrich, 98
Schlegel, Friedrich, 43

Scholes, Robert, 101

Sebald, W. G., 239-42

Secretária de Borges, A (Bettencourt), 132

Shakespeare, William, 42, 54-5, 126, 202, 277n

Shattuck, Roger, 73

Shelley, Percy Bysshe, 137

Silence des livres, Le (Steiner), 24

Silva, Luís Inácio Lula da, 232

Simon, Claude, 88, 90, 109-10, 207

"Situation du narrateur dans le roman contemporain, La" (Adorno), 87

Soares, Bernardo (semi-heterônimo de Pessoa), 166-7

"Sobre o conceito da história" (Benjamin), 139

Sofrimentos do jovem Werther, Os (Goethe), 177

Som e a fúria, O (Faulkner), 56

Sontag, Susan, 34, 45, 102-3, 106, 110-1, 241

Steinbeck, John Ernst, 89

Steiner, George, 24-5

Stendhal, 177, 244

Sterne, Laurence, 42, 44, 109, 114

Strauss-Kâhn, Dominique, 210

Submissão (Houellebecq), 223

Suma teológica (São Tomás de Aquino), 42

Suplemento Literário de Minas Gerais, 270n

Svevo, Italo, 89

Swift, Jonathan, 43

Tabucchi, Antonio, 132, 139, 153, 164-7, 276n

Tarte et le suppositoire, La (Quellebeurre), 124

Tartt, Donna, 176

Tavares, Gonçalo M., 228-31

Teoria do romance (Lukács), 86

Terminus radieux (Volodine), 225

Testamentos traídos, Os (Kundera), 94

Teto todo seu, Um (Woolf), 144

Tia Júlia e o escrevinhador (Vargas Llosa), 277n

Times Literary Supplement, The, 270n

Todas as manhãs do mundo (filme), 279n

Todas as manhãs do mundo (Quignard), 242

Todorov, Tzvetan, 24, 77, 129-30

Tóibín, Colm, 132, 142-3

Tolstói, Liev, 132, 153, 176, 178

Tomás de Aquino, São, 42

Tombeau de Hölderlin (Cholodenko), 153

Tombeau de Trakl (Froment-Meurice), 153

Trama do casamento, A (Eugenides), 177, 188, 192, 196

Travessuras da menina má (Vargas Llosa), 177, 184, 199

Três mosqueteiros, Os (Dumas), 188, 192, 202

Três últimos dias de Fernando Pessoa, Os (Tabucchi), 132, 139, 153, 165

Tristão e Isolda, história de, 177, 179

Tristram Shandy (Sterne), 42

Truffault, François, 190

Tsípkin, Leonid, 132, 140-1, 153, 157, 159, 275-6n

Tsvetaeva, Marina, 129-30

Turguêniev, Ivan, 178

Twain, Mark, 26

Tynianov, Iouri, 27-9

Última estação: os momentos finais de Tolstói, A (Parini), 132, 153

Última quimera, A (Miranda), 132
Último lector, El (Piglia), 24
Ulysses (Joyce), 122
Um coração simples, (Flaubert), 134

Valéry, Paul, 85, 152, 271n
Valkama, Jim, 275n
Vargas Llosa, Mario, 95-9, 108, 110-1, 177, 184, 199-200, 203
Verão em Baden-Baden (Tsípkin), 132, 140, 153, 157
Verdade das mentiras, A (Vargas Llosa), 95, 98
Verlaine d'ardoise et de pluie (Goffette), 132, 153, 157
Verlaine, Paul, 132, 137, 153, 157
Verne, Júlio, 58
Viagens à minha terra (Garrett), 58
Viart, Dominique, 255
Vida sexual de Catherine M., A (Millet), 204
Vidas minúsculas (Michon), 56, 156

Vila-Matas, Enrique, 117-23, 153, 192
Vinte anos depois (Dumas), 174
Virgílio, 42, 153
Volodine, Antoine, 225-8

Walking Dead, The (série televisiva), 228
Wallace, David Foster, 172-5, 198, 222
Walser, Robert, 99, 221
Warhol, Andy, 110
Whitman, Walt, 99
Widdowson, Peter, 74-5
Wilde, Oscar, 129, 132, 143, 145
Wolfe, Tom, 171
Woolf, Virginia, 37, 45, 85, 128, 132, 143-5, 147
Write on (Lodge), 100

Yourcenar, Marguerite, 89

Zola, Émile, 37
Zweig, Stefan, 128-30

1ª EDIÇÃO [2016] 2 reimpressões

ESTA OBRA FOI COMPOSTA PELA SPRESS EM MINION E IMPRESSA EM OFSETE
PELA GEOGRÁFICA SOBRE PAPEL PÓLEN SOFT DA SUZANO S.A. PARA A EDITORA
SCHWARCZ EM JULHO DE 2021

A marca FSC® é a garantia de que a madeira utilizada na fabricação do papel deste livro provém de florestas que foram gerenciadas de maneira ambientalmente correta, socialmente justa e economicamente viável, além de outras fontes de origem controlada.